发展新常态下
中国经济体制改革探究

主　编　蔡　昉
副主编　张晓晶

中国社会科学出版社

图书在版编目（CIP）数据

发展新常态下中国经济体制改革探究/蔡昉主编.—北京：中国社会科学出版社，2016.6（2016.12 重印）

ISBN 978-7-5161-8358-8

Ⅰ.①发⋯　Ⅱ.①蔡⋯　Ⅲ.①中国经济—经济体制改革—研究　Ⅳ.①F121

中国版本图书馆 CIP 数据核字（2016）第 130030 号

出 版 人	赵剑英
责任编辑	刘晓红　李庆红　侯苗苗
责任校对	周晓东
责任印制	戴　宽
出　　版	中国社会科学出版社
社　　址	北京鼓楼西大街甲 158 号
邮　　编	100720
网　　址	http://www.csspw.cn
发 行 部	010-84083685
门 市 部	010-84029450
经　　销	新华书店及其他书店
印刷装订	三河市君旺印务有限公司
版　　次	2016 年 6 月第 1 版
印　　次	2016 年 12 月第 2 次印刷
开　　本	710×1000　1/16
印　　张	18.25
插　　页	2
字　　数	301 千字
定　　价	68.00 元

凡购买中国社会科学出版社图书，如有质量问题请与本社营销中心联系调换
电话：010-84083683
版权所有　侵权必究

目 录

绪 论 ·· 1

    一 把我国经济发展新常态与世界经济新平庸相区别 ············ 1
    二 区别阶段性供给侧因素与周期性需求侧因素 ·················· 4
    三 把供给侧结构性改革与需求侧总量性刺激相区别 ············ 6
    四 本书的逻辑与结构 ·· 7

第一章 深化经济体制改革的理论思考 ································ 11

    一 中国经济体制改革的基本逻辑 ··································· 11
    二 改革新语境 ·· 13
    三 新常态下经济体制改革的政治经济学 ························· 15
    小结：增强改革定力　保持改革韧劲 ······························· 24

第二章 通过全面深化改革提升全要素生产率 ······················ 26

    一 中国增长的核算 ··· 28
    二 TFP下降与资源配置低效率 ······································ 33
    三 通过改革提升全要素生产率 ······································ 43

第三章 改革红利的测算和改革的优先领域 ·························· 48

    一 引言 ··· 49
    二 改革红利的理论逻辑 ··· 53
    三 模拟"改革红利" ·· 54
    四 改革优先领域和改革方式 ··· 69

第四章 创新驱动发展战略下的科技体制改革 …… 73

一 科技体制改革影响创新驱动发展 …… 73
二 党的十八大前的中国科技体制变迁 …… 78
三 党的十八大前科技创新方面存在的主要问题 …… 83
四 党的十八大以来科技体制改革及初步成效 …… 88
五 总结性评论与相关建议 …… 93

第五章 人力资本需求与教育改革 …… 97

一 引言 …… 97
二 经济发展新常态下的增长源泉 …… 99
三 人力资本积累与机器人技术赛跑 …… 104
四 "大众创业、万众创新"需要的人力资本 …… 106
五 教育发展可持续性与改革方向 …… 110

第六章 金融改革：从十八届三中全会到五中全会 …… 116

一 当前我国经济和金融发展模式的主要特点 …… 117
二 当前面临的金融风险 …… 122
三 以金融改革和开放推动经济转型 …… 130

第七章 对外金融开放的改革与排序 …… 138

一 人民币汇率形成机制改革 …… 139
二 外汇储备管理体制改革 …… 143
三 人民币国际化与资本项目开放 …… 149

第八章 全面构建中国财税体制新格局 …… 156

一 中国财税体制改革的新阶段 …… 156
二 税制改革：目标锁定于现代税收制度 …… 161
三 预算改革：目标锁定于建立现代预算制度 …… 166
四 央地财政关系调整：目标锁定于发挥两个积极性 …… 170

第九章　国有经济战略性调整 ……………………………… 177

- 一　问题的提出 …………………………………………… 177
- 二　经济新常态对国有经济提出新要求 ………………… 178
- 三　现有国有经济布局结构与存在问题 ………………… 183
- 四　新常态下国有经济战略性调整的方向与措施 ……… 193
- 五　结语 …………………………………………………… 201

第十章　城乡一体化格局及推进战略 …………………………… 203

- 一　新常态下中国城乡一体化格局与趋势 ……………… 204
- 二　新常态下推进城乡一体化面临的挑战 ……………… 209
- 三　新常态下推进城乡一体化的总体战略 ……………… 214

第十一章　深化服务业改革的挑战与对策 …………………… 227

- 一　加快形成服务业主导的经济结构新常态 …………… 227
- 二　我国服务业改革面临的主要挑战 …………………… 231
- 三　深化服务业改革的对策建议 ………………………… 234

第十二章　推进劳动力市场制度建设 ………………………… 245

- 一　劳动力市场规制与立法 ……………………………… 246
- 二　工资指导价位制度和最低工资制度 ………………… 249
- 三　工资集体协商制度和集体合同制度 ………………… 254
- 四　《劳动合同法》等法规的实施 ………………………… 260
- 五　总结 …………………………………………………… 268

第十三章　医疗服务模式创新与医疗体制改革 ……………… 272

- 一　中国医疗服务体系存在的问题 ……………………… 273
- 二　分级诊疗体系难成：医疗体制行政等级制之弊 …… 275
- 三　发展新型医疗服务模式，引领医疗服务体系改革 … 280
- 四　改革医疗服务体制的政策建议 ……………………… 281

绪 论

蔡 昉

(中国社会科学院)

自2014年习近平同志提出我国经济发展进入新常态,高屋建瓴地概括了新常态所具有的速度变化、结构优化和动力转化特征以来,这一深刻判断已经成为认识经济形势、找准主要挑战和着力施策的定盘星。随着认识的深化和实践的进程,新常态已经不再仅仅是一个热门词汇,而是在理论上不断完善和丰富,逐渐成为经济理论的一个崭新认识论,奠定了中国特色社会主义政治经济学的一个重要里程碑,对全面建成小康社会决胜阶段我国经济工作的总方向,将持续发挥重要的指导作用。

在理论上更加准确理解和认识新常态,在实践中更加自觉适应和引领新常态,需要把我们面临的问题和挑战放在世界经济大格局中,当前我国经济发展的阶段性变化,以及正在努力实现的宏伟愿景中予以把握,形成更具有一致性的分析框架,清晰界定相关的概念,厘清存在的模糊认识,才能明确工作思路,做好经济改革和发展这篇大文章。具体来说,需要对我国经济发展进入的新常态与世界经济呈现的新平庸之间、经济减速的阶段性供给侧因素与周期性需求侧因素之间,以及供给侧结构性改革与需求侧总量性刺激政策之间做出明确区别。本绪论尝试对新常态与改革的关系做出初步的讨论,然后分若干板块简单介绍本书各章内容。

一 把我国经济发展新常态与世界经济新平庸相区别

2014年,国际货币基金组织总裁拉加德首次用"新平庸"描述世界经济发展趋势，该组织也不断调低对世界经济增长率的预测。2015年，鉴于世界经济仍然没有起色，拉加德再次强调，防止把新平庸变成新现实。不过，我国经济的新常态与世界经济的新平庸，无论是就形成原因还是就实际表现来说，都是截然不同的。

自2007年美国次贷危机触发世界金融危机以来，全球经济整体上复苏乏力，2014年世界经济平均增长率只有2.5%，仍然远远低于金融危机前2006年4.1%的水平。其中，发达国家中英美复苏相对强劲，美国也于2015年12月实施了9年多以来首次加息，但是经济增长基础并不牢固；欧元区和日本结构性问题仍然突出，生产率和经济增长表现均不尽如人意；新兴经济体国家中，在巴西和俄罗斯受大宗商品价格下跌影响，经济严重下滑，在呈现滞涨特征的同时，印度开始享受人口红利，增长率逐渐企高（见图1）。可见，虽然受到金融危机的后续影响，或多或少地被世界经济长周期所左右，全球经济整体表现出一种"新平庸"，但是，每个具体国家面临的制约因素并不相同。

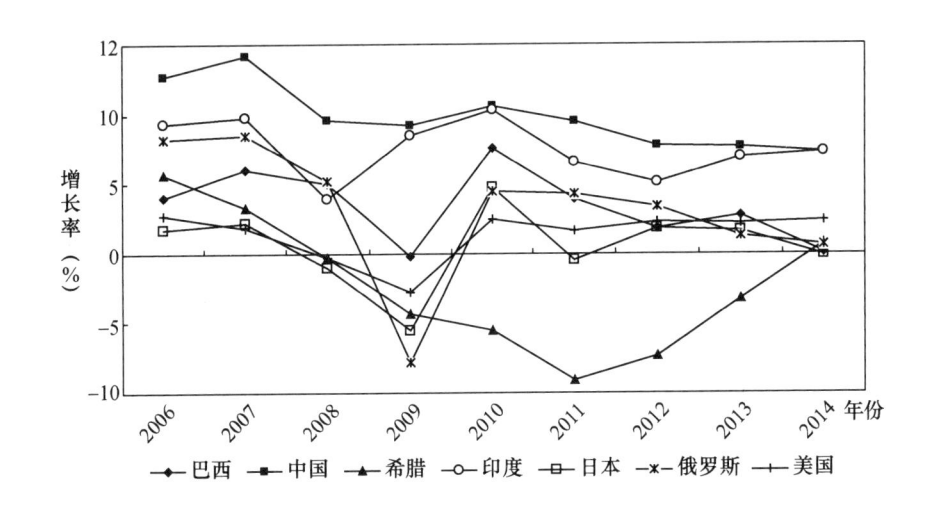

图1 各国经济增长复苏态势

资料来源：世界银行数据库：http://data.worldbank.org/indicator/NY.GDP.MKTP.KD.ZG。

不过，在世界经济表现出这种"远近高低各不同"风景的同时，仍可从长期经济增长角度看到一些规律性的东西，即随着人均收入水平的提高，那些助推经济较快增长的"低垂的果子"逐渐减少，在更高的发展阶段上只能取得相对低的增长速度。以 2014 年为例，被世界银行定义为低收入组国家（人均国内生产总值即 GDP 低于 1000 美元）平均增长率达到 6.3%，中等偏下收入国家（人均 GDP 在 1000—4000 美元）平均增长率为 5.8%，中等偏上收入国家（人均 GDP 在 4000—12000 美元）平均增长率为 4.5%，而被定义为高收入国家（人均 GDP 高于 12000 美元）平均增长率仅为 1.7%。

也就是说，高速经济增长本质上是一种赶超现象。在典型的二元经济发展阶段，享有人口红利可以保证劳动力供给充分、人力资本持续改善、资本回报率保持较高水平，以及资源重新配置效率和技术后发优势带来的较快的全要素生产率提高速度。而随着经济发展阶段变化，一个经济体在人均收入水平提高的同时，越来越具有新古典增长的特征，传统增长源泉减弱，经济增长主要靠创新和生产率提高维持，增长速度减慢是符合规律的现象。

按照世界银行分组标准和数据，在整个改革开放时期，我国走过了从低收入到中等偏下收入再到中等偏上收入的赶超过程。例如，继 2001 年跨越低收入到中等偏下收入的分界线，人均 GDP 超过了 1000 美元之后，2010 年又跨越中等偏下收入到中等偏上收入的分界线，人均 GDP 超过了 4000 美元，2014 年为 7590 美元。这个人均收入提高的历程也是经济发展阶段变化的过程，与前述规律性有关，其中 2010 年是一个重要的转折点。

恰好在我国经济总量超过日本，成为世界第二大经济体，人均 GDP 跨越中等偏上收入门槛之际，第六次人口普查显示，我国 15—59 岁劳动年龄人口总量于 2010 年达到峰值，此后进入负增长。改革开放时期高速经济增长与 2010 年之前劳动年龄人口迅速增加、人口抚养比显著下降直接相关，即劳动力无限供给特征可以提高储蓄率、延缓资本报酬递减、保持劳动力和人力资本充分供给，以及通过劳动力转移获得资源重新配置效率。

我们以往所做的计量分析表明，1982—2009 年，在 10% 的 GDP 平均增长率中，资本积累的贡献率为 7.1%，劳动力数量的贡献为 0.8%，劳动者教育水平（即人力资本）的贡献率为 0.4%，人口抚养比下降的贡献率为 0.7%，全要素生产率的贡献率为 1.0%（Cai and Zhao,

2012)。而在全要素生产率的提高中,接近一半的贡献来自农业劳动力转移带来的资源重新配置效率。因此,以人口红利消失为突出特征的发展阶段变化,意味着推动高速增长的传统动力源减弱,导致潜在增长率下降。

二 区别阶段性供给侧因素与周期性需求侧因素

测算表明,如果不考虑经济体制改革能够带来的增速因素,我国潜在增长率将从1978—2010年的10%左右,下降到"十二五"时期的平均7.6%,并将继续下降到"十三五"时期的6.2%。由于按照定义,潜在增长率是指特定时期、给定生产要素供给和全要素生产率增长率,在没有周期性失业,也没有明显通货膨胀的条件下能够实现的经济增长速度,因此,潜在增长率下降是供给侧因素导致的。同时,引起潜在增长率下降和实际增长减速的供给侧因素,并不等同于供给不足,因此,供给侧施力也并不是简单地增加供给。

有研究者认为,导致我国经济增速下行的因素是来自于世界金融危机相关的外需不足,属于周期性因素(Lin,2011)。因此,他们坚信通过从需求侧发力,可以期待经济增长形成一个"V"形的复苏轨迹。但是,正如前述表明,表现为人口红利消失的供给侧因素,使得经济增长并不能回归到原来的基点上。例如,以11种代表性劳动密集型产品出口占总出口的比重与世界贸易的同一比重相比,可以得出我国劳动密集型产品的显示性比较优势指数,自2000年以来呈逐年下降趋势,到2013年总共下降了36%。

供给侧因素通过生产要素相对稀缺性和全要素生产率增长率的变化,导致潜在增长率下降,是趋势性因素、是不能逆转的。同时,还存在着诸多体制性扭曲,从供给侧提高经济活动的制度性交易费用和生产成本,是可以通过改革矫正的。综合这些可变和不可变因素的作用,我国经济增长不会硬着陆,而是将经历一个随发展阶段变化下行,随后通过改革赢得新的增长动力以遏制下行趋势,甚至改革红利还能使潜在增长率得到回升的L形轨迹。

下面，从供给侧来观察影响经济增长的几个因素，我们可以看到具体导致经济减速的原因，以便有针对性地确定改革的着眼点和着力点。

第一，劳动力短缺导致工资持续快速上涨。例如，2004—2014年，农民工实际工资平均增长率为11%，已经快于劳动生产率的提高速度。同时，新成长劳动力即各级各类学校毕业生数量显著减少，人力资本改善速度减慢，也产生抑制生产率提高的效果。据估算，我国制造业单位劳动成本（工资与劳动生产率之比）自2004年开始即呈提高趋势，至2012年已经上升了40%（都阳，2014）。虽然国外媒体关于我国单位劳动成本已超一些发达国家的说法并不属实，但是，我国劳动密集型制造业比较优势及国际竞争力的确在弱化。

第二，资本报酬递减，投资回报率下降。劳动力无限供给的特征可延缓资本报酬递减现象，在很长的时间里支撑了投资驱动型的高速经济增长。而随着劳动力短缺现象普遍化，资本回报率显著下降了，成为经济增长减速的主要因素。据学者研究，我国资本回报率自20世纪90年代初就开始下降，2008年之后明显加速，加总资本回报率常常会低于许多企业所支付的贷款利率（白重恩等，2014）。

第三，劳动力转移速度减慢，减缓了全要素生产率的增长。全要素生产率的一个重要来源是农业劳动力转移带来的资源重新配置效率。如前所述，接近一半的全要素生产率来自劳动力从农业到非农产业重新配置的贡献。这个贡献率是在2010年以前外出农民工年增长4%的情况下达到的。2014年，无论从常住人口还是从户籍人口的口径看，农村16—19岁的人口都达到峰值，随后进入负增长阶段。由于这个年龄组的人口是主要的农村外出打工群体，这种人口变化趋势必然降低农业劳动力转移速度。

第四，诸多体制性障碍提高企业交易费用，降低资源配置效率。越是在新常态下，市场配置资源的决定性作用越是重要。然而，市场的作用不是抽象的，而要通过各种具体的功能和机制得以发挥。我国经济运行中存在的政府管制过度、审批过程烦琐、税费负担以及社保缴费率过重、融资渠道不畅通、地方保护和市场分割、要素价格扭曲、对企业的歧视性待遇等问题，都严重妨碍着市场的良好运作，提高了企业面对的制度性交易费用，客观上产生抑制微观领域创新的效果。

三 把供给侧结构性改革与需求侧总量性刺激相区别

在新常态下,传统增长源泉以一种急速的方式弱化,而新增长动力并不会自然而然产生,需要一定的时间培养。例如,直接影响劳动力数量和质量、劳动力转移速度和资本回报率的人口红利迅速消失,但是,可支撑持续经济增长的全要素生产率,并不能在短期内得到提高,甚至还会因为资源重新配置空间变窄、人力资本改善速度放慢,以及前期刺激政策未及消化等因素,呈现降低的趋势。

为了避免过急过陡的增速下滑,宏观经济政策保持适度宽松是需要的。但是,超过这个"适度"范围的强刺激,使实际增长率长期处在潜在增长率之上,则会造成欲速则不达的结果。第一,在比较优势下降的情况下,政策刺激企业投资的效果也相应减弱。如果依靠补贴等办法吸引企业贷款,往往形成过剩产能,甚至造就"僵尸"企业。第二,基础设施建设需求是由实体经济派生的,这类投资一旦脱离实体经济需求、超出补短板的限度,也会造成产能过剩,积累政府债务风险。第三,刺激政策释放出的货币量往往被投机性需要所吸纳,外溢到房地产、股市、海外资产等易产生泡沫的领域,积累起金融风险。归根结底,刺激政策并不能培育出新的增长动力源,保持增长可持续性的着力点必须放在供给侧,着眼于通过改革降低企业成本,提高全要素生产率。

首先,瞄准导致我国发展不平衡、不协调、不可持续的体制性障碍,推进供给侧结构性改革。这需要双管齐下:一是对已经形成的过剩产能、高杠杆率和"僵尸"企业进行存量调整;二是加快形成新的体制机制,杜绝和防范在增量上造成循环往复。创新发展的要义是"创造性破坏",这个过程把资源从低效使用转到更高效使用,因此,创造和破坏都可达到提高全要素生产率的效果,允许破坏才能将创造性破坏转化为创造性创新。有研究表明,通过使无效率企业退出甚至死亡,让更有创新性的企业进入和成长,对全要素生产率提高的贡献率可高达1/3—1/2(Foster et al.,2008)。

其次，从降低交易费用和提高全要素生产率入手，从可以产生立竿见影改革红利的领域率先推进改革。结构性改革与保持中高速增长不是非此即彼或此消彼长的关系，而是可以提高潜在增长率，获得真金白银的改革红利。行政审批、财税金融体制、户籍制度、国有企业、竞争政策等领域的改革，都具有显著的改革红利。

最后，完善社会政策托底民生的功能，把改革红利融入共享发展之中。供给侧结构性改革固然需借助创造性破坏机制，然而，过剩产能和"僵尸"企业必须破坏，物质生产要素的无效配置格局需要破坏，甚至与之相关的岗位也可以破坏，唯独劳动这个以人为载体的生产要素不能破坏。因此，越是在结构性改革深入推进的时刻，完善公共就业服务和社会保障的任务越是紧迫。加大对劳动者的社会保护覆盖率和力度，更是实现改革发展成果共享的题中应有之义。

四　本书的逻辑与结构

我国经济理论研究的重点，应该是探讨如何从供给侧认识适应新常态，以结构性改革引领新常态。本书中的各章内容，就是中国社会科学院的部分经济学家从各自领域，尝试回到这两个问题的研究成果。本着对迫切需要推进和破题的改革领域及其优先序的理解，我们对本书按照六个板块做了如下结构安排。

第一个板块是关于深化经济体制改革的理论思考。张晓晶撰写的第一章"深化经济体制改革的理论思考"，把经济发展进入新常态，作为当前中国经济改革的新语境，做出改革进入深水区和攻坚期的判断，从重建改革共识、完善改革动力机制、实现改革的利益平衡和激励相容、重视改革的机制设计和顶层设计与"摸着石头过河"相结合等方面进行了思考；强调增强改革定力、保持改革韧劲和持续推进改革的重要性；提出在全球制度竞争与改革竞争的大背景下持续推进自身改革，是中国改革最重要逻辑的观点。

第二个板块是关于结构性减速以及如何通过改革，提高全要素生产率从而获得改革红利。这部分包括了第二章和第三章，分别是张平、袁富华撰写的"通过全面深化改革提升全要素生产率"和陆旸、蔡昉撰写的"改革红利的测算和改革的优先领域"。张平等采取增长核算方法，测算了中国经济分结构性减速，发现各项经济增长因素中，全要素生产率贡献从增长高峰期30%左右的水平，下降到了现在的17%；提出通过科教文卫的事业单位体制等第三产业体制改革，提升第三产业发展空间和效率，垄断、行政化或选择性产业政策支持的政府行政体制和国企改革，纠正错配提高效率，改善分配提高消费的改革，促进中国经济从供给导向转向需求导向。陆旸等以人口红利的消失为基准，从提高劳动参与率、全要素生产率、人力资本存量水平和总和生育率几个角度，通过计量经济学模拟并实际测算了改革红利，即上述效果可能产生的提高中国经济潜在增长率的幅度，从而为坚定改革信心和改革决心提供经验依据。

第三个板块是关于如何实现创新发展的讨论，包括李平、王宏伟、蔡跃洲撰写的第四章"创新驱动发展战略下的科技体制改革"和蔡昉撰写的第五章"人力资本需求与教育改革"。李平等指出实施创新驱动发展战略是时代的必然选择；在新一轮科技革命和产业变革背景下，新的技术—经济范式正在形成，科技创新支撑经济社会发展的作用更加凸显；提出顺应时代潮流，继续深化科技体制改革，减少科技创新面临束缚和障碍的政策建议。蔡昉揭示了正在出现的人力资本积累与机器人技术之间的竞赛，指出只有靠更好的劳动者素质才能赢得这场竞赛；进而概括了"大众创业、万众创新"对人力资本需求的特点以及各级各类教育回报的特点；针对中国所处的发展阶段及其相关挑战，从资源配置和个人、社会、政府责任等方面，对教育发展和改革提出政策建议。

第四个板块是关于金融体制改革和开放以及财税体制改革，包括殷剑峰撰写的第六章"金融改革：从十八届三中全会到五中全会"、张斌撰写的第七章"对外金融开放的改革与排序"和高培勇撰写的第八章"全面构建中国财税体制新格局"。殷剑锋指出三个改革方向，即从政府主导的金融约束体系转向市场在配置金融资源过程中发挥决定性作用的金融自由化体系、从银行导向的体系转向资本市场在储蓄向投资转化过程中发挥主要作用、银行和市场相互融合的（资本）市场导向体系，以及以人民币成为关键储备货币为目标，建设在国际金融体系中发挥支撑作用的开放金融体系。

张斌主要讨论人民币汇率形成机制改革、外汇储备管理体系改革、资本项目改革和推进人民币国际化等改革开放措施的具体方式和次序安排，即改革的合理次序安排是人民币汇率形成机制改革优先，近期宜采取宽幅波动的人民币汇率形成机制；外汇储备管理体系改革主要内容是将部分外汇储备用于设立主权外汇养老基金，以此提高外汇储备投资收益和还汇于民；人民币国际化和进一步的资本项目开放放在改革进程后半段，资本项目开放以渐进试点方式推进，人民币国际化重在市场基础设施建设。

高培勇指出新常态决定了下一轮中国财税体制改革的新背景，即在劳动生产率增速以及经济整体增长速度的放缓，以及财政收入的增速大幅下降的背景下推进财税改革。他把税制改革的目标定位为现代税收制度、预算改革的目标定位为建立现代预算制度、中央和地方财政关系调整的目标定位为有利于发挥两个积极性，并从上述几个方面提出了改革任务和推进方式。

第五个板块是关于三个具有特殊重要性领域的改革，包括黄群慧撰写的第九章"国有经济战略性调整"、魏后凯撰写的第十章"城乡一体化格局及推进战略"以及夏杰长撰写的第十一章"深化服务业改革的挑战与对策"。黄群慧提出基于功能定位分类推进国有经济战略性调整、基于国家战略性标准和公共服务性标准选择调整国有经济的产业布局、基于全面深化改革和优化市场结构双重目标来协同推进国有企业兼并重组。魏后凯揭示城乡一体化格局呈现出的新趋势，即城镇化增速和市民化意愿下降、城乡差距将进入持续缩小时期、要素从单向流动转向双向互动、从城市偏向转向农村偏向政策，提出推进城乡一体化需要采取系统集成的"一揽子"方案，而不能采取零敲碎打的办法。夏杰长指出服务业体制机制僵化直接制约了我国服务业快速健康有序发展，服务业体制改革应作为一项系统工程进行，创造必要的配套条件，实现重点突破与整体推进相结合。

第六个板块是关于民生领域的改革，包括王美艳、贾朋和蔡昉撰写的第十二章"推进劳动力市场制度建设"和朱恒鹏撰写的第十三章"医疗服务模式创新与医疗体制改革"。王美艳等指出，当前中国的发展阶段，正是比较完整的社会保护机制形成的机会，即以政府和社会为主体，通过发育富有效率的劳动力市场，降低人们面对的就业风险，提高居民保护自身收入和生活水平的能力，进一步降低贫困发生率和减少脆弱性。朱恒鹏指出，医疗服务体系改革的关键，是建立适合医疗卫生行业的人事薪酬制度，扫除人才自由流动的制度性障碍，将医生由单位人转型为社会人，同时放开医生开办医疗机构的自主权；通过发展以互联网医疗为代表的新型医疗服务模式，倒逼传统医疗体制改革，建立分工分类的医疗服务体系，实现医疗服务体系的弯道超车，促进中国健康产业实现跨越式发展。

参考文献

[1] Cai, F. and W. Zhao (2012), When Demographic Dividend Disappears: Growth Sustainability of China, in M. Aoki and J. Wu (eds), *The Chinese Economy: A New Transition*, Palgrave Macmillan, Basingstoke.

[2] Cai, F. and Y Lu (2013), The End of China's Demographic Dividend: the Perspective of Potential GDP Growth, in R. Garnaut, F. Cai and L. Song (eds), *China: A New Model for Growth and Development*, ANU E. Press, Canberra, pp. 55 -74.

[3] Foster, Lucia, John Haltiwanger, and Chad Syverson (2008) Reallocation, Firm Turnover, and Efficiency: Selection on Productivity or Profitability? *American Economic Review* 98: 394 -425.

[4] Lin, Justin (2011) China and the global economy, *China Economic Journal*, Vol. 4, No. 1, pp. 1 -14.

[5] 白重恩、张琼：《中国的资本回报率及其影响因素分析》，《世界经济》2014 年第 10 期。

[6] 都阳：《劳动力市场变化与经济增长新源泉》，《开放导报》2014 年第 3 期。

第一章 深化经济体制改革的理论思考

张晓晶

(中国社会科学院经济学部)

摘　要：文章首先梳理了过去三十余年中国经济体制改革的基本逻辑：改革本身是有周期的；经济改革离不开其他领域的改革；处理好改革、发展、稳定的关系；改革理论逻辑与实践逻辑相吻合。接下来指出当前中国改革的新语境：经济进入新常态；改革进入深水区和攻坚期。新语境下改革的政治经济学包括：重建改革共识；完善改革动力机制；改革的利益平衡和激励相容；改革的机制设计；顶层设计还要与"摸着石头过河"相结合；以及让百姓对改革红利有获得感。文章最后强调增强改革定力、保持改革韧劲和持续推进改革的重要性。一个国家若没有变革的能力，也就不会有保守的能力。没有这种能力，它将不免冒着一种危险：失去其体制中它所最想保存的部分。这是从最深层次揭示出改革的原动力：我们不断地改革，正是为了"保有"社会主义制度的不变色。在全球制度竞争与改革竞争的大背景下持续推进自身改革，可以说是中国改革最重要的逻辑。

一　中国经济体制改革的基本逻辑

1978年，中国经济改革拉开序幕。迄今三十余年，中国经济改革创造了举世瞩目的增长奇迹。2013年，十八届三中全会通过了《中共中央关于全面深化改革若干重大问题的决定》，这是一份向世界宣告中国改革再出发的行动纲领。

中国经济改革无论过去还是现在，都在争议中前行。全面总结中国经济改革还为时尚早。不过，三十余年的改革毕竟为我们准备了极其丰富的经验素材。借此，我们可以管窥中国经济改革的路径及其背后隐含的大逻辑。

第一，改革本身是有周期的。改革往往是不得已而为之的，体制、制度有惰性，世界与中国莫不如此。20世纪70年代末的那场改革，源于中国经济社会到了崩溃的边缘。当时的全社会都在呼唤改革和变化，改革的动力来自那种置之死地而后生的兴奋和激情，由此所焕发的改革动能无与伦比！经历30多年，改革动能与改革红利基本上消耗殆尽。现在到了改革的一个低潮期，也是改革的一个攻坚期。这就是为什么改革要再出发，改革共识需要重建。

第二，经济改革离不开其他领域的改革。改革是个系统工程，需要相互配套、协调，总体推进。如果只是经济改革单兵突进，往往会造成孤军深入，弄不好前功尽弃。特别是局部的、碎片化的改革，常常是顾此失彼、相互掣肘，甚至会造成制度摩擦。制度变革本质上应该是整体推进的；否则，就会产生巨大的制度运行成本。因此，中国经济改革需要与政治、文化、社会、生态文明等领域的改革齐头并进，进入"五位一体"的全方位改革新阶段。

第三，处理好改革、发展与稳定的关系。中国转型与发展的历程本质上是改革、发展与稳定三者统一的进程。尽管这样做可能会牺牲一些效率（比如改得不太快，因为考虑稳定问题而制约了改革速度），但是最终实现了长期的持续增长。只有社会稳定，改革发展才能不断推进；只有改革发展不断推进，社会稳定才具有坚实基础。离开社会稳定，不仅改革发展不可能顺利推进，而且已经取得的成果可能会丧失。这就是为什么中国会选择渐进式改革，会允许双轨制的存在，会容忍由此所带来的套利与效率损失。这些问题常常为人所诟病。特别是一些集团利益的固化也被认为是这样一种不彻底的改革所带来的。然而，与休克式疗法相比，人们会发现，中国能够取得长期稳定增长的局面，恰恰是和坚持改革、发展、稳定的统一从而实施有效的改革路径有着密切的关系。这种三维的统一与西方主流经济学强调效率的一维视角迥然相异。

第四，改革的实践逻辑与理论逻辑相吻合。中国改革并没有以西方主流理论为遵循，而以实践是检验真理的唯一标准为指南。中国改革的实践往往走在理论的前面，甚至会改写理论。当然，这并不表明中国改革是没有理论逻辑的。改革的历程显示，中国不是"碰巧"成功了。农村改革、乡镇企业发展、国有企业改革、市场体系建立、渐进有序开放、通过自贸区来尝试跨太平洋合作伙伴协定（TPP）的高标准等，这些实践都蕴含着中国改革的智慧，而其中自有理论逻辑在，是符合理论解释的。这个理论逻辑就是：一方面把握改革初始条件的特殊性，立足于中国国情；另一方面积极融入全球化，主动适应和契合世界发展的潮流。以这样的逻辑推动各领域改革，实际上也超越了渐进与激进的争论。

二　改革新语境

当前的改革与过去的改革有了很大不同。改革新语境（context）有两方面的内涵：其一，中国经济进入新常态；其二，改革进入深水区与攻坚期。

改革的大逻辑是跟随经济发展的大逻辑走的，经济新常态为中国下一步改革设定了基本语境。经济新常态有着极其丰富的内涵，但至少有两点是非常重要的。

其一，进入新常态的中国经济，在增速上相比过去30年的高增长有所减缓。这是经济规律。既与国际经验相符，也和中国目前所处的发展阶段相契合。从劳动力、资本、技术创新、资源能源约束以及国际大环境而言，中国增长的动力减弱而约束增强，这必然引致结构性减速。随着经济减速，很多在高增长时期所掩盖或者所忽略的问题（如产能过剩、结构扭曲、效率不足甚至收入差距等）都会"水落石出"，成为真正的经济社会严峻挑战。这个时候，如果没有改革为经济增长和结构优化提供新动力，那么，新常态将会成为低速和低效的经济增长，更成为问题丛生、矛盾重重的发展阶段。

其二，经济增速下滑并非新常态的全部，新常态还意味着经济朝向形态更高级、分工更复杂、结构更合理阶段演化的革命性转变。不过，这些转变也只有通过全面深化改革来引领实现。换句话说，新常态能否"蝶变"成新平台、新机制与新境界，在于改革能否真正扎实推进。新常态的所有希望都寄托于"真改革"。

进一步分析，改革的新阶段、新语境还有着更为丰富的含义，比如，改革进入深水区和攻坚期。

改革进入深水区的特点是，其所面临的多是重大问题和敏感问题，不少触及深层次社会矛盾，涉及利益关系调整，牵一发而动全身，有些问题多年一直想改但改不动，成为难啃的硬骨头。这种情况，从改革长周期的角度，就是一个改革的低潮期，改革原有动力耗散，新的动力尚未形成，从而需要改革的重启。

从成因上分析，当前改革面临的困境与渐进改革道路的选择不无关系。

采取渐进改革的战略，往往是从体制外入手，从容易改的入手，从阻力小的入手，这样能够快出成效，积蓄力量，以图改革的继续推进。不过，渐进改革也会带来不少问题：一些容易改的都改了，剩下的都是硬骨头。并且，渐进改革也容易使得一些集团利益固化。多年来的经验证明，改革如果不彻底，在推进至某个特定阶段的时候，往往会形成新的既得利益集团。在进一步破除原有格局时，这些利益集团将成为妨碍改革推进的重要阻力。当前利益固化的现象几乎无处不在，政府部门利益、行业垄断以及各种既得利益群体，都会结成牢固的"樊篱"。所谓"利益固化的樊篱"，是指为保障既得利益而设置的防御壁垒。利益固化樊篱有两个特点：一是利益的获取源于公权力的运用；二是获利主体远离改革要惠及的大众阶层。对既得利益阶层而言，樊篱是其利益的保护伞和护身符，但对社会大众而言，樊篱则是其获取利益的壁垒。利益固化樊篱作为一种体制机制上的痼疾，现阶段已广泛渗透在城乡之间、地区之间、行业之间、国有民营经济之间以及不同社会群体之间，成为进一步深化改革的巨大障碍，抑制了经济社会的创造力，降低了资源配置的效率，限制了社会成员向上流动的空间，削减了改革的正能量。如果说过去的改革更多的是改革设计部门在研究别人的利益调整，今后的改革更多的是向体制内的既得利益部门开刀，由过去更多地改别人转向改自己，削弱自己的权力和利益。

改革初期，"人人受益"的"帕累托改进"环境令人振奋，改革的阻力因此比较小。如今，当改革进入深水区，真正意义上的改革，已很难再出现"无人利益受损"的现象。面对社会经济发展中的深层次矛盾和问题，躲避、绕行都不是办法；不改没有出路，慢了会贻误时机，付出的代价更大。因此，必须以强烈的历史使命感和责任感，以壮士断腕的决心和勇气，坚定不移地推进改革，打好改革攻坚战。

三十多年的改革开放，有成绩也有挑战。当前最大的挑战就是改革进入了深水区和攻坚期，改革步伐放缓，向前推进艰难，呈现一种"胶着"状态：不同利益集团之间的纠缠，不同改革诉求之间的碰撞。正如经济运行的周期一样，改革似乎也遭遇到这么一个周期，从过去的快速推进到今天的陷入僵局。如何直面利益集团掣肘、改革动力不足、改革共识有待重建、改革顶层设计不够等问题，是改革进入深水区必须应对的重大挑战。

三 新常态下经济体制改革的政治经济学

改革涉及利益的调整，还涉及改革共识、动力机制、改革路径、政策落地等诸多方面的问题，这一系列的理论思考，将它称为改革的政治经济学恐怕一点也不为过。

（一）重建改革共识

如果说三十多年前的那场改革的启动，凝聚了全社会最大的共识，因为不改革就真的是死路一条，那么今天，在还存有活路的情况下，在还有一些资源可供挥霍的情况下，在经济体制深刻变革、社会结构深刻变动、利益格局深刻调整、思想观念深刻变化的情况下，要达成改革共识就没那么容易了。而缺少改革共识，就难以形成改革的动力，推进改革就成了空话。

"上下同欲者胜"。战争中"上"与"下"的同心，可以最大限度减少内耗、聚合力量。推进改革需要中央和地方、政府和公众认知相同，并由此达成行动上的步调协同。"上下同欲"达成的共识基础，可以激发出最大的改革正能量，为改革攻坚克难提供坚强的保障。

改革开放已经搞了三十多年，为什么今天还要继续改革？这是改革首先要面对的问题。从理论上说，由于生产关系调整以适应生产力发展是一个动态的过程，因此通过改革调整生产关系必然未有穷期；从实践上来看，改革也是解决当下现实问题的根本性途径：经济、社会、文化、金融、国企、农村、教育、医疗、养老等领域，一个个具体问题的解决，都离不开全面深化改革的推动。

不可否认，当下的中国，社会结构多层、利益格局多元、社会心态多变，不同的地区、部门和社会群体都有自己对于改革不同的期待，这是基本国情。面临各种不同的改革诉求，处理好复杂的利益关系，自然成为进一步深化改革要面对的新的更大挑战。当前在落实改革举措过程中，要特别注意避免合意则改、不合意则不改的倾向，破除妨碍改革进展的思维定式。

改革要取得所有人、所有群体的一致满意，没有任何分歧，不太可能，但这并不意味着改革就失去共识，陷入狭隘的利益分割当中。思想认识统一是要找最大公约数，求同存异。事实上，"市场经济"、"民主政治"、"文化强国"、"和谐社会"和"美丽中国"这些普遍的诉求，仍然在持续释放着红利。符合广大人民群众根本利益，符合整体发展长远目标的改革还有很多，仍然可以成为我们最大的共识。改革有没有取得最大共识，人们是否关注和支持改革，不是看有没有不同声音，而是看改革在多大程度上引发了大多数人的共鸣。即使在赞同改革的合唱中，也不可能没有滥竽充数的"南郭先生"，没有故意唱跑调者。但这种杂音的存在不是证明改革有问题，恰恰说明需要通过改革解决这些问题。[①]

当前，全面深化改革的大幕已经拉开。重建改革共识，一是要有历史责任感。现在如果不改革，将来就要承担由此带来的历史责任，要意识到改革对今天明天对未来中国发展和中华民族复兴的重要性。二是增强改革的机遇意识和进取意识。当前仍然是中国可以大有作为的战略机遇期，是改革的窗口期，主动改革才能够冲破难关、跨越中等收入陷阱。三是要以改革为统领，用改革的思路谋划各项工作，不折不扣地把各项改革任务落到实处。

（二）完善改革动力机制

改革开放在认识和实践上的每一次突破和发展，无不来自人民群众

---

① 《凝聚改革共识：全面深化改革系列谈之一》，《光明日报》2014年3月24日。

的实践和智慧。改革的动力来自地方、来自基层、来自人民群众的热情。要鼓励地方、基层、群众解放思想、积极探索，鼓励不同区域进行差别化试点，善于从群众关注的焦点、百姓生活的难点中寻找改革切入点，推动顶层设计和基层探索良性互动、有机结合。

不过，当前改革的动力机制有待加强。本轮改革的显著特点，就是中央首先提出顶层设计，然后自上而下推动。这种路径有高屋建瓴之利，但需有社会各层的积极呼应才能奏效。现在不少地方政府、公职人员的积极性尚未调动起来。大体上说，省级层面更多地在观望和等待；而县市则理所当然地认为改革还未入自己的议程，至少两年后才能到达基层。至于各级部门，则以应付为主。各部委的改革方案大多没有出台，即使出台一些初稿，仍然以缓解局部困境为主。在广大民众方面，他们普遍感觉改革的预期与实际进程存在差距，因而对改革的热情有所下降。显然，改革没有地方、没有民众的参与，只有中央的设计，那么改革就会只停留在文件中，落实在会议上。

首先，调动人民群众的积极参与。如何调动改革的积极性，关键在于让参与者在改革中受益。以往的改革能以燎原之势铺开、一步一步深入推进，根本原因就在于给人民带来实实在在的利益、带来公平参与和发展的机会，得到了广大人民的拥护。这是改革的根本动力所在。全面深化改革要以促进社会公平正义、增进人民福祉为出发点和落脚点。因此，要建立公平有效的体制机制，使改革的红利、发展的成果让人民群众共享。现在利益分配确实还有很多不合理的地方，必须进行调整。但调整利益不能只以静态的观点、在既有利益格局下切"蛋糕"，更要用动态的、发展的眼光，着眼于增量利益，在做大"蛋糕"的同时分好"蛋糕"。即使是既有利益格局调整，也不能简单地搞平均主义那一套。首先要把贫困人群和低收入者的利益保障好、维护好，让他们在改革中获得更多的发展机会；要让中等收入阶层逐步扩大，使他们拥有更大的发展空间；还要保护高收入者的合法利益，为他们放开手脚、投资兴业创造更好的发展环境。要使不同社会群体各展其能、各得其所，让一切劳动、知识、技术、管理、资本的活力竞相迸发，让一切创造社会财富的源泉充分涌流，从而形成一个各阶层各方面广泛参与和支持改革的局面。

其次，推动基层的改革探索。当前，一些基层改革动力不足的问题，需引起高度重视。实际上，改革的难点往往集中在基层，改革在基层的呼声最高，也最为强烈。这些难点中，有执行落实的"最后一公里"问题，也有发展过程中不断冒出的新情况、新问题。而离开了基层探索，解决这些难点问题往往就会变得"鞭长莫及"、"隔靴搔痒"。当前基层改革探索存在诸多障碍，有地方领导"一把手"仍习惯追求GDP数字好看的"政绩观"，有对既得利益的留恋，也有"不会改"的能力所限。但其中最主要的，还是很多地方不知道改革的边界在哪里，担忧其"探索"违法违规从而招致各种风险。有鉴于此，倡导基层探索，还应大力营造改革氛围，理顺体制机制，改进地方领导干部政绩考核体系，系统性"激活"地方活力，让基层充盈着改革的精气神。譬如，对于一些发展已经走在前列的地方和基层，应进一步释放改革的空间，给地方更多授权，鼓励他们为一些难点问题的化解提供更多改革"样本"，而不是仅寄希望于顶层设计。同时，要研究并适时制定一些鼓励基层改革探索的政策措施，对基层改革者也要鼓励成功、宽容失败，建立容错免责机制，真正免除其"大胆试、勇敢闯"的后顾之忧，让其"甩开膀子"时有足够的底气和动力。在改革进入深水区的今天，任何一项改革都必定牵一发而动全身，如果仅靠领导个人的"魄力"与"无畏"，既难以有效推动改革，改革所潜在的负面影响也不可小视。今日的改革者所面临的更大考验应该是，如何确保民众在改革上的参与，以便最大限度凝聚改革的共识与动力。在法律不断完善、改革步入深水区、各方利益权衡更为复杂的今天，改革者更需要做的是，显然是倾听民意，利用民众的支持，确保改革在既定的方向上顺利推进。毕竟，过去那种单方突进的改革，不但空间越来越少，边际效应也在不断降低。可以说，更多地遵循程序正义，让政府行为真正回归到"法无授权不可为"的法治框架内来，让民众的力量更多地参与到改革的过程中去，以确保改革在过程中的随时纠偏，才是改革所面对的当务之急；不妨真正推动改革的评价与参与机制的再造——从权力的考核与权责对等上，去激发官员内在的改革与创新动力，才是唤醒官员改革与创新积极性的不二法门。

总之，改革的推进要坚持调动各方面积极性，充分调动人的积极性，充分调动中央和地方两个积极性，注重调动企业家、创新人才、各级干部的积极性、主动性、创造性。

（三）改革的利益平衡与激励相容

动力来自激励。只有改革的参与方认为自己能够通过改革获得收益，才会有动力来呼吁改革、参与改革和推动改革。

改革涉及方方面面的利益关系，改革的实践道路，事实上就是在处理各种复杂的利益机制的过程中缓慢推进的。因此，在进一步改革设计中，应尽可能兼顾各方利益。换言之，在推动改革的过程中，我们不能仅仅关注方案，更多的注意力一定要放在重建利益平衡格局方面，应事先考虑利益受损者的补偿问题。

与理顺利益机制相关的，实际上就是所谓激励相容问题。什么是激励相容？在存在道德风险的情况下，如何保证拥有信息优势的一方（称为代理人）按照契约的另一方（委托人）的意愿行动，从而使双方都能趋向于效用最大化。说白了就是，没有人可以通过损害集体利益去实现自己利益的最大化。个人的利益和集体的利益是一致的，每个人努力为实现自己利益的目标工作，得到的结果也是集体利益的最大化。现代经济学理论与实践表明，贯彻"激励相容"原则，能够有效地解决个人利益与集体利益之间的矛盾冲突，使行为人的行为方式、结果符合集体价值最大化的目标，即个人价值与集体价值的两个目标函数实现一致化。参与者理性实现个体利益最大化的策略，与机制设计者所期望的策略一致，从而使参与者自愿按照机制设计者所期望的策略采取行动。

现在就从中央地方关系来看改革的激励相容问题。本轮改革的一项重要内容是重塑中央地方关系。当前的中央地方关系存在着权力不对称与利益不对称的问题。[①] 权力不对称性。既有"条条"专政过度集权、过度集中的突出问题，也有"块块"专政过分分权、过分分散的突出问题；既有"高高在上，官僚主义"的问题，也有"上有政策，下有对策"的问题。利益不对称性。比如"营改增"，地方上利益受损，改革动力不强；地方事权与财力不匹配，有抱怨。特别是在长远问题、全局问题、可持续发展问题等方面，中央与地方的利益出发点并不完全一致。要想发挥中央与地方两个积极性，使二者"激励相容"，目标函数一致并最大化，就需要明确中央与地方的职能分工，总体上形成中央决策、国家规划、部门指导、省级政府负总责、地市级和县市级政府实施

---

① 胡鞍钢等：《中国国家治理现代化》，中国人民大学出版社2014年版。

的分工合作体系和激励相容机制。

(四) 改革的机制设计

中国改革目前遇到一个最大的问题，就是部门利益和既得利益的阻碍。回顾三十多年的改革就会发现，凡是"自己改自己的"，即由政府部门主导自己领域的改革，一般都会以所谓"特殊性"、"复杂性"为理由而偏向或限于停滞，而由非自己行政部门主导的改革大多进展顺利，成效显著。比如，之所以工业领域的改革相对最彻底，就是因为决定工业体制改革方向的不是工业部门自己，结果是政府的工业管理部门撤销了，而其他"自己改自己的"政府管理部门的权力却强化了，比如发改委、教育部。这实际上是与减少政府干预的市场改革方向背道而驰了。因此，要切实推进改革，抑制改革过程中政府部门权力的扩张，就必须构建有效的制衡机制。这里可以借鉴"无知之幕"的设想，即让改革方案设计者在不知道自己利益所在的条件下进行改革方案设计。也就是既要让政府相关行政部门的干部积极参与改革，发挥他们的高素质、有经验和知实情的优势，又要让他们在参与改革时同部门利益脱钩。要做到这一点，就要让改革方案设计者在不知道自己利益所在的条件下进行改革方案设计，即不知道将来在新体制中自己所处的部门，实际上就是构建起改革机制中的"无知之幕"。最简单的做法是：从相关管理部门选调优秀干部，与无直接利益关系的专家一同组成改革工作机构，制订改革方案。同时，必须明确规定，在改革方案完成，并通过之后，方案的设计者不可以再回到原来的单位，而是由组织部来另做重要的任用。中心的意思就是，要让改革方案的设计者未来的地位不确定，才有可能在程序上排除利益干扰。这样就既发挥了行政权力部门的人才优势、业务优势、信息优势，同时又防止行政部门利用这些优势在改革设计过程中维护自身的利益。[①] 改革的机制设计除了要考虑利益制衡，还要考虑到执行力。因此，为了顶层的改革协调和全面推进，还需要成立高级别的协调委员会，以保证各方（特别是各部委以及地方政府）意见的反馈，并有足够的权威，将不同意见协调好、摆平。目前，由习近平总书记任深化体制改革小组组长，意在起到统率作用，但恐怕还不能成为一个常规的协调机制。

---

① 金碚：《构建改革机制的无知之幕》，《中国经营报》2013年3月11日。

(五）顶层设计还要与"摸着石头过河"相结合

改革初期以"摸着石头过河"为主，是因为改革蓝图不清晰，经验积累也还不够丰富，从而"顶层设计"的色彩会弱一些。随着改革的推进，特别是进入深水区，顶层设计变得尤为重要。基层探索囿于地方，有因地制宜的好处，也易造成改革的碎片化，缺乏系统性与协调性，需要顶层设计来全面统筹。这些顶层设计涉及改革的理论准备、改革的全面布局、改革的机制设计等方面的内容。强调顶层设计并不是要舍弃"摸着石头过河"。现阶段改革情况非常复杂，需要"摸着石头过河"来探索路径、积累经验（比如混合所有制与国企改革）。对那些必须取得突破但一时还把握不准的重大改革，要鼓励和支持一些具备条件的地方先行先试，把风险和影响控制在局部范围。

改革到了现在这个阶段，确实需要顶层设计，以确保改革的正确方向，在重大关系和关键环节上不出大的问题。经过多年的探索实践，中国积累了较为丰富的改革经验，具备了做好顶层设计的条件。要从战略全局出发，精心进行顶层设计和整体谋划，做好不同改革措施的相互配套与衔接，全面协调推进改革。

现代市场经济是一个复杂而精巧的巨大系统。它的建设不可能边设计边施工，也不是一双粗陋的、结构不需设计的草鞋，"边打边像"。否则的话，各个子系统之间不可能互联互通和协调互动。市场经济是一个大系统，各个地方和部门往往会从自己的工作方便和利益着眼，使制度安排有利于实现局部利益，如果先由基层各自为政进行设计，然后拼接起来成为一个体系，这样的体系恐怕是无法协调运转的。

所谓顶层设计，就是考虑到中国全面改革的新特点，有别于过去单兵突进的改革模式，对经济体制、政治体制、文化体制、社会体制、生态体制作出统筹设计，加强对各项改革关联性的研判，努力做到全局和局部相配套，治本和治标相结合，渐进和突破相促进。采取整体主义的改革战略，把握改革的系统性、关联性、配套性。改革的顶层设计涉及三个方面：

一是加强对改革的研究，做好充分理论准备。客观地说，十八届三中全会已经在理论上为我们描绘了社会主义市场经济的总体蓝图，并大致勾画了达到这一理想境界的基本路径，但是，一方面，由于改革是千百万民众参与的伟大事业，用这种理论去教育群众，并广泛吸收群众的建议，进一步丰富这一理论体系，仍是我们需要完成的艰巨任务；另一方面，由于改革涉及面极广，我们对某些方面改革的理论准备略显不足。因此，通过动员社会各种力量，加强对改革的研究（比如如何在国企改革、金融体系改革中发挥市场的决定性作用，就需要认真讨论，充分辩论以及大胆尝试），可以不断完善我们改革的理论和策略，找到更有效的改革路径。通过这一过程，我们还可提高公众对改革的参与，调动公众参与改革的积极性。

二是需要从整体上把握改革，系统设计，全面推进，避免碎片化。虽然十八届三中全会决定已对各项改革做出了全面、系统部署，但由于改革的牵涉面过广，实践性太强，在各个领域中，改革方案均有进一步完善、细化的要求，特别是后续的整体推进规划，尤其需要明晰具体思路；下一步，我们应从整体上把握改革，避免碎片化，同时，对各项改革提出明确的目标和路线图。改革应简化规则，减少烦琐的行政程序。应提高透明度，推进社会规则的重建，在更为公开透明的社会规则下，推进改革的实施。渐进改革由于逐个、逐步进行，在协同推进与系统性上不够，往往导致体制之间的相互掣肘。正如青木昌彦（Masahiko Aoki）在《比较制度分析》一书中指出的，一个体系中的各种制度具有战略互补性，某一项或几项制度发生变革，其他的制度要么进行相应的变化，要么就会与新制度难以配合，对新制度的实施产生阻碍。[①] 因此，制度变革本质上就应该是整体推进的，虽然在实施上可以分步进行；否则，就会存在巨大的制度运行成本。改革开放是一场深刻而全面的社会变革，每一项改革都会对其他改革的产生重要影响，每一项改革又都需要其他改革协同配合。因此，改革开放是一个系统工程，必须坚持全面改革，在各项改革协同配合中推进。这样的改革，没有顶层设计肯定是行不通的。

三是加强改革的机制设计。在进行改革顶层方案设计时需要有一个超脱于局部利益的高层权威机构，在基层创新的支持下进行自上而下的设计规划和监督规划的执行。在做顶层设计的时候，一定要让更多的人参与，要倾听民众的改革诉求和基层政府的政治创新。机制设计的一个基本理念是，如果切西瓜的人是最后一个拿西瓜的人，那么，这个西瓜

[①] 青木昌彦：《比较制度分析》，上海远东出版社2001年版。

就会分配得很公平。改革顶层设计也应有这样的机制，即不能让改革设计变成改革利益的事先切割，而是让所有参与改革者在其中能看到公平分享改革利益的希望和切实的机制保障。

当然，强调顶层设计并不是要舍弃"摸着石头过河"。中国是一个大国，绝不能在根本性问题上出现颠覆性错误，一旦出现就无可挽回，无法弥补。同时又不能因此就什么都不动什么也不改。要采取试点探索投石问路的办法，取得经验达成共识。看准了再推开，积小胜为大胜。中国地域广袤，各地情况千差万别，现阶段的改革又非常复杂，许多情况事先难以预料。对那些必须取得突破但一时还把握不准的重大改革，要鼓励和支持一些具备条件的地方先行先试，或者在改革试验区进行探索。成功了就及时推广，出现问题就及时纠错，把风险和影响控制在局部范围。这样做，是积极而又稳妥推进改革顺利实施的有效方法。在今后的改革进程中，既要加强宏观思考和顶层设计，更加注重改革的系统性、整体性、协同性，同时也要继续鼓励基层创新、大胆试验、大胆突破，不断把改革开放引向深入。

（六）让百姓对改革红利有获得感

2015年中央经济工作会议进一步强调"改革政策要实"，即加大力度推动改革落地。要完善落实机制，把握好改革试点，加强统筹协调，调动地方积极性，允许地方进行差别化探索，发挥基层首创精神。要敢于啃硬骨头、敢于涉险滩，抓好改革举措落地工作，使改革不断见到实效，使群众有更多获得感。

2016年年初的中央深改组第二十次会议，进一步强调要让改革政策落地。也就是说，改革不能停留在文件上、会议上、口号上，而要落到实处，切实发挥改革对各项工作的促进作用，让百姓对改革红利有获得感。

怎样把改革落到实处？

一是坚持问题导向，扭住关键环节。改革是一个系统工程，切中要害才能激活全盘，抓住关键方可纲举目张。遵循五大发展理念这个总的指挥棒，加强对各领域改革的全面评估，坚持问题导向，扭住关键环节，才能找准改革的着力点、突破口。一方面，把各领域具有四梁八柱性质的改革明确标注出来，排出优先序重点推进。特别是要把国有企业、财税金融、科技创新、司法公正等领域具有牵引作用的改革牢牢抓在手上，从而牵住改革的"牛鼻子"，发挥好重点领域改革的支撑作用。另一方面，改革在更宽的作业面、更深的掘进区持续推进，难度越来越大，必须坚持正确方法论。坚持抓重点和带整体相结合、治标和治本相促进、重点突破和渐进推动相衔接，才能精准发力、持续用力，推动改革不断取得新成效。

二是落实主体责任，厘清责任链条，拧紧责任螺丝，提高履责效能。改革工作能不能落实到位，明确责任主体是前提，落实责任是关键。现实中，有的地方抓改革"九龙治水"，结果是"一锅责任粥，一笔糊涂账"，频出"中梗阻"；有的对中央部署跟进不及时、衔接不到位，造成"上热下冷"；有的习惯"以文件落实改革"，迟迟没有实质性举措，群众反映"只听楼梯响，不见人下来"。这次会议对全面深化改革的各个"方面军"明确了责任分配和任务要求。专项小组既要抓统筹部署，也要抓督察落实；改革牵头部门是落实中央部署具体改革任务的责任主体，部门主要领导对改革统筹协调、方案质量、利益调整、督促落实有直接责任；地方党委对本地区全面深化改革承担主体责任；党委书记作为第一责任人，既要挂帅又要出征，亲力亲为抓改革。种好各自的"责任田"，拧紧每一个螺丝，改革的责任链条就能顺畅运转。加大督察工作力度，使每一个环节都要有可落实、可核实的硬性要求，就能打通关节、疏通堵点、提高质量，不断增强群众对改革的获得感。

小结：增强改革定力　保持改革韧劲

习近平总书记在中央全面深化改革领导小组第十五次会议上发表的重要讲话，"增强改革定力、保持改革韧劲，加强思想引导，注重研究改革遇到的新情况、新问题，锲而不舍、坚韧不拔，提高改革精确发力和精准落地能力，扎扎实实把改革举措落到实处"。

当前的改革，无论其广度、力度、深度均前所未有，触及中国政治、经济、社会、军事、外交多个领域的种种深层次问题，不是隔靴搔痒而是会有切肤之痛，困难之大，阻力之多，不适应改革乃至反对改革的力量之顽固凶猛复杂诡异，可能会超出人们的想象。正因如此，特别需要增强改革定力、保持改革韧劲。

如果把中国改革放在全球制度竞争与改革竞争的大背景下来看，那么保持改革的定力与韧劲就更显重要。改革只有进行时没有完成时，这显然并不仅仅是针对中国这样一个制度还没有成熟、定型的国家。其实，即使是成熟市场经济体比如美国，改革也是不断进行的。从全球范围看，制度的竞争以及为获得制度优势而衍生的改革竞争将是一个常态。从制度经济学角度，推动内在制度和外在制度演化的因素，不仅有对国际贸易和要素流动的被动反应，而且还有为更好地竞争市场份额和动员生产要素而对制度进行主动的调整。全球化已经导致了"制度（或体制）竞争"。① 特别需要指出的是，2008年全球金融危机以来，再平衡、结构调整与改革成为全球发展的主旋律。党的十八届三中、四中、五中全会对中国的改革与发展作了全面部署，而美、欧、日也纷纷推出结构性改革计划与长期增长战略，改革竞争的序幕悄然拉开。

实际上，能否持续推进改革是一个国家能力的体现。爱德蒙·伯克（Burk，1790）在《法国革命的反思》中说："一个国家若没有改变的能力，也就不会有保守的能力。没有这种能力，它将不免冒着一种危险：失去其体制中它所最想保存的部分。"这是从最深层次揭示出改革的原动力：我们不断地改革，正是为了"保有"社会主义制度的不变色。在全球制度竞争与改革竞争的大背景下持续推进自身改革，可以说是中国改革最重要的逻辑。小平同志在20世纪80年代曾说过：改革的意义，是为下一个十年和下世纪的前五十年奠定良好的持续发展的基础。没有改革就没有今后的持续发展。所有改革不只是看三年、五年，而是要看二十年，要看下世纪的前五十年。这件事必须坚决干下去。②

---

① 柯武刚、史漫飞：《制度经济学：社会秩序与公共政策》，商务印书馆2000年版。
② 《邓小平文选》第三卷，人民出版社1993年版，第118页。

第二章　通过全面深化改革提升全要素生产率

张　平　袁富华
（中国社会科学院经济研究所）

摘　要：立足于经济增长核算框架，最新计算的结果表明"结构性减速"挑战依然严峻：①资本和劳动要素供给增长速度也将下降到个位数；②产业结构非效率变动；③全要素生产率贡献从经济高峰期增长贡献30%左右的水平，下降到了现在贡献17%的水平；④分配系数出现了转变，劳动产出弹性变大，资本产出弹性变小；⑤随着人们收入的提高，消费结构中的食品消费比重不断下降，物质消费和一般性服务支出比重不断下降，而居民文化水平、素质和生活质量等服务业，如科教文卫、体育、金融等部门比重上升很快。打破现有的核算和现实的制度障碍，才能真正突破减速下滑转到以内生增长的道路，明显要做的是：①提高人力资本的同时带动"广义人力资本"消费；②提高TFP，提高创新水平和调整资源的错配；③大幅度提高第三产业的生产率，从而提升整体消费水平；④进一步改善收入分配水平，全面实现小康。这些提高都依赖体制改革：①科教文卫的事业单位体制等第三产业体制改革，提升第三产业发展空间和效率；②垄断、行政化或选择性产业政策支持的政府行政体制和国企改革，纠正错配提高效率；③改善分配提高消费的改革，促进中国经济从供给导向转向需求导向。

近年来，全球重新开始讨论"均值回归"、"经济减速"、发达国家"长期停滞"等国际经验比较与分析命题。国内学者也做了大量的实证分析。提出了一系列有意思的命题：①减速点的判断，如高速增长到减速增长前后七年最小减速 2 个百分点，则称为减速点；②前沿差距与收敛时间，即后发国家与发达前沿经济体的差距决定了经济增长回归均值的"时间"；③大国赶超与回归均值的互动性原则，因为大国的赶超会引起全球再平衡，因此不能用效果崛起的数据直接比较，而要有互动性原则；④阶段性停滞假说，经济增长达到了一定阶段，必然会引起阶段性停滞，一些国家突破，一些国家徘徊其间，这包括了"贫困陷阱"、"中等收入陷阱"和发达国家"长期停滞"的"高收入陷阱"理论。这些实证比较由于样本点的选择不同，结论差距比较大，用在中国的分析上更是预测结论的不确定。

事实上按增长核算框架计算也是如此，任何投入的资本和劳动力都是边际收益递减，逐步收敛在一个均衡的轨道中，因此发展到任何阶段你都会遇到所谓"停滞"的问题，但唯有技术进步被假设为外生的，即突破当前的均衡状态只有技术革命和创新，否则每个发展阶段都会遇到发展减速的威胁，不断创新才是突破陷阱的根本。不论要素核算中的"结构性减速"、国际比较的"均值回归"的实证探索，还是 TFP（全要素生产率）与制度分析研究本质上都是在寻求突破各个时期发展阶段徘徊不前新路径，都指出只有创新发展才能克服"陷阱"的束缚。

然而 TFP 又是一个"黑箱"，如何真实构造新的突破阶段性徘徊的新增长事实、统计、理论和可能性的政策，成为当前国际上最为重要的增长研究领域。当前形成了很多的探索方向：①新事实的构建，如"新卡尔多事实"的提出，已经在探索所谓"新要素"，即那些能导致规模收益递增的要素，如知识、教育、信息、创意、制度、范围等都是规模收益递增的，这些要素能否抵御传统要素规模收益递减的问题，是突破增长的关键；②技术创新路径，大多围绕着人力资本和熊彼特技术创新过程的内生经济增长框架探索，提出了人力资本—知识生产部门，并通过技术生产链条传递到中间部门，进行横向和纵向技术创新；③资源错配与制度性改进，希望引进资源错配的制度因素，提出了制度改进提高技术进步贡献；④统计方面的进展，与知识生产相关联的新的统计体系也开始跟进，2008 年世界银行推出了新一版的 GDP 核算的 SNA 体系，引入了最为重要的"法定所有产权"与"经济所有者"概念；引入了知识产权产品列入 GDP 中，明确了五类，包括研发、矿产勘探评估、计算机软件和数据库、文学和艺术品原件、其他,大量人们精神生活中享受的产品从消费项目列入了供给项目,这些明确了知识消费与生产的一体化过程,也突破了新的转型考核;引入了"雇员股票期权",将期权账号与劳动报酬体系一致化,也体现了新经济中人的因素,把原来的资产收益转变成了人力资本收入等;当然整个体系改革是复杂的,但核心是将知识生产重新定义了。

从当前的进展看,对中国而言现实与理论都需要在三方面进行突破性分析:①理论分析中要积极引入新要素供给;②现实中要充分理解和拓展"知识生产",它将驱动中国从传统的"通用技术生产"转型"创新驱动"国家,因此知识生产的本质和增长特性需要我们认真分析;③体制改革与资源错配,由于赶超后配置效率下降,而传统赶超体制又极大地压抑了创新活动,导致资源错配严重,进行顺应新增长的要素提供、新的知识生产创造的制度安排才能实现"阶段"性发展的突破。

一 中国增长的核算

立足于经济增长核算框架,提出了增长过程中的"结构性减速",并以此为基础跟踪中国的经济增长轨迹(经济增长蓝皮书2015)。最新计算的结果表明"结构性减速"挑战依然严峻:①资本和劳动要素供给增长与要素边际生产率都在下降,特别是劳动增长在"十三五"期间增长为负,而资本要素供给由于城市化的提升,增长速度也将下降到个位数;②产业结构非效率变动,中国随着产业结构的现代化(工业、服务业等现代部门的增加值按可比价计算约占GDP的93%),通过从农村部门向现代化部门转移的经济结构性配置效率下降,而现代部门由于第三产业劳动生产率低于第二产业,导致了结构非效率配置,中国整体劳动生产率下降;③全要素生产率贡献从经济高峰期增长贡献30%左右的水平,下降到了现在贡献17%的水平,重要的原因是市场化制度改进下降,同时通过引进先进设备获得"干中学"的技术进步贡献也逐步缩小;④分配要素则倾向劳动者,随着"刘易斯拐点"的到来,劳动产出弹性上升到0.5的水平,按此加强更加速了减速趋势;⑤随着人们收入的提高,消费结构中的食品消费比重不断下降,物质消费支出比重不断下降；一般性服务消费支出比重下降，而提高居民文化水平、素质和生活质量的服务业，如科教文卫、体育、金融等部门比重上升很快，可归纳为"一般性通用技术的生产与服务"部门收入消费弹性小于1%，未来占消费支出比重不断下降。而有关人的素质，即"广义人力资本和品质提高"的生产与服务消费需求弹性大于1%，消费比重不断提高，这也引致了工业化的物质生产经济向知识经济转变。

（一）人口结构变化与劳动力供给下降

人口结构转型及相应劳动年龄人口增长速度下降，是第二次世界大战之后普遍呈现于世界各国的典型化事实，尽管在时间上存在先后差别。WDI数据显示，20世纪80年代以来，高收入国家组劳动年龄人口增长率持续下降，由80年代以前的年均增长1.2%下降到现阶段的0.6%；类似的趋势也发生在中下等收入、中等收入和中上等收入国家组，但其下降幅度明显低于高收入国家组，截至目前，中等收入组劳动年龄人口增长率仍处于1.5%—2%的水平。低收入国家组在1960—2000年经历了人口红利的加速上升，但2000年以来出现向"S"形曲线顶部趋近的态势，其劳动年龄人口增长率处于2.5%—3%的水平。从区域角度看，东亚和太平洋地区新兴工业化国家的人口转型尤为显著，中国的劳动年龄人口增长速度也正在面临快速下滑趋势。

20世纪80年代以来，中国大规模工业化的开展，根本上受益于自身有利的人口结构，三十年的高速经济增长与人口红利窗口正好重叠，而正在发生的结构性减速与人口红利窗口的关闭密切相关。1985—2007年，中国劳动年龄人口增长率为1.58%，2008—2015年下降到0.61%，根据年龄移算，2016—2020年将进一步下降到-0.4%。同时，随着人口老龄化问题的出现、富裕人群闲暇追求倾向的增强，以及低龄劳动人口受教育年限的延长，劳动力供给与劳动年龄人口的比率或劳动参与率也呈现越来越显著的下降趋势。例如，1985—2007年中国劳动参与率增长幅度为-0.07%，2008—2015年为-0.24%，未来五年估计为-0.50%。劳动年龄人口和劳动参与率增长速度的下降，直接导致了劳动力供给发生变化。中国劳动力投入增长率由1985—2007年的1.5%，下降到2008—2015年的0.36%，2016—2020年估计为-0.9%。

(二) 经济发展阶段与资本投入变化

工业化迅速推进的过程中，大规模投资行为赖以发生的基础有两个：一是廉价劳动力成本有利于工业投资扩张，二是交通运输等生产性基础设施的建设，两种投资相互补充，使得工业化时期的投资可以获得丰厚回报，投资意愿也在这个时期较为强烈。如1985—2007年，中国全社会固定资产投资以年均20%以上的增长速度持续增长，全社会资本形成率接近40%。同时，资本存量的增长速度为11%，人均资本的增长速度为9.4%，充分体现了资本驱动的工业化高增长方式。

2008年以来，有利于大规模工业投资的条件逐渐消失。随着中国人口转型的发生，劳动力成本的上升压低了投资回报，城市化时期交通运输等基础设施的投资越来越倾向于生活便利，投资回报递减问题发生。同时，科教文卫社会保障等社会基础设施投资的扩大，也进一步压缩了投资回报空间，因此削弱了民间投资意愿。从数据上看，2008年中国的高投资，主要是源于基础设施和房地产的拉动，政府干预的色彩比以往更加浓厚。

但是，根据中国城市化发展趋势，一个基本判断是，经过近二三十年大规模开发，中国城市基础设施投资高潮已经接近尾声。2011年中国城市化率超过50%，城市化开始向成熟时期迈进，工业、服务业资本积累速度将持续降低。根据城市化率与投资增长率的倒"U"形关系预测，2016—2020年中国资本存量增长速度估计为9.5%。

(三) 全要素生产率

中国资本驱动的大规模工业化过程中，全要素生产率（TFP）对经济增长的贡献呈现系统的下降趋势，1985—2007年经济增长中TFP的贡献接近30%，2008—2015年下降到20%以下。TFP贡献的这种系统性下降，在于中国低成本工业化模式使然。

从效率改进角度看，劳动生产率的提高主要依靠资本深化，全要素生产率依赖于"干中学"而非内生的技术进步因素。以"耗竭"充裕的廉价劳动力禀赋而不是以"培育"人力资本提升效率，是这种模式的特征。WDI数据显示，与发达国家比较起来，中国人力资本呈现出典型的中等教育主导增长的特征，无论是与发达国家相比还是与其他新兴工业化国家相比，中国高等教育劳动力比重均显著低下，这种问题成为中国无法在较短时间内实现增长转型的主要障碍。

表 2-1　　　　　　　　生产函数分解及趋势预测

	历史（峰－峰：1985－2007）	现状（2008－2015）	预测：2016－2020
[1] [潜在增长（生产函数拟合）三因素]	10.10%	8.54%	6.20%
[2] 资本投入（K）：弹性	0.6	0.6	0.5
[3] 资本贡献份额=[2]([8])/[1]	68.72%	82.20%	76.60%
[4] 劳动投入（L）：弹性	0.4	0.4	0.5
[5] 劳动贡献份额=[4]([11])/[1]	6.17%	1.69%	－7.25%
[6] tfp：增长率	2.82%	2.60%	1.96%
[7] tfp 贡献份额=100－[3]－[5]	27.94%	16.16%	30%
[因素细分]			
[8] 资本投入增长率（$k=dK/K$）=[9]([10])	11.13%	11.70%	9.50%
[9] （净）投资率（I/Y）	21.32%	36.00%	
[10] 资本效率（Y/K）	0.52	0.34	
[11] 劳动投入增长率（$l=dL/L$）=[12]+[13]	1.50%	0.36%	－0.90%
[12] 劳动年龄人口增长率（pop_l）	1.58%	0.61%	－0.40%
[13] 劳动参与率变化率（θ_L）	－0.07%	－0.24%	－0.50%
[14] 劳动生产率增长率			
[15] 劳动生产率（$y=Y/L$）增长率=[16]+[17]	8.54%	8.16%	
[16] 资本效率（Y/K）增长率	－0.89%	－4.19%	
[17] 人均资本（K/L）增长率	9.43%	12.35%	
[城市化]			
[18] 城市化率	33%	50.5%	0.58*

注：（1）*资本投入增长率的估计，系根据城市化率与投资增长率的倒 U 形关系计算。

（2）表中数据经过处理，误差在容许范围内。

(四) 产业结构变化与效率变动

要素结构和生产率的变化与产业结构变动紧密联系在一起。总体趋势是，随着中国经济增长阶段发生变化，服务业以其高就业吸收能力日益成为城市化时期的主导部门，同时，鉴于中国传统服务业比重较大的特征，劳动力和资本向服务业部门的集中，不可能取得像大规模工业化时期那样快的劳动生产率增长速度，结构性减速是必然趋势。

如果说中国工业化阶段的效率增长拼的是规模和低成本的话，那么，城市化阶段的效率维持，拼的是人力资本及相应创新。这时候生产创新和消费创新之间的联系会越来越紧密，产业结构变动仅仅依靠以往供给面因素驱动已经不可行，需求面的创新和多样化能力，成为经济服务化时期的重要轮轴，但前提必须是人力资本的积累和人力资本外部性在产业间、产业内联系中的增强。

根据我们的估算，1985—2007年与2008—2015年两个时期中，第二产业和第三产业劳动生产率增长率均出现了下降，全社会劳动生产率也因此出现了下降。这验证了一种共识，即中国过去30年劳动生产率快速提高，得益于大规模工业化的"干中学"和"投中学"效应，但是随着产业结构服务化的形成，中国全社会劳动生产率降低是一种必然。在人力资本积累能力不能得到有效改善的前提下，我们预期"十三五"时期全社会劳动生产率增长速度还会持续降低到8%以下。

表2-2　　　　　　　　　　劳动生产率因素分解

	历史（峰-峰：1985-2007）	现状（2008-2015）	预测：2016-2020
劳动生产率（$y=Y/L$）增长率	8.54%	8.16%	7.70%
第一产业劳动生产率增长率	4.42%	9.10%	9.00%
就业份额变动率	-1.92%	-4.33%	-5.18%
增加值份额	0.18	0.09	0.08
第二产业劳动生产率增长率	9.21%	7.41%	7.00%
就业份额变动率	1.35%	1.18%	1.00%
增加值份额	0.49	0.49	0.45
第三产业劳动生产率增长率	5.99%	5.00%	5.00%
就业份额变动率	3.11%	3.31%	3.00%

续表

	历史（峰－峰：1985－2007）	现状（2008－2015）	预测：2016－2020
增加值份额	0.33	0.42	0.48

（参考指标——1978 为基期）：2013 年

第二产业劳动生产率增长率：8.1%

第三产业劳动生产率增长率：2.1%

注：（1）劳动生产率（$y=Y/L$）增长率＝第一产业增加值份额×（第一产业劳动生产率增长率＋第一产业就业份额变动率）＋第二产业增加值份额×（第二产业劳动生产率增长率＋第二产业就业份额变动率）＋第三产业增加值份额×（第三产业劳动生产率增长率＋第三产业就业份额变动率）。

（2）表中数据经过处理，误差在容许范围内。

（五）2016—2020 年的潜在增长

通过对劳动生产率因素分解和生产函数的计算，得到"十三五"时期中国潜在增长率大致维持在 6%，这里隐含了人口、劳动生产率、分配效应等多项假设。实际上，从中国经济近几年的表现看，很多因素都比我们的假设显得严重，实体经济低回报导致的投资增长下降、中等人力资本过多导致的创新路径阻塞、服务业整体效率的低下等，都有可能加剧经济的结构性减速。

二 TFP 下降与资源配置低效率

接下来的叙述中，我们对增长阶段转换时期的低效率及人力资本错配问题提供必要的数据佐证，目的在于说明：第一，在增长阶段 I 面临结束时，中国经济效率问题在偏倚的投资方式下被明晰呈现出来；第二，投资驱动的经济增长阶段 I 忽视了人力资本累积，分割性的劳动力资源开发方式扭曲了人力资本资源配置，并成为减速治理的主要障碍。基本认识也因此明确为：在经济减速主导城市化的态势下，在投资增长动力消失、劳动力增长动力消失和"干中学"效应递减的压力下，维持持续增长的核心途径是改善资源配置效率，释放人力资本潜力。

（一）资本错配与 TFP 下降

从人均资本存量来看，中国目前仍处于较低的发展阶段，约相当于韩国 20 世纪 80 年代的水平（张平、陆明涛，2013），而且存在较为突出的错配现象（鄢萍，2012），这种资本错配不仅表现在不同所有制企业中，也表现在不同行业中。接下来，我们主要就以下几类行业投资状况给出比较，包括工业和其他行业、其他服务业、经济基础设施、社会基础设施和房地产行业。

首先给出经济、社会基础设施行业分类的一个说明。参照金戈（2012）的做法，我们对经济、社会基础设施行业给出如下设定：①采用《中国固定资产投资统计年鉴》16 行业分类方法，1979—2002 年的经济基础设施行业包括："电力、煤气及水的生产和供应业"、"地质勘查业、水利管理业"、"交通运输、仓储及邮电通信业"三个行业；社会基础设施行业包括"卫生、体育和社会福利业"、"教育、文化艺术和广播电影电视业"、"科学研究和综合技术服务业"三个行业。②采用《中国统计年鉴》20 行业分类方法，2003—2010 年的经济基础设施行业包括："电力、热力、燃气及水生产和供应业"、"交通运输、仓储和邮政业"、"信息传输、软件和信息技术服务业"、"水利、环境和公共设施管理业"四个行业；社会基础设施行业包括"科学研究和技术服务业"、"教育"、"卫生和社会工作"、"文化、体育和娱乐业"四个行业。

同时，将除去水电燃气生产的工业部门——采掘业、制造业和建筑业加总，作为工业和其他部门；将房地产单列，并将房地产业和不包括在经济基础设施行业、社会基础设施行业之内的其他服务业加总，合并记为其他服务业。各年度固定资产投资中的工业和其他行业、其他服务业、经济基础设施行业和社会基础设施行业比重的变化趋势。可以看出：①1979—2002 年工业（和其他行业）投资比例呈现持续下降趋势；2003 年之后，重化工业化进程的推进又促使这个比例不断上升，并导致其他服务业比例的下降。②2003—2012 年，房地产业投资占全社会固定投资比例平均为 24%，房地产业投资占服务业部门投资比例为 50%。这一时期房地产业的特征是投资增长速度畸高，十余年的时间里实现了发展的跃进；中国现阶段投资扭曲的根本问题，很大程度上体现在这种投资的爆发式增长上。③相应地，经济基础设施投资有所下降，而社会基础设施投资一直在低位徘徊。

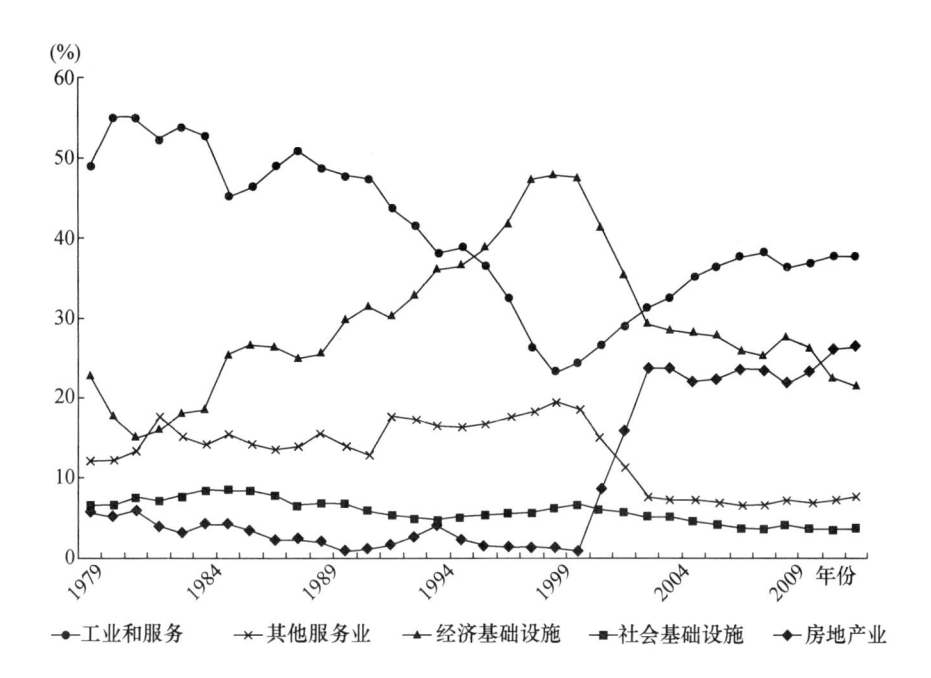

图 2-1 1979—2012 年中国行业投资比例

资料来源：历年《中国统计年鉴》和《中国固定资产投资统计年鉴》。

根据上文有关投资的分类，我们采用如下方式对中国总体资本存量增长趋势进行考察：①以 1978 年为基期，分别估算两大类行业固定资产投资：第一类是房地产、经济基础设施和社会基础设施投资；第二类是除去上述三项投资之外的工业及其他行业投资。②第一类固定资产投资折旧率采取 2%，第二类折旧采取 7%。① ③两大类行业初始资本存量的估算方法是：鉴于数据的可获得性，我们用 1978 年 GDP 增长率分别加上两大类行业的折旧率，去除两大类行业 1978 年固定资产投资，得到第一大类行业初始资本存量为 1451.3 亿元、第二大类行业初始资本存量为 3122.0 亿元。对于名义固定资产投资的折实，这里采用本课题组（2013b）的数据。④两大类行业 1978—2012 年资本存量序列，采用永续盘存法计算，进而加总得到全社会资本存量序列。

劳动投入序列和 GDP 序列，同样来自本课题组（2013b）。TFP 变

---

① 我们还估算了第一类折旧采取 3%，第二类折旧采取 5% 的资本存量序列，这个序列的增长速度与 2%、7% 折旧率产生的资本存量序列的增长速度相差不大。

化的估算过程中,我们采取了如下步骤:①资本弹性和劳动弹性采用各省劳动者报酬加总与各省 GDP 加总的比例——劳动报酬份额进行估算;②技术进步表示为 GDP 增长与要素弹性加权的资本存量增长、劳动投入增长的差值。

估计结果表明:1993—2012 年,中国经济增长中的技术进步出现了持续的下降,这种下降与资本增长速度的持续提高密切相关;尤其是 2008 年以来,畸高的资本存量增长速度(18% 左右)导致了 TFP 的负增长。这种 TFP 负增长状况与近年来投资分布偏向于房地产业的状况有着很大关联。

因此,以下问题在中国经济中越来越突出:首先,中国投资驱动的态势没有发生根本改变,但是投资的扭曲——尤其是投资过度依赖房地产的状况蕴含了经济过快减速的风险,因为跃进式的房地产投资不可能维持持续的高速度;其次,中国劳动力增长速度持续下降态势也非常明显;最后,技术进步的作用没有发挥出来。也正是立足于这些问题,前述的三重结构性冲击是中国经济过快减速的重大隐患。

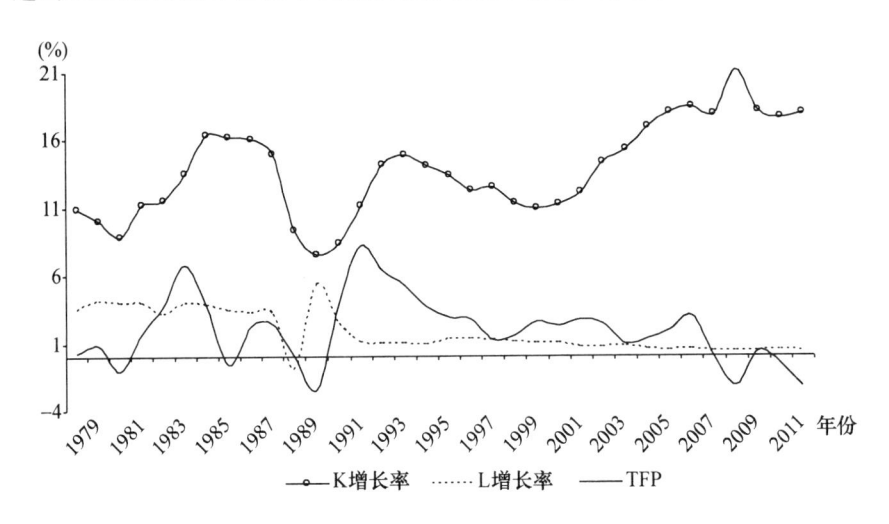

图 2-2 1979—2012 年增长因素变动趋势

资料来源:历年《中国统计年鉴》。

(二) 人力资本增速缓慢

一般认为,人力资本的积累主要是通过教育来实现的,并把平均受教育年限作为人力资本的重要测度,Barro 和 Lee (2010) 提供了世界各国人口教育水平的详细数据。把中国 15 岁以上人口平均受教育年限与美国、日本等发达国家及拉美等发展中国家进行比较，可以看出：中国的人均受教育年限不仅与发达国家相去甚远，而且与诸多新兴工业化经济体也存在不小差距；再者，从人均教育年限的增长幅度看，1970—2010 年，拉美 9 国、印度尼西亚、马来西亚、菲律宾、泰国、印度、中国分别增长了 1.1 倍、1.7 倍、1.5 倍、0.8 倍、2.2 倍、2.9 倍、1.1 倍，中国人力资本增幅相对较低。

进一步，若把 15 岁以上人口平均受教育年限与人均 GDP 进行比较，可以得到更有意义的启示。从 Barro 和 Lee（2010）与世界发展指数中，抽取各国 2010 年 15 岁以上人口平均受教育年限和人均 GDP 序列，制成散点：可以看出，中国人均受教育年限不仅低于大多数人均 GDP 较高的国家，而且低于很多人均 GDP 较低的国家。

上述国际比较在于说明，中国工业化结构性加速时期资本驱动的增长方式，一方面忽视了技术进步的作用，另一方面也忽视了人力资本培育。换句话说，对于内生增长至关重要的这两个因素，在中国长期增长过程中的作用是相对不显著的，这种局面如果不能予以调整，就很难抵消经济过快减速风险。

表 2-3　　　　　各国 15 岁以上人口平均受教育年限

年份	1970	1975	1980	1985	1990	1995	2000	2005	2010
美国	10.8	11.5	12.0	12.1	12.2	12.6	12.6	12.9	13.2
日本	7.8	8.4	9.1	9.6	9.8	10.5	10.9	11.3	11.6
拉美9国	4.0	4.2	4.6	5.3	6.0	6.7	7.3	8.0	8.5
印度尼西亚	2.8	3.2	3.6	3.9	4.2	4.6	5.2	6.4	7.6
马来西亚	4.2	4.8	5.8	6.7	7.0	8.4	9.1	9.7	10.4
菲律宾	4.7	5.5	6.2	6.6	7.1	7.6	7.9	8.2	8.4
泰国	2.5	3.0	3.6	4.2	4.9	5.5	5.7	7.0	8.0
印度	1.6	2.0	2.3	2.9	3.5	4.1	5.0	5.6	6.2
中国	3.6	4.1	4.9	5.3	5.6	6.3	6.9	7.3	7.5

注：拉美 9 国为人口加权平均，9 国分别是乌拉圭、秘鲁、巴拉圭、墨西哥、厄瓜多尔、哥伦比亚、智利、巴西和阿根廷。

资料来源：Barro 和 Lee（2010）。

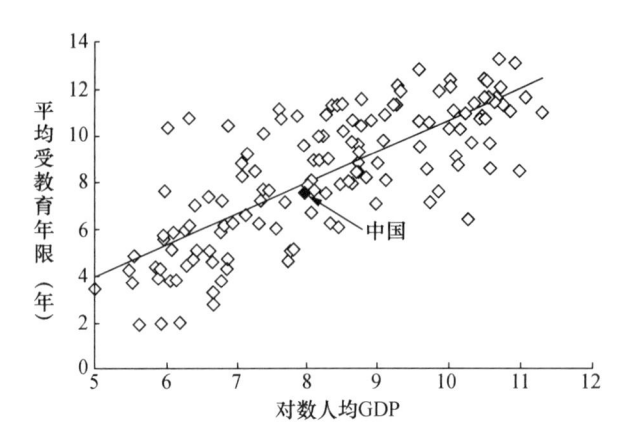

图 2-3　中国与 144 个国家人均 GDP 与平均受教育年限对比散点

注：平均受教育年限的统计口径为 15 岁以上人口。

资料来源：Barro 和 Lee（2010），2014 年世界发展指数（World Bank，2014）。

（三）人力资本错配

人力资本的有效配置对于经济增长也至为重要。为了比较中国和发达国家之间在人力资本的配置上的差异，我们基于中国统计年鉴数据和国外社会调查数据进行比较。美国综合社会调查（General Social Survey，GSS）提供了被调查者的详细行业信息，为了增强可比性，我们选取 2012 年 GSS 调查数据。由于 GSS 2012 的行业分类采用 2007 版北美行业分类系统（NAICS 2007）的四位数编码，本书根据 GB/T 4754—2011 标准将其转换为与中国统计口径一致的 20 个行业分类。类似地，我们采用 2012 年第六轮欧洲社会调查（ESS Round 6），并将其转换为 20 个行业分类，用于中国和欧洲主要国家的对比。

首先，比较中国和其他国家各行业劳动者的受教育年限。中国各行业的劳动者受教育水平程度基本都低于俄罗斯、欧洲 10 国和美国，这与所指出的中国劳动力的受教育年限相对较低的事实是一致的。但是，如果把产业市场化程度和产业人力资本差异大小联系起来进行国际比较，一些微妙的事实值得重视。如市场化程度性对较低的水利业、环境和公共设施管理、教育、卫生和社会工作、文化体育娱乐等行业，中国与国外差距较小，公共管理、社会保障和社会组织等行业的劳动者受教育年限甚至略高于其他国家；而市场化程度高的行业和部门，人力资本水平一般都低于其他国家。

问题的核心是：在人力资本水平相对较低的情况下，中国行业人力资本存在严重的错配。为了得到可比较的指标，我们采用调查设计的人口权重，对 GSS 和 ESS 调查样本进行加权，据此计算出各行业本科以上劳动者的人数及总人数，进而估算出本科以上劳动者在各行业的分布比重，并用以对中国各行业人力资本错配程度给出比较说明。如美国、欧洲 10 国和俄罗斯的本科及以上劳动者的行业分布比较类似，相对均匀地分布在制造业、批发零售、教育、卫生和社会工作、公共管理等行业。相比而言，中国的分布曲线有着较大差异，本科以上学历比例最高的几个行业依次为：科学研究和技术服务业、教育、公共管理社会保障和社会组织、卫生和社会工作、金融业、文化体育和娱乐业，这些行业在中国大都为市场化程度较低的政府管制行业，即便是金融业也是国有资本高度主导、政府干预较多的部门。同时，与其他国家形成鲜明对比的是，中国大学生较少配置到制造业和批发零售业，而在其他国家，制造业和批发零售业吸引本科以上学历劳动者就业的能力较强。

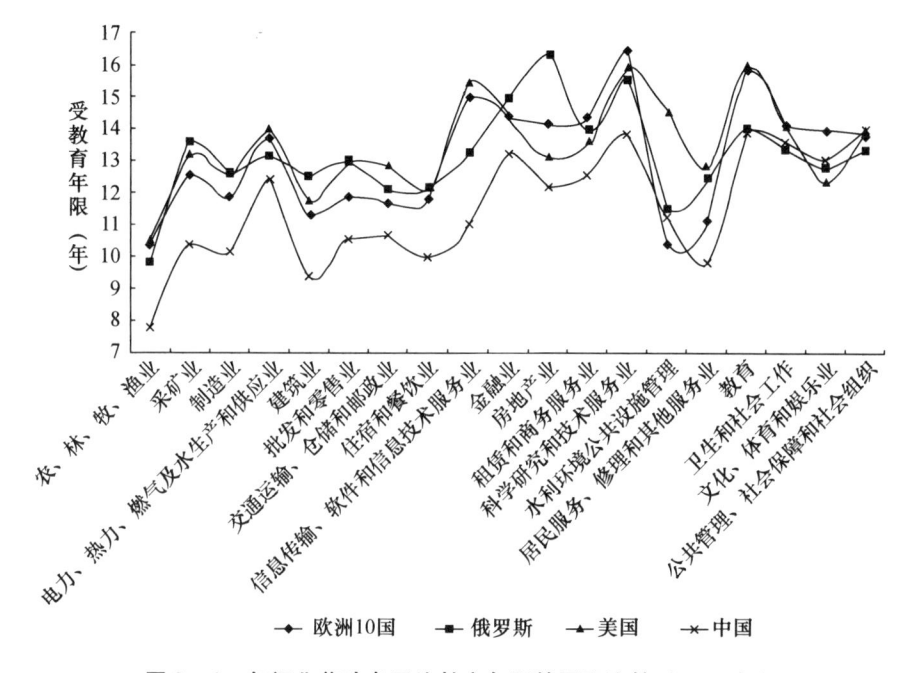

图 2-4　各行业劳动者平均教育年限的国际比较（2012 年）

注：欧洲 10 国分别是比利时、瑞士、德国、西班牙、法国、英国、意大利、荷兰、挪威和瑞典。

资料来源：美国 2012 年综合社会调查（GSS 2012）；2012 年欧洲社会调查（ESS，Round 6）；《中国统计年鉴》。

进一步,把行业人力资本分布和行业增加值分布联系起来,定义行业人力资本强度为:各行业本科以上学历劳动力比例除以该行业增加值占 GDP 的比例。人力资本强度越大,表明该行业的人力资本使用越密集。限于数据来源,我们只将中国与法国、意大利、英国和美国进行比较。如:①与其他国家比较起来,中国农林牧渔业、制造业、批发零售业和住宿餐饮业人力资本强度过低,这些部门实际上缺乏提高效率所必要的人力资本。②无论是相对于国内其他行业还是国外同类行业,中国事业型单位或行业——特别是行政管制行业(典型如文化体育娱乐行业等),都有着极高的人力资本强度。上述比较进一步揭示了中国生产性、非生产性行业之间存在的人力资本错配现象。

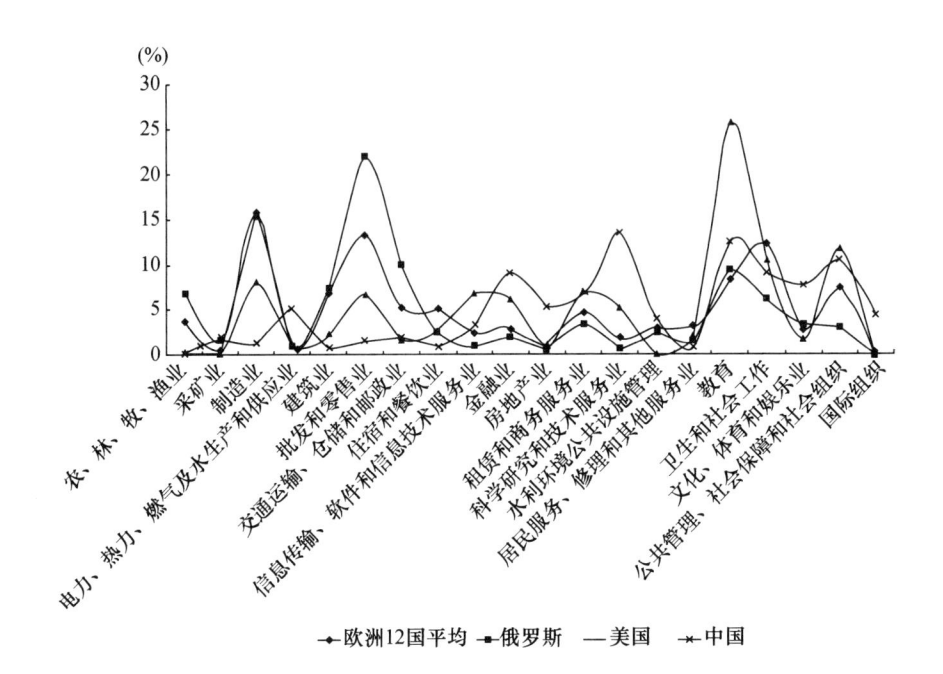

图 2-5 本科以上学历劳动者行业分布的国际比较(2012 年)

注:欧洲 12 国分别是比利时、瑞士、德国、丹麦、西班牙、法国、英国、意大利、荷兰、挪威、葡萄牙和瑞典。

资料来源:同图 2-4。

中国经济赶超时期形成的政府干预模式,主要体现在"纵向"或自上而下的政府干预资源配置上,包括:①政府依据纵向一体化生产安

表 2-4　　　　　　人力资本强度的国际比较（2012 年）

行业	中国	法国	意大利	英国	美国
农、林、牧、渔业	0.004	2.777	3.696	2.070	0.176
制造业	0.040	1.465	1.206	1.222	0.661
电力、热力、燃气及水生产和供应业	2.235	0.595	0.651	0.435	0.502
建筑业	0.125	1.401	1.098	1.307	0.563
批发和零售业	0.304	1.140	1.282	1.452	0.580
交通运输、仓储和邮政业	0.817	1.264	0.633	1.269	0.553
住宿和餐饮业	0.080	1.561	2.071	2.473	0.900
信息传输、软件和信息技术服务业	1.651	0.322	0.362	0.439	1.031
金融业	1.700	0.690	0.388	0.426	0.945
房地产业	0.944	0.073	0.006	0.093	0.084
租赁和商务服务业	3.449	0.363	1.120	0.314	2.808
科学研究和技术服务业	9.197	1.351	0.113	1.697	0.556
居民服务、修理和其他服务业	0.594	3.026	0.785	1.091	1.102
教育	4.129	1.364	1.675	1.648	23.647
卫生和社会工作	5.794	0.976	1.503	1.757	1.469
文化、体育和娱乐业	12.230	1.304	2.737	1.535	1.654
公共管理、社会保障和社会组织	2.772	1.048	1.114	1.395	0.878

资料来源：美国 2012 年综合社会调查（GSS 2012）；2012 年欧洲社会调查（ESS, Round 6）；UNdata；《中国统计年鉴》。

排的生产组织体制，以职能部委为主导，纵向分割了市场的资源配置功能。比如，单从名字上就可以看出各个开发区的隶属关系：高科技开发区隶属科技部；商务区隶属商务部，诸如此类。横向的协作被切割，大量的政府审批服务于这种纵向体制分割，市场竞争和资源的横向流动被严重抑制。②政府运用各类宏观政策对规模企业进行扶植——主要是产业与贸易政策、财政补贴以及所谓"选择性融资"（Shinohara, 1970），通过人为设定制度门槛和政策补贴，扶持政府认定的主导产业和企业。③政府为了工业化发展，仅仅把服务业看作工业分工的简单结果，不惜通过补贴来降低公共服务设施的使用成本，廉价甚至免费提供给某些工业部门（课题组，2013a）。④经济赶超过程中的技术进步，仅靠引进设备来实现"干中学"，而不是依靠本土自主研发和通过"教育与科学"实现知识创新。科教文卫体、大量公共服务部门、行业协会等都属于事业单位,不纳入市场,不作为创新要素加入到生产体系中去。这样的"纵向"资源分割配置格局,是赶超期间政府干预型体制的典型制度特征。

在这种生产组织模式下,增长与效率被置于分割的制度结构下:第一类是市场竞争部门,主要以生产性的中小企业形式存在。第二类是政府支持的部门,即政府产业政策和金融政策支持易于产生规模的部门。第三类是政府管制和补贴的部门,这些部门往往有着自然垄断性质,以提供社会化的普遍服务为宗旨,并具有准事业单位的性质,如公共基础设施服务,普遍化的教育与医疗等。第四类是事业单位,作为非市场化的参与主体,主要表现为社会服务体系中的"科教文卫体"部门,其性质是纯粹财政拨款,且在财政拨款不足时可从市场部门获取收益。尽管作为事业单位存在,但这类部门却汇聚了国家创新的全部要素——科研、人力资本、文化等。上述主体因其性质不同,目标函数也不相同。市场化部门的目标注重盈利,政策支持部门注重规模,准事业单位注重获取补贴,事业单位目标集中于成本最大化。正是由于非市场部门的广泛存在,导致了前文所述的内生增长动力缺失。其原因是,政策支持和政府管制的国企、事业、准事业单位以其高收入、高福利,成为人才集中地,但其低效率又导致人力资本的错配问题。

中国进入中高收入发展阶段,城市化比例超过55%以后,出现了与工业化时期不同的特征,并因为原有的动员体系与先前的需求不符产生"结构摩擦"。三个最为重要的摩擦已经显现出来:①"科教文卫"、信息服务、城市公共服务设施等无法满足科技创新和人们日益高涨的精神和城市化的消费需求,上学难、看病难、占领主流频道的"神剧"、停车难,下雨后北京、上海、深圳淹死人等,充分体现出需求与供给的不匹配,而上述供给不足的部门都是三类或四类部门,更多的是事业单位占主要部分的部门。②严重的重化工产能过剩部门,重化工产能过剩来自工业化时期政府的政策支持,选择性融资、产业性政策、区域性产业链延伸战略等都是推动重工业发展的核心政策与理论,这与中国以增值税为主体的激励模式又是相辅相成的,而当前严重的产能过剩企业在政府和银行的苦苦支撑下,仍然没有去产能,很多成为"僵尸"企业。③房价上涨与整体劳动生产率效率和全要生产率贡献率在下降,资源过度配置到了房地产部门，而由于管制和高的运行成本直接降低了企业的盈利水平和劳动生产率，企业越来越难累积收入支持研发进行创新。

四类部门在动态竞争过程中的利益分配机制导致了必然创新动力不足。政策支持的企业在经济减速过程中，可以不断提高负债率而不被市场"清洁"掉，很多"僵尸"企业由此产生；市场化程度较高的小型企业、私营部门则随时面临破产风险。财政补贴部门可以通过涨价弥补财政补贴不足，从而提高了社会的总体成本；事业单位依靠国家提高税收的方式来维持，旱涝保收，从而提高了市场的总成本，这些补贴或税收从根本上削弱了市场部门的竞争力。因此，低效率的非市场部门在减速过程中仍然可以很好地生存，减速后果全由市场部门来消化，迫使人力资本进一步向无效率部门集中，创新艰难。这种制度结构不利于经济减速对非效率部门的淘汰，更无法刺激创新、优化人力资源。

城市中企业空间聚集和创新活动赖以发展的"横向联系聚集—创新模式"，即所谓的"面对面交流"、"劳动力流动"、"企业家创业聚集"和"大学知识外溢"等的创新机制，与原有的工业化推动的"纵向一体化"聚集有着巨大的差异。只要能翻越制度分割篱笆，就能获得创新的利润，不论是政府干预的资源配置模式，还是金融企业、技术创新企业、互联网公司、职业培训机构、开发区甚至是医院等各类经济主体，都迫切需要体制变革打破分割，提高生产效率，推动创新发展。

三 通过改革提升全要素生产率

根据前文分析，抵消过快减速风险，TFP和人力资本要素为增长可持续所必需。然而问题在于，传统赶超的"纵向"干预体制，导致了技术进步与人力资本积累通道受阻，要素驱动型或外延增长模式本身蕴含的减速趋势不能得到效率补偿，由此引出减速治理的迫切性：制度变革是减速治理的核心，减速治理的关键又在于清洁机制，在于"破坏性创造"。要通过体制改革逐步消除抑制创新和人力资本积累的障碍，同时矫正微观主体的行为，形成基于"横向"市场竞争与激励的减速治理机制，通过加快存量调整，释放经济活力，缓冲经济减速带来的负面影响，提高资源配置效率，在新一轮技术革命大潮中提高中国生产率和创新水平，平稳推动中国经济从高速增长转向高效增长阶段。

（一）从"纵向"政府干预体制转向"横向"市场竞争机制

纵向分割的政府干预和资源配置体制，既是工业化赶超的产物，也是困扰中国经济改革的顽疾。转变的关键在于，一是政府要改革自身，转变职能，切实简政放权，彻底政企分开。二是让市场发挥决定性的作用，促进我国统一市场的尽快形成。重点解决更高层次的开放即要素市场的开放问题，解决在资本市场、人员流动、基础设施、信息等领域的割裂问题。"条块分割"的现状既影响资源的空间配置效率，也保护了落后，使得区域间贸易量减少或者萎缩。而一个统一开放、竞争有序的市场体系，既可以使得社会流通更有效率，生产者和消费者双双受益，也可以在当前经济增速减缓、调结构转方式加快步伐的背景下，激发内需潜力。三是强化法治，完善一系列标准体系和法规来规范市场经济秩序，而其中的关键又在于政府自身要守法。

从根本上说，市场化的重中之重和实质更在于政府改革，在于打破条条块块行政分割体制，简政放权，还利于民。其衡量指标有两个：一是财政供应人员占 GDP 比重；二是宏观赋税。中国每百万美元 GDP 的财政供应人口数，约为 10 人，相当于日本的 10 倍，是美国和德国的 5 倍多。简政放权不仅要削减审批事项，更要削减背后的人。不减人，肯定会重走因人设事的老路。三十多年来中国政府进行了七轮机构改革，试图把庞大的财政供养人员精减下来，但每一次努力都遭遇了强力反弹，机构越改越大，官员越改越多，权力越改越大。即使精减简政府机构，但裁减的公务员最终落脚事业单位，党团工青妇之外的公共部门和事业单位越来越膨胀，最后财政供应总人数并没有减少。从中国的宏观赋税看，目前已经达到了 35%—40%，似乎仍看不到减税的迹象，这说明政府对市场放权是不足的。在中国经济放缓阶段，通过存量改革来重新理顺各类关系，由"纵向"政府干预体制转向"横向"市场竞争机制已经非常迫切了。只有权力后退了，市场才能真正跟进。

（二）借鉴国际经验，推进存量改革

存量改革在国际上有大量经验可以借鉴，如韩国。韩国最初采用经济赶超战略并发展出配套的政府动员性市场体制，以充分利用当时的人口红利。随着 20 世纪 80 年代工业化完成，经济开始面临丧失增长动力的危险，被迫进行增长方式转变。究其原因，一方面，外国公司越来越不愿向韩国转让核心技术，致使其技术引进成本飙升；另一方面，在20世纪80年代早期以后，随着人口红利的消失，韩国在廉价技能劳动力方面也丧失了比较优势，亟须发展自身的技术能力。1998年亚洲金融危机，给韩国经济增长方式切实转变提供了契机。在危机的压力下，韩国接受了国际货币基金组织提出的"一揽子"改革方案，全面实现资本市场、外商直接投资和贸易自由化，成为一个近乎完全的开放经济体，从而保证企业面临更加稳定和透明的商业环境，重塑了公平的市场竞争环境。更具竞争性的市场环境，不仅可以增加劳动力市场弹性，降低创新的劳动力成本，而且能够激励包括新建中小企业在内的不同规模企业参与技术进步，从而为创新外溢效应发挥创造了有利条件。Taegi Kim 和 Keun - Yeob Oh（2012）运用韩国1985—2007年216家企业1985—2007年微观数据，证实在此期间，由研发支出水平和专利数量提高衡量的知识增长已经对韩国制造业企业全要素生产率产生显著的正效应。经过危机后的市场化改革，韩国经济增长方式转变取得一定成效，并平稳地过渡为一个发达经济体。

中国改革的深化，必须对中国已有的利益结构作调整，对存量进行改革。当前工作的一方面是公共部门和事业单位市场化改革。要打破资源和权力垄断，改变对公共品提供的优先次序，构建开放竞争的公平秩序和环境，提高供给能力和服务效率，激活市场需求和消费潜力。另一方面要盘活存量资产。当前中国存量资产并不少，但期限错配、结构错配和方向错配已经导致了巨量不良资产、闲置资产和沉没资产，特别在国际金融危机之后、中国经济出现放缓以来，为了保增长，政府、企业和个人都一直在加杠杆，这是当前经济增长低效率、金融低效率，而财政金融高风险的重要原因。只有"盘活存量"，加快去杠杆，清理债务和不良存量资产，把流向虚拟经济领域以及沉淀于不良资产及产能过剩领域的存量资产盘活起来，中国经济才能轻装前行。

（三）消除资本配置的结构性障碍

从物质资本来看，中国过多的资本进入政府主导的原料和重工业部门、房地产及物质基础设施部门，造成突出的资本无效配置现象。在全社会人均资本存量仍远低于韩国20世纪80年代水平的同时，在许多行业已出现过度投资的现象。在政府主导的投融资体系中，融资渠道限制和资本管制使得国有部门吸入大量资本，而私人生产部门面临严峻的融资约束,从而造成资本市场低回报率和私人部门高融资成本并存的现象(Song,et al.,2011)。因此,必须通过消除资本配置的结构性障碍,实现资本在各生产部门间的自由流动,才能有助于资本对工业制造业部门生产效率的提升,为中国未来结构变迁提供必要的资本积累。在这一转变过程的关键是从以银行主导的间接市场转向资本市场。银行主导资源配置的方式是以企业抵押为主的,这非常有利于赶超中的规模经济,但到了创新时代,很多轻资产的创新企业无法得到融资,需要以能力贴现的权益市场来完成,中国正在积极转变,但这一转型需要一系列的改革,但其根基是依法治国,没有强大的法制保证,就无法保证以未来预期贴现的股权市场发挥其配置资源的作用。

(四)人力资本的再配置和有效使用

人力资本的错配阻碍了人力资本的有效使用。大学以上学历劳动者大量进入并沉积在服务业部门,主要分布在科教文卫等非市场化的事业单位和高度管制的电信、金融、交通业及公共服务部门,而事业单位体制和管制制约了人力资本生产效率的发挥,出现了全社会平均受教育年限较低和部分行业教育过度并存的现象。生产性部门人力资本配置相对较低,制约了产业结构升级和经济增长质量的提高,同时人力资本在非市场化部门的沉积,压低了人力资本的报酬水平,从而降低了居民投资人力资本的积极性,不利于现代服务业的发展和结构变迁的推进。因此,必须通过事业单位改革、电信金融等现代服务业的规制改革和公共服务部门管制改革,吸引社会资本进入服务业,优化人力资本的配置,提高人力资本定价的市场化程度,才能优化经济增长与结构变迁的动力机制。

(五)通过体制变革打开"科教文卫"构造知识生产与消费新空间

随着城市化的发展和居民收入水平的提高,人们消费比重中的物质消费支出比重不断下降,服务业比重不断提高,2014年后中国服务业比重超过了第二产业,2015年仍在加速。经济服务化逐渐成为中国经济趋势,但服务业需求与供给不匹配,服务业高增长与低效率并存,与广义人力资本相关知识生产受到传统体制的限制,缺乏知识创新的市场动力。表现为:①低效率,即一般性生产服务业,如仓储物流,低层次的生活服务业如餐馆均是市场部门,竞争相当过度,利润不断下滑,已经不是服务业未来发展的方向,但现阶段由于人力资源只能向这个方向配置，并诱导出"辍学"进城打工的过度市场需求的现象，不利于中国人力资源的开发和收入分享，更不利于创新和持续的效率改进。②新的服务业增长空间又是作为传统赶超体制下财政补贴或全额拨款部门的事业单位所统治，"科教文卫"等现代服务业不能满足市场的需求。③"科教文卫"这些关乎广义人力资本消费的知识生产部门没有市场的激励，创新动力不足，而且将大量的人才沉淀其中，影响了人才的社会效应。因此，城市化和知识经济共同需要的最为宝贵的因素在中国是缺失的，创新与效率改进都迫切地需要进行体制变革打破，打开制度压抑的现代服务业发展的空间，改革科教文卫的管理体制时不我待，促使得中国经济走向创新，在国际赛局中获得新的竞争优势。

第三章 改革红利的测算和改革的优先领域

陆　旸　蔡　昉

（中国社会科学院；中国社会科学院人口与劳动经济研究所）

摘　要：与其他研究结果不同，我们认为，以劳动年龄人口减少和人口抚养比提高为特征的人口红利的消失，是导致中国潜在增长率不断下降的主要原因。因此，当中国的人口红利逐渐消失时，改革红利将成为决定中国经济增长的关键动力。在增长核算方程内，通过对可能的改革领域进行模拟，我们发现：第一，提高劳动参与率和全要素生产率都可以使潜在增长率上升，虽然对短期和长期产生不同的效应——劳动参与率产生的短期效应更强，而长期效应出现递减现象；相反，全要素生产率产生的增长效应呈现了单调递增的趋势。这说明，中国经济增长将越来越依赖全要素生产率的提高，而不是传统的要素投入。第二，与提高升学率所产生的递减的"增长效应"不同，通过培训的方式增加人力资本，能够显著地提高潜在增长率。如果每个员工每工作10年就可以获得1年的培训和再深造机会，那么中国的潜在增长率将提高0.3—0.4个百分点。第三，放开人口生育政策在改善人口结构的同时，也有利于改善长期的潜在增长率。第四，如果进行综合改革，中国未来的改革红利将平均达到1—2个百分点。

一 引言

中国在1978—2011年期间,经济实现了年平均9.8%的实际增长率,是同一时期世界上最好的增长绩效。按照世界银行和国际货币基金组织以购买力平价计算的经济总量,大约在2014年或者2015年,中国超过美国而成为世界最大的经济体(IMF,2014)。然而,从2012年开始,中国经济增长速度显著降低,并且官方和经济学者普遍认可这是一种趋势性的"新常态"。然而,关于中国未来经济增长预期之争却是众说纷纭、莫衷一是,根本上还在于对于中国改革开放以来高速增长的原因,从而对2012年以来经济增长减速的原因没有达成共识。

一般来说,进行经济增长速度预测往往基于某种方法论。常见的自然是传统的外推法,即用以往的速度外推将来。例如,美国经济学家福格尔(Fogel,2009)列举了中国表现出的一系列有利于经济增长的因素,预测在2040年中国经济总量按照购买力平价计算,将达到123.7万亿美元,占世界GDP总量的40%,为美国经济总量的2.95倍。根据对中美两国人口的预测,届时中国的人均GDP也将超过美国。

如此预测经济增长在方法论上的根本问题在于,这种方法没有考虑不同的国家处于不同的经济发展阶段上,而且对很多发展中国家来说,终究要经历发展阶段的变化,从而一系列影响增长速度的参数也就改变了。这就是为什么越是发达的国家经济增长速度越慢,而赶超型国家则可以实现较快的增长速度。随着先后在2004年经历了表现为劳动力短缺和工资上涨的刘易斯转折点,以及2011年劳动年龄人口开始负增长的人口红利消失点,中国已经发生了经济发展阶段的实质性变化,因此,依据传统的预测方法将不再能够准确判断中国未来的经济增长速度。

作为对于上述传统方法的修正,最近的文献出现了一些依据不同方法论的引人注目的研究。首先是依据经济增长的"趋同"(convergence)假说进行的关于中国经济增长速度的预测。这类研究从新古典增长理论的趋同假说以及"后发优势"理论假说出发,以人均GDP为参照标准,把中国目前与其他发达经济体,特别是与东亚经济体的特定时期进行类比,判断中国今后一段类似时期可能实现的增长速度。例如，按照中国在2008年人均GDP仅相当于美国的21%，根据一些先行国家和地区的经验，即日本在1950年到达类似的发展水平，新加坡在1966年到达类似的发展水平，中国台湾地区在1975年到达类似的发展水平，以及韩国在1976年到达类似的发展水平，在此之后大约20年的时间里，这些经济体都实现了很高的经济增长速度，因而这类研究预期中国可以靠后发优势继续实现较高的赶超速度（林毅夫，2013）。

作为一种对于经济增长潜力的判断和预期，根据这种方法做出的预测有其参考价值，但是，这种预测本身并不能告诉人们预测结果中所包含的"潜力"因素是什么，以及应该如何去挖掘，因此，其预测结果常常使人产生误解，以为就是可以无条件达到的增长速度。这种依据趋同假说所做的经济增长预测，固然弥补了传统的外推法未能考虑经济发展阶段变化的不足，但是，这种方法把人均GDP当作经济发展阶段的唯一标准，在方法论上也有缺陷。由于我们这里考虑的是经济增长可能达到速度的潜力问题，人均GDP一个指标显然不能包打天下，完整地表征一个经济体所处的发展阶段。特别是在与素以人口红利促进经济增长著称的东亚经济体进行比较的时候，人口转变（demographic transition）的因素必须加以考虑。例如，如果我们以劳动年龄人口（working age population）停止增长、抚养比（dependency ratio）从下降转为提高趋势的人口转折点作为参照，中国目前大体上相当于日本20世纪90年代初的发展阶段，而自那时以来日本GDP的年平均增长速度不到1个百分点。

最近以来一种颇具影响的关于中国经济增长的预测，是依据一个统计规律即所谓的"趋中律"（regression to the mean 或翻译为"回归到均值"）进行的。这个统计规律认为，任何异常强劲的经济增长，终究要回归到世界平均值上。按照这个"规律"，有学者估计，中国在2013—2023年，年平均增长率仅为5.01%，2023—2033年更进一步降低到3.28%（Pritchett & Summers，2014）。但是，这里采用的花哨（fancy）"规律"，充其量只是一个统计现象，不可能适用于所有国家，因此难以对得出的减速判断做出科学合理的经济解释。由于人口红利的消失，预计中国经济增长速度明显减慢或许是有依据的，但是，印度则仍然处在人口红利收获期，用这样的"趋中律"预测印度经济减速，则至少在道理上是说不通的。例如，高盛集团（Goldman Sachs）就预测在2016—2018年，印度经济增长速度会超过中国（孔军，2014）。

基于类似的方法论，而又似乎可以填补前述研究缺乏对减速原因分析的不足，是另外一项引用率很高的研究（Eichengree, et al., 2011）。这一研究认为，高速增长终究要止于某个特定的经济发展水平上。根据大量国家数据，该文作者们发现，一般而言在按照 2005 年购买力平价计算的人均 GDP 达到 17000 美元时，高速经济增长开始显著地减速，减速程度为从以往 7 年的平均增长速度 6.8%，降低到随后 7 年的平均增长速度 3.3%。由于中国预计在 2015 年到达这个门槛，所以中国未来增长速度下降是可以预期的。虽然作者做出了许多（特别是针对中国）关于减速原因的分析，不过，这个统计经验同样是因为包括了太多的、处于不同发展阶段的国家的数据，以致无法找到能够解释减速的具有一致性的原因。

实际上，如何解释过去高速增长，必然影响对当前经济增长减速的判断，以及对未来经济增长速度的预期。与上述研究方法不同，我们认为人口红利是中国过去 30 多年高速经济增长的重要推动力，根据我们的测算，由劳动人口增加、抚养比降低和教育程度提高，中国的人口红利对高速经济增长贡献了 1/4，然而随着中国人口结构的变化，人口红利逐渐减弱，甚至在未来将出现"人口负债"。可以说，正是由于人口红利的终结，才导致了 2012 年以来中国高速经济增长的下降。

在经济学文献中，人口红利通常是指特定人口结构特征对经济增长产生的正向影响。具体来说，当一个国家经历人口抚养比下降、劳动年龄人口上升时，经济增长所需的要素供给如劳动力将迅速增加，资本回报率会保持较高水平，劳动力转移将带来资源重新配置效率，从而为一个经济体的增长带来了人口红利。实际上，随着经济发展人口增长将经历三个阶段：①"高出生率、高死亡率、低增长率"阶段；②"高出生率、低死亡率、高增长率"阶段；③"低出生率、低死亡率、低增长率"阶段。而人口红利常常出现在第二阶段向第三阶段过渡的时期。很多国家的历史经验表明，经济发展的特定阶段通常都伴随了人口红利（Williamson, 1997）。

随着人口低生育率时代的到来，人口转型将是不可避免的。最终，由于劳动年龄人口绝对数量减少，人口抚养比上升，人口红利也终将消失。值得注意的是，人口红利消失主要表现为生产要素供给减少，特别是劳动力供给绝对数量减少；与此同时，其他生产要素的边际报酬递减；此外，当农业劳动力向城市转移不再持续时，全要素生产率增长率

(TFP)也会下降。因此,当一个国家的人口红利消失时其潜在增长率也会随之下降。

2011年,中国15—59岁劳动年龄人口数量开始减少,如果按照15—64岁计算,2013年劳动年龄人口也开始下降,人口抚养比相应上升。根据Cai和Lu(2013)以及陆旸和蔡昉(2014)的测算,中国的潜在经济增长率将从之前10%左右的水平逐渐下降到今后十年6%—7%的水平。这显然不是中国特有的现象。Eichengreen等(2011)采用多国数据的经验分析发现,当人均收入达到17000美元(2005年不变国际价格,PWT6.3数据)时,实际经济增长率将急速下降至少2个百分点。按照这一标准,中国或在2015年前后出现经济减速。然而,他们的研究同时指出,一些经济因素也能够使减速点推迟或提前。其中一个因素是,更高的老年人口抚养比增加了经济增长率下降的可能性,因为更高的老年人口抚养比与低储蓄率和放缓的劳动参与率相关。中国所具有的"未富先老"特征无疑导致经济增长减速提前到来。不过Eichengreen等(2011)也强调了"经济增长率下降并不是一个铁律","人均收入和经济增长率下降之间不可能是一个机械的关系","高速经济增长到底能够维持多久,还将取决于经济政策"。例如,阿根廷、中国香港、爱尔兰、以色列、挪威、葡萄牙、新加坡等国家、地区,通过经济改革又产生了一段时期的快速经济增长。

我们知道,生产要素供给和TFP的提高面临着制度障碍,因此,通过改革清除这些障碍将有利于提高潜在增长率,存在的制度性障碍越大,改革越彻底,提高潜在增长率的效果就越显著,即所谓改革红利。本文将对各种体制改革可能产生的增长效果进行模拟,即模拟增长核算方程中,通过改革措施能够提高潜在增长率的幅度,以及哪种改革措施在短期和长期条件下更为有效。最终我们要回答两个问题:第一,在人口红利消失后,中国如何从人口红利转向改革红利,从而保持长期可持续的经济增长;第二,中国的改革红利对经济增长将产生多大的贡献。文章的整体结构安排如下:第二部分主要论述了改革红利的理论逻辑。第三部分是估算改革红利的模型和具体方法,在此基础上,我们将主要估计放松人口生育政策、增加教育年限和增加培训、提高劳动参与率和提高全要素生产率所产生的增长效应,从而估算出改革红利的大小和长短期效应。第四部分将根据改革红利的估计结果,提出政策建议,包括改革的重点领域和改革的优先序。

二 改革红利的理论逻辑

人口红利消失对潜在增长率带来的影响已经得到经验证实。例如，虽然并没有特别强调人口因素的作用，高路易（Kuijs，2010）预测中国 GDP 潜在增长率将从 1978—1994 年的平均 9.9% 降低到 1995—2009 年的平均 9.6%，以及 2010—2015 年的 8.4%。充分考虑到变化了的人口结构，Cai 和 Lu（2013）认为，人口红利消失后中国的潜在增长率将从之前的 10% 下降到"十二五"时期的 7.3%。如果加入人力资本因素并考虑到人口扶养比对资本形成率的影响，以及人口结构变化对劳动参与率和自然失业率的影响，中国在"十二五"时期的潜在增长率平均水平为 7.75%（陆旸、蔡昉，2014）。然而，这个估计结果是建立在劳动力供给持续下降的事实，以及 TFP 增长率保持不变的假设基础上。或者说，是在假定阻碍要素供给和生产率提高的制度障碍尚未打破的情况下，人口红利因素的变化对中国未来潜在增长率的影响。而通过改革提高劳动力供给和劳动力素质等方式也可以从供给要素上提高潜在增长率。此外，消除抑制充分竞争的制度障碍以提高全要素生产率，那么中国未来的潜在增长率还有进一步提高的可能性。

关于中国改革问题的讨论中，很多观点认为中国的改革和经济增长率之间会是一个"权衡"（trade-off）的关系，即要想推动改革则需要适当牺牲经济增长速度。然而，也有一种观点认为改革将有利于经济增长。制度变迁理论指出，通常只有在一项制度变化的收益大于成本，即净收益大于零时，这种制度变迁才会发生。当然，这个理论判断指的是决策者所考虑的实施改革的政治成本和收益，即改革带来的政治支持（收益）是否大于因此而招致的政治反对（成本）。但是，一般来说，在经济意义上如果收益大于成本，就具有了说服政策决策者推行特定改革的充分理由。中国在相关领域的改革效果，可以说与此十分类似，即旨在提高资源配置效率、改善收入分配，以及增强基本公共服务均等化程度的改革，既是为了实现更加公平的社会目标，也可以获得直接和间接的改革红利。具体而言，如果我们知道当前中国经济增长速度下滑的原因，也就可以预期哪些改革领域可以带来直接的提高潜在增长率的效果，以及其他间接有利于经济增长的效果。

正确认识改革能够带来的收益或改革红利，不仅对形成和凝聚改革共识十分必要，还能够增加改革方式和策略的选项，强化改革的动力。改革尽管能够获得净收益，但是，成本和收益却是不对称地在当事人之间进行分摊的。为了最大限度地使改革具有激励相容的性质，通常可以有两种方式供选择，一是所谓"帕累托改进"，即这种改革可以在不伤害任何既得利益的前提下予以推进；二是所谓"卡尔多改进"，即虽然有利益群体会因改革而受损，但是，由于改革带来较大的净收益，其中可以拿出一部分对受损者进行补偿。当前面临的改革任务，已经很少具有"帕累托改进"的性质，但是，如果我们能够认识到并且把握住改革的收益，就可以适当地运用"卡尔多改进"的方式，以减小改革阻力。本章的模拟结果将显示，改革总体上可以带来收益，直接提高潜在增长率。中国的改革和经济增长率之间是"促进"而非"替代"的关系。这也正是李克强总理"向深化改革要动力"的经济学道理。

三 模拟"改革红利"

（一）模型[①]

我们采用生产函数法（production function method，PF）估计潜在GDP增长率。在标准的"柯布—道格拉斯"生产函数（Cobb–Douglass production function）中，我们加入人力资本存量。

$$Y = AK^{\alpha}(hL)^{1-\alpha} \tag{3.1}$$

其中，Y代表实际GDP，A代表全要素生产率（TFP），K代表资本存量（根据历年资本形成采用永续盘存法估计），L代表工人数量，h代表人力资本，将等式两边同除以hL得到Y/hL。

$$Y/hL = A(K/hL)^{\alpha} \tag{3.2}$$

此时，加入人力资本水平后的平均劳动生产率Y/hL（之后用y表示）是全要素生产率A和加入人力资本后的资本劳动比K/hL（之后用

[①] 关于模型部门我们采用了与陆旸和蔡昉（2014）相同的方法。

k 表示）的函数，即 $y = Ak^{1-\alpha}$。两边同时对时间 t 求导数，进而可以通过对式（3.2）进行估计得到资本贡献因子 $\hat{\alpha}$ 和劳动贡献因子（$1-\hat{\alpha}$）。

$$\Delta y_t / y_{t-1} = \Delta A_t / A_{t-1} + \hat{\alpha} \Delta k_t / k_{t-1} + \varepsilon_t \tag{3.3}$$

我们将估计值 $\hat{\alpha}$、历年资本劳动比增长率（$\Delta k_t / k_{t-1}$）和历年平均劳动生产率增长率（$\Delta y_t / y_{t-1}$）代入式（3.3），可以得到 $\Delta \hat{A}_t / A_{t-1} + \varepsilon_t = \Delta y_t / y_{t-1} - \hat{\alpha} \Delta k_t / k_{t-1}$，即包含残差项 ε_t 的全要素生产率。我们采用 HP 滤波方法去除随机扰动因素 ε_t，最终估计出历年全要素生产率增长率（$\Delta \hat{A}_t / A_{t-1}$）。以上过程与文献中采用索洛残差法计算全要素生产率增长率是完全相同的。

在得到基本模型参数的基础上，计算潜在 GDP 增长率就需要代入"充分就业"时的就业数量 L_t^*，$L_t^* = population_{15+,t} \times Tr_{15+,t} \times (1 - NAIRU_{15+,t})$。其中，$population_{15+,t}$ 代表第 t 年中国 15 岁以上的人口数量，$Tr_{15+,t}$ 为 15 岁以上人口的趋势劳动参与率（用 HP 滤波获得）。因此，$population_{15+,t} \times Tr_{15+,t}$ 就是 15 岁以上的趋势经济活动人口。$NAIRU_{15+,t}$ 为自然失业率，根据 15 岁以上人口数量、趋势劳动参与率和自然失业率就可以计算出潜在就业量 L_t^*。

我们将 $h_t L_t^*$ 代入模型，进而可以计算出附加人力资本的平均潜在资本劳动比增长率 $\Delta k_t^* / k_{t-1}^*$ 和附加人力资本的平均潜在劳动生产率增长率 $\Delta y_t^* / y_{t-1}^*$，此时，$\Delta y_t^* / y_{t-1}^* = \Delta \hat{A}_t / A_{t-1} + \hat{\alpha} \Delta k_t^* / k_{t-1}^*$，其中，$k_t^* = K_t / h_t L_t^*$，$y_t^* = Y_t^* / h_t L_t^*$，而 Y_t^* 就是第 t 年的潜在 GDP。因此，在已知 $\Delta y_t^* / y_{t-1}^*$ 和 $h_t L_t^*$ 的情况下，可以推导出如下恒等式。

$$\Delta Y_t^* / Y_{t-1}^* = (\Delta y_t^* / y_{t-1}^* + 1) \times (h_t L_t^* / h_{t-1} L_{t-1}^*) - 1 \tag{3.4}$$

其中，$\Delta Y_t^* / Y_{t-1}^*$ 就是第 t 年的潜在 GDP 增长率。从模型中可以清楚地看到，潜在 GDP 增长率受到四个因素的影响：附加人力资本的潜在的资本劳动比增长率、潜在就业增长率、人力资本增长率和全要素生产率增长率。值得注意的是，人口结构变化将通过直接和间接的途径影响前三个因素。然而，TFP 增长率在很大程度上与制度因素相关，例如，迁移、户口制度和技术进步等。

（二）数据来源

1. 国内生产总值和资本存量

实际 GDP 和实际资本存量 K（美元，2005 年不变价格）的数据来自佩恩表（PWT 8.0）。然而，我们并不知道 2011—2050 年中国的资本存量的数值，因此需要采用永续盘存法对未来的资本存量进行估计，即 $K_t = I_t + (1 - \delta_t) K_{t-1}$，其中，$K_t$ 为第 t 年的实际资本存量；K_{t-1} 为第 $t-1$ 年的实际资本存量；I_t 为第 t 年的实际资本形成；δ_t 为第 t 年的资本折旧率，$\delta_t = 5\%$。从公式可以看到，当前的资本存量是由初始资本存量和此后历年的新增资本形成共同决定。

每个国家的资本形成率（资本形成占 GDP 比重）都不相同，取决于一个国家的经济发展阶段、人口结构和"习惯"。在这里，我们假定资本形成率是人口扶养比的函数。具体来看，一个国家的人口扶养比上升，意味着被抚养人口（15 岁以下的少儿和 65 岁以上的老年人）相对增加，从支出法 GDP 核算角度来看，每年新创造的财富（GDP）中，消费的比例会上升，资本形成率（和储蓄率）会减少。因此，根据历史数据我们发现两者之间存在如下相关关系：$C_t = 62.733 - 0.399 D_{t-1}$，其中，$C_t$ 为当期的资本形成占前一年 GDP 的比重，D_{t-1} 为滞后一年的总人口抚养比。资本形成率的历史数据来自 WDI 数据库。最后，我们根据分年龄和性别的人口预测数据计算人口扶养比，进而预测 2011—2050 年中国的资本形成率。

2. 潜在就业

1980—2010 年中国的人口和就业数据来自《中国统计年鉴》。2011—2050 年的分年龄和性别人口预测数据来自郭志刚（2013）。根据历史数据我们可以计算出 1980—2010 年中国 15 岁以上人口的劳动参与率（经济活动人口与 15 岁以上总人口之比），相同时期的自然失业率来自都阳和陆旸（2011）的估计结果。潜在就业由三个因素决定：15 岁以上人口、劳动参与率和自然失业率，即 $L_t^* = population_{15+,t} \times Tr_{15+,t} \times (1 - NAIRU_{15+,t})$。

实际上，劳动参与率和自然失业率都是人口年龄的函数，即在其他因素不变的情况下，人口结构发生变化时劳动参与率和自然失业率的变化趋势。因此，2011—2050 年中国的劳动参与率和自然失业率的数值是根据 2010 年中国分年龄和性别的劳动参与率和自然失业率以及郭志刚（2013）分年龄和性别的人口预测数据计算得到。最终，2011—2050 年中国潜在就业的计算公式如下：

$$L_{i,t}^* = \sum_{n=16}^{n=95} population_{n,i,t} \times Part_{n,i,t} \times (1 - NAIRU_{n,i,t}) (i=1,2; 16 \leqslant n \leqslant 95)$$

$$L_t^* = \sum_{i=1}^{i=2} L_{i,t}^* \qquad (3.5)$$

其中，n 代表年龄（$16 \leqslant n \leqslant 95$），$i$ 代表性别（$i=1$ 男性，$i=2$ 女性）；$population_{n,i,t}$ 为第 t 年 n 岁的男性（或女性）人口数量；$Part_{n,i,t}$ 为第 t 年 n 岁的男性（或女性）劳动参与率；$NAIRU_{n,i,t}$ 为第 t 年 n 岁的男性（或女性）自然失业率；$L_{i,t}^*$ 为第 t 年男性或女性的潜在就业数量；L_t^* 为第 t 年中国潜在就业数量。

3. 人力资本

人力资本数据来自佩恩表（PWT8.0）提供的人力资本指数 hc，这个指标是在 Barro 和 Lee（2012）的平均受教育年限基础上，根据 Psacharopoulos（1994）估计的教育回报率做出的调整。我们按照 Barro 和 Lee（2012）相似的方法补充了 2015—2050 年每隔 5 年的平均受教育年限，之后采用平均趋势的方法补充了 2011—2050 年的平均受教育年限和人力资本指数。

（三）模拟结果

1. 放松人口生育政策的"短期"和"长期"效应

在人口学中，通常采用"总和生育率"（Total Fertility Rate，TFR，每个育龄妇女平均生育的子女数）来刻画一个国家的人口出生率。这个指标将决定一国未来的人口总量和人口结构。历史经验表明，当一个国家的经济发展超过特定阶段后，人们的结婚和生育观念会发生改变，总体上将逐渐推迟结婚和生育年龄以及减少生育子女的数量，人口出生率则会持续下降。当 TFR 降低至 2.1 以下时，就意味新生一代的人口规模不能替换老一代人口规模，人口总量迟早会减少。这是经济发展过程中的普遍现象，例如，欧洲国家和亚洲的日本和韩国。与世界上其他国家不同，中国的人口结构变化不仅受到经济发展的影响，特有的"独生子女"生育政策也产生了相当大的作用。按照国际经验，即使没有人口生育政策约束，中国的人口生育率也会迟早降低，只不过这个过程将是缓慢的。"人口红利"和"人口负债"产生的增长效应都会减弱。

我们在预测 2011—2050 年中国潜在增长率时，假定了 TFP 保持不变，而其他生产要素，包括资本、劳动力、人力资本都随着人口结构发生变化。也就是说，中国未来"分年龄和性别"的人口预测直接影响了潜在增长率的预测结果。实际上，人口预测是"从现实中看到的未来"。不同的"总和生育率"（TFR）将影响人口总量和分年龄和性别人口数量的预测结果。但是，在现有的"单独二孩"政策下，总和生育率理论上也不会超过2.1，或者说生育率还不能达到更替水平。因此，我们采用郭志刚（2013）分年龄和性别的人口预测数据，分别估计未来TFR在1.6、1.77甚至1.94的水平时，中国的潜在增长率变化趋势。估计结果见表3-1中的Ⅰ，这个基本模拟结果与陆旸和蔡昉（2014）相同。

表3-1　　　　在不同政策模拟下的中国未来潜在
经济增长率：2011—2050年　　　　单位：%

		潜在增长率	2011—2015年	2016—2020年	2021—2025年	2026—2030年	2031—2035年	2036—2040年	2041—2045年	2046—2050年
Ⅰ	Ⅰ	调整人口生育政策对潜在增长率的影响：2011—2050年								
		TFR=1.6	7.73	6.64	5.87	5.40	5.05	4.60	4.17	3.84
		TFR=1.77	7.72	6.58	5.78	5.34	5.16	4.80	4.39	4.04
		TFR=1.94	7.71	6.50	5.66	5.23	5.29	5.08	4.65	4.25
Ⅱ	Ⅱ	1. 在TFR=1.6的基础上提高劳动参与率对潜在增长率的影响：2011—2050年								
		增加1个百分点	7.92	6.68	5.90	5.43	5.07	4.61	4.19	3.85
		增加2个百分点	8.11	6.71	5.93	5.45	5.09	4.63	4.20	3.86
		增加5个百分点	8.68	6.82	6.01	5.52	5.15	4.68	4.24	3.90
	Ⅱ	2. 在TFR=1.77的基础上提高劳动参与率对潜在增长率的影响：2011—2050年								
		增加1个百分点	7.91	6.6	5.81	5.36	5.18	4.82	4.40	4.05
		增加2个百分点	8.10	6.65	5.84	5.39	5.20	4.83	4.42	4.07
		增加5个百分点	8.67	6.76	5.92	5.46	5.26	4.88	4.45	4.10
Ⅲ	Ⅲ	1. 在TFR=1.6的基础上提高全要素生产率对潜在增长率的影响：2011—2050年								
		增加0.5个百分点	8.30	7.32	6.62	6.20	5.88	5.44	5.03	4.71
		增加1个百分点	8.87	8.01	7.37	7.00	6.72	6.30	5.90	5.59
	Ⅲ	2. 在TFR=1.77的基础上提高全要素生产率对潜在增长率的影响：2011—2050年								
		增加0.5个百分点	8.28	7.26	6.52	6.13	5.99	5.65	5.25	4.92
		增加1个百分点	8.85	7.94	7.27	6.93	6.83	6.52	6.13	5.80
Ⅳ	Ⅳ	Ⅳ 提高升学率对潜在增长率的影响：2011—2050年								
		TFR=1.6	7.84	6.73	5.94	5.47	5.11	4.64	4.20	3.86
		TFR=1.77	7.83	6.66	5.85	5.40	5.22	4.85	4.42	4.06
Ⅴ	Ⅴ	增加培训对潜在增长率的影响：2011—2050年								
		TFR=1.6	8.14	7.02	6.28	5.80	5.45	4.98	4.49	4.18
		TFR=1.77	8.12	6.96	6.18	5.73	5.54	5.17	4.70	4.37

续表

潜在增长率			2011—2015年	2016—2020年	2021—2025年	2026—2030年	2031—2035年	2036—2040年	2041—2045年	2046—2050年
Ⅵ	Ⅵ	综合模拟：劳动参与率增加1个百分点、全要素生产率增加1个百分点、提高升学率								
		TFR=1.6	9.18	8.13	7.48	7.10	6.80	6.36	5.95	5.62
		TFR=1.77	9.16	8.06	7.38	7.03	6.91	6.58	6.18	5.83
		TFR=1.94	9.15	7.98	7.26	6.92	7.05	6.88	6.46	6.05
Ⅶ	Ⅶ	综合模拟：劳动参与率增加1个百分点、全要素生产率增加0.5个百分点、提高升学率								
		TFR=1.6	8.60	7.45	6.72	6.29	5.96	5.51	5.08	4.74
		TFR=1.77	8.59	7.38	6.63	6.23	6.07	5.72	5.30	4.95
		TFR=1.94	8.58	7.30	6.51	6.12	6.21	6.01	5.57	5.16
Ⅷ	Ⅷ	综合模拟：劳动参与率增加1个百分点、全要素生产率增加1个百分点、增加培训								
		TFR=1.6	9.48	8.44	7.82	7.45	7.16	6.72	6.25	5.96
		TFR=1.77	9.46	8.37	7.73	7.37	7.25	6.92	6.47	6.17
		TFR=1.94	9.45	8.29	7.60	7.25	7.37	7.20	6.74	6.38
Ⅸ	Ⅸ	综合模拟：劳动参与率增加1个百分点、全要素生产率增加0.5个百分点、增加培训								
		TFR=1.6	8.90	7.75	7.06	6.63	6.31	5.85	5.37	5.07
		TFR=1.77	8.89	7.68	6.97	6.56	6.40	6.05	5.58	5.27
		TFR=1.94	8.88	7.60	6.85	6.44	6.52	6.32	5.84	5.47

放松人口生育政策对潜在增长率的影响在短期和长期条件下有所不同。受到人口生育政策的影响，新生人口在短期内只能使人口扶养比上升，而不能使劳动年龄人口增加。因此，国家的储蓄率会下降、消费率上升、资本形成率降低。在短期，放松人口生育政策能够通过减少资本供给降低潜在增长率。但是，在长期条件下，由于新生人口将进入劳动年龄阶段（需要15年的时间），进而扶养比下降、劳动力供给增加，从长期来看，放松人口生育政策能够通过增加资本和劳动力供给提高潜在增长率。这也是所谓的"婴儿潮"对潜在增长率的影响机制。图3—1给出了不同的TFR对应的潜在增长率变化趋势，模拟结果符合我们的理论预期。

此外，在这个模拟基础上，我们分别给出了提高劳动参与率、提高人力资本水平，以及提高全要素生产率（TFP）对潜在增长率的影响，同时，我们还给出了各种政策的组合模拟结果。

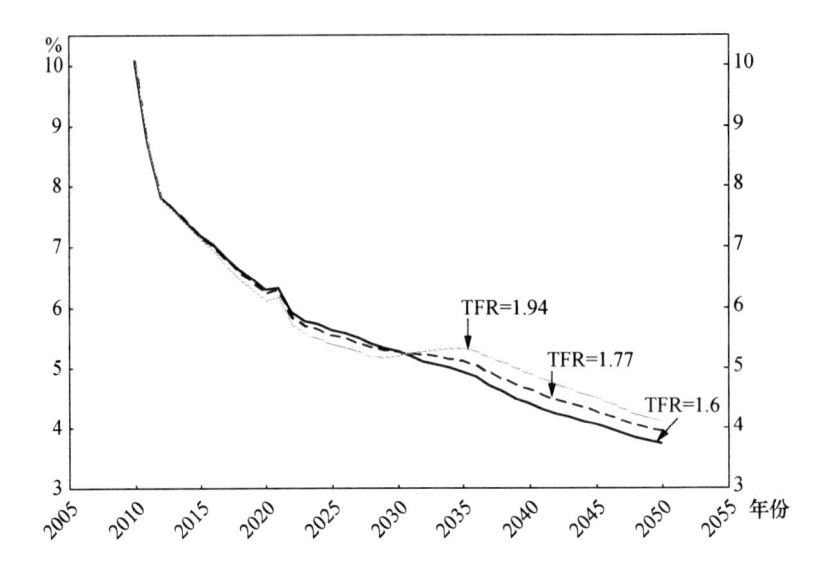

图 3-1　不同 TFR 水平下的中国长期潜在增长率

表 3-2　各种政策措施对中国未来潜在经济增长率产生的净效应：2011—2050 年　　单位：%

		潜在增长率	2011—2015年	2016—2020年	2021—2025年	2026—2030年	2031—2035年	2036—2040年	2041—2045年	2046—2050年
Ⅰ	Ⅰ	模拟当 TFR 达到 1.94 时对中国潜在增长率的影响									
		基准情景（TFR=1.6）	-0.024	-0.140	-0.204	-0.168	0.241	0.485	0.477	0.413
		基准情景（TFR=1.77）	-0.009	-0.076	-0.114	-0.103	0.135	0.279	0.259	0.209
Ⅱ	Ⅱ	1. 模拟在 TFR=1.6 的基础上，提高劳动参与率对潜在增长率的影响									
		增加 1 个百分点	0.190	0.036	0.029	0.025	0.021	0.017	0.015	0.014
		增加 2 个百分点	0.381	0.072	0.058	0.050	0.042	0.033	0.029	0.027
		增加 5 个百分点	0.952	0.177	0.142	0.123	0.101	0.080	0.071	0.064
	Ⅱ	2. 模拟在 TFR=1.77 的基础上，提高劳动参与率对潜在增长率的影响									
		增加 1 个百分点	0.190	0.036	0.029	0.026	0.021	0.016	0.014	0.012
		增加 2 个百分点	0.381	0.071	0.057	0.052	0.042	0.031	0.027	0.024
		增加 5 个百分点	0.951	0.176	0.140	0.126	0.101	0.076	0.065	0.059
Ⅲ	Ⅲ	1. 模拟在 TFR=1.6 的基础上，提高全要素生产率对潜在增长率的影响									
		增加 0.5 个百分点	0.568	0.680	0.748	0.797	0.828	0.844	0.858	0.869
		增加 1 个百分点	1.136	1.364	1.502	1.602	1.666	1.700	1.728	1.751
	Ⅲ	2. 模拟在 TFR=1.77 的基础上，提高全要素生产率对潜在增长率的影响									
		增加 0.5 个百分点	0.567	0.679	0.745	0.794	0.830	0.851	0.865	0.875
		增加 1 个百分点	1.135	1.360	1.496	1.597	1.672	1.714	1.743	1.764

续表

		潜在增长率	2011—2015年	2016—2020年	2021—2025年	2026—2030年	2031—2035年	2036—2040年	2041—2045年	2046—2050年
IV	IV	模拟提高升学率对潜在增长率的影响							
		TFR = 1.6	0.111	0.084	0.077	0.069	0.059	0.047	0.032	0.019
		TFR = 1.77	0.111	0.084	0.077	0.067	0.060	0.047	0.031	0.017
V	V	模拟增加培训机会对潜在增长率的影响							
		TFR = 1.6	0.404	0.381	0.408	0.402	0.400	0.383	0.319	0.344
		TFR = 1.77	0.404	0.380	0.406	0.393	0.385	0.370	0.309	0.333
VI	VI	综合模拟：LFPR 增加1个百分点、TFP 增加1个百分点、TFR 上升到1.94、提高升学率							
		在(TFR = 1.6)基础上	1.419	1.340	1.394	1.518	2.006	2.285	2.284	2.216
		在(TFR = 1.77)基础上	1.433	1.403	1.483	1.582	1.899	2.079	2.066	2.012
VII	VII	综合模拟：LFPR 增加1个百分点、TFP 增加0.5个百分点、TFR 上升到1.94、提高升学率							
		在(TFR = 1.6)基础上	0.848	0.658	0.644	0.717	1.159	1.410	1.395	1.321
		在(TFR = 1.77)基础上	0.863	0.721	0.734	0.781	1.052	1.205	1.178	1.117
VIII	VIII	综合模拟：LFPR 增加1个百分点、TFP 增加1个百分点、TFR 上升到1.94、增加培训							
		在(TFR = 1.6)基础上	1.72	1.64	1.73	1.85	2.33	2.61	2.57	2.54
		在(TFR = 1.77)基础上	1.73	1.71	1.82	1.91	2.22	2.40	2.35	2.33
IX	IX	综合模拟：LFPR 增加1个百分点、TFP 增加0.5个百分点、TFR 上升到1.94、增加培训							
		在(TFR = 1.6)基础上	1.15	0.96	0.98	1.04	1.47	1.72	1.67	1.64
		在(TFR = 1.77)基础上	1.16	1.02	1.07	1.11	1.36	1.52	1.45	1.43

注：人力资本的基准假设与陆旸和蔡昉（2014）相同，在此我们假设当其他条件不变时，中国到2050年的学龄儿童入学率、小学升学率、初中升学率和高中升学率在原有的99.98%、99.95%、95%、90%的基础上分别增加到99.999%、99.999%、98%、95%。其他年份的数据采用平均法补充。

2. 劳动参与率的递减"效应"

相关模拟见表3-1（II）和表3-2（II）。表3-1中II.1的模拟结果是将 TFR = 1.6 作为基准情景，在其他因素保持不变的情况下，分别使劳动参与率增加1个百分点、增加2个百分点和增加5个百分点后，潜在增长率的水平。而 II.2 则是将 TFR = 1.77 作为基准情景，观测劳动参与率提高后的潜在增长率水平。我们看到，无论是在 TFR = 1.6 的基础上，还是在 TFR = 1.77 的基础上，提高劳动参与率都能够使潜在增长率上升。以 TFR = 1.6 为例，如果每年的劳动参与率可以在原有基础上增加1个百分点，那么"十二五"时期（2011—2015）的平均潜在增长率将提高0.2个百分点；如果每年的劳动参与率能够增加5个百分点，那么"十二五"时期的平均潜在增长率将上升近1个百分点。但是，我们同样发现，通过提高劳动参与率（增加劳动力供给）

的途径，虽然能够提高未来的潜在增长率，但其产生的效应却是逐年递减的（见表3-2）。例如，假设在2011—2050年期间，中国每年的劳动参与率都可以在原有基础上增加5个百分点，那么在"十三五"时期（2016—2020），中国的潜在增长率将比基准情景提高0.18个百分点；然而，到2045—2050年，与基准情景相比潜在增长率只能提高0.06个百分点。此时，由劳动参与率带来的"增长效应"将降低到之前的1/3水平。我们发现，相同程度的"干预"（treatment）产生了递减的"增长效应"。可以说，围绕劳动参与率的政策改革并不是我们可以长期依赖的"制度红利"，图3-2可以更加直观地反映这个问题。

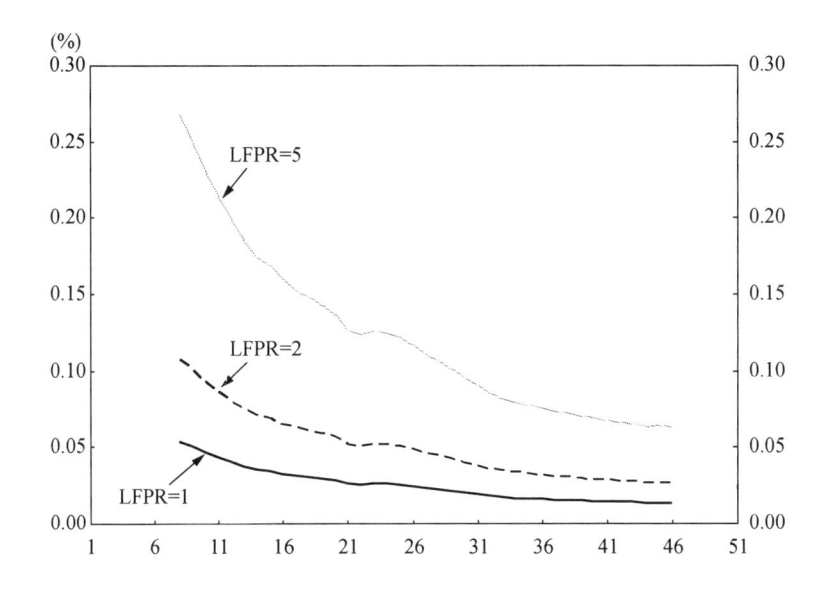

图3-2 提高劳动参与率产生的潜在经济增长率效应（基准情景 TFR = 1.6）

3. 全要素生产率（TFP）的递增"效应"

相关模拟见表3-1（III）和表3-2（III）。表3-1中III.1的模拟针对全要素生产率，在假定未来TFR=1.6的基础上，当其他因素保持不变时，如果全要素生产率能够在原有基础上增加0.5个百分点或1个百分点，那么潜在增长率的变化趋势。III.2则是模拟了TFR=1.77的基准情景下，提高全要素生产率对中国潜在增长率的影响。我们看到，全要素生产率产生的"增长效应"非常明显（见图3-3）。以"十二五"时期为例，如果TFP每年都能够在原有基础上提高0.5个百分点，那么潜在增长率将比基准情景增加 0.568 个百分点；如果 TFP 每年增加 1 个百分点，那么在相同时期内，中国的潜在增长率将比基准情景增加 1.136 个百分点。值得注意的是，与提高劳动参与率所产生的递减的"增长效应"不同，全要素生产率产生的"增长效应"是递增的。在 TFP 的两种不同假设情景下，到 2045—2050 年，中国的潜在增长率将比基准情景分别增加 0.869 个百分点和 1.751 个百分点，而"十二五"时期全要素生产率产生的增长效应分别是 0.568 个百分点和 1.136 个百分点。图 3-4 清晰地展示了全要素生产率带来的递增的"增长效应"。

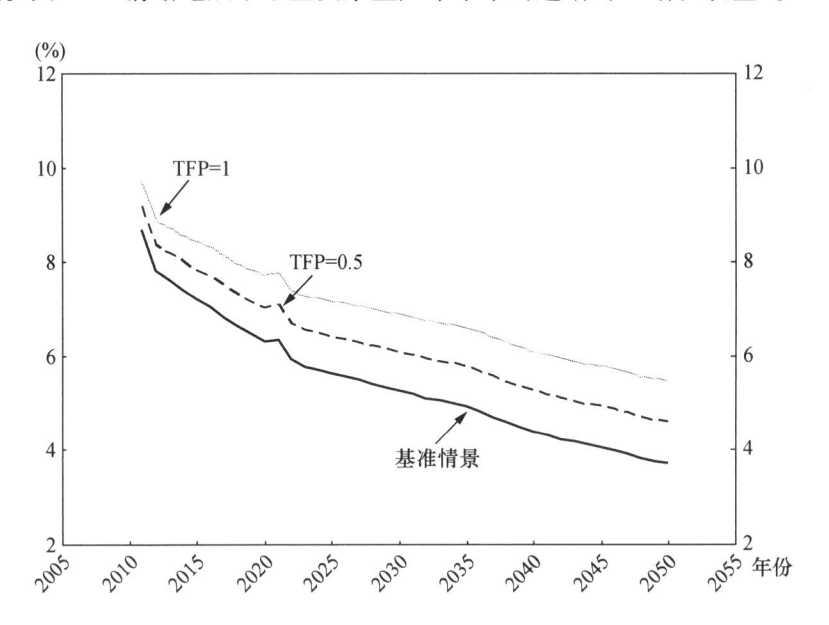

图 3-3 提高全要素生产率对中国长期潜在增长率的影响（基准情景 TFR = 1.6）

4. 人力资本的"增长效应"：提高升学率 vs. 增加培训

一个国家通常可以选择两种方式提高本国的人力资本水平，即教育和培训。然而，通过提高升学率（增加教育年限）的途径提高人力资本将是一个相对漫长的过程。因为在通常情况下，当个体年龄超过特定的受教育年龄段时，其人力资本水平（不考虑培训的情况）将不再随着年龄增长而有所提高。针对年轻人口的教育政策，可能需要几年甚至十几年才能在劳动力市场中有所体现。为了对教育和培训这两种提高人力资本的方式进行比较，我们首先假定在没有培训的情形下，提高升学率或入学率对中国潜在增长率的影响。

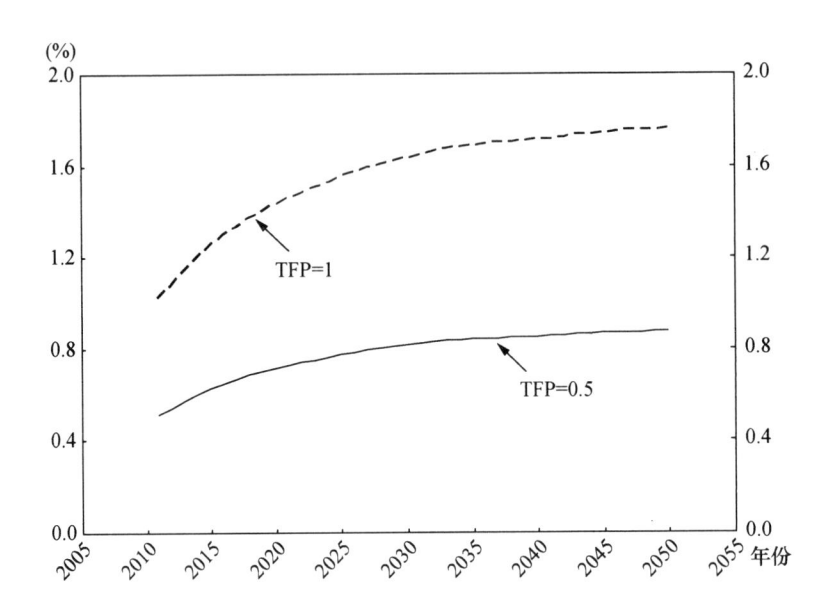

图 3-4 提高全要素生产率产生的潜在增长率效应（基准情景 TFR=1.6）

在我们的模拟中，假设 25 岁以上的人口平均受教育年限保持不变。在这一假设基础上，人力资本的变化只受到各教育阶段升学率或入学率的影响。具体来看，假设与基准情景相比，到 2050 年中国的儿童入学率、小学升学率、初中升学率和高中升学率相应提高，从之前的 99%、99%、95%、90% 的基础上，分别增加到 99%、99%、98%、95%。模拟结果显示，总体上人力资本指数 hc 将出现单调递增的趋势，但是增幅逐渐下降；相应地，人力资本提高对中国潜在增长率产生了正向影响，但是增长幅度也是递减的趋势（见图 3-5）。

如果仅从受教育阶段的入学率或者升学率的角度来看人力资本的积累，确实对提高潜在增长率的影响十分有限。然而，如果能够通过培训和再深造的途径提高劳动力市场中的人力资本质量，那么，人力资本的增幅会更加明显。如果政府和企业能够定期给员工提供培训和深造的机会，那么提高人力资本将很可能显著地增加潜在增长率。为了对此进行验证，我们给出了一个简单的假设，即在基准情景基础上，假设每年劳动力市场中的工人平均都可以拥有 1.2 个月的培训时间。因此，每年劳

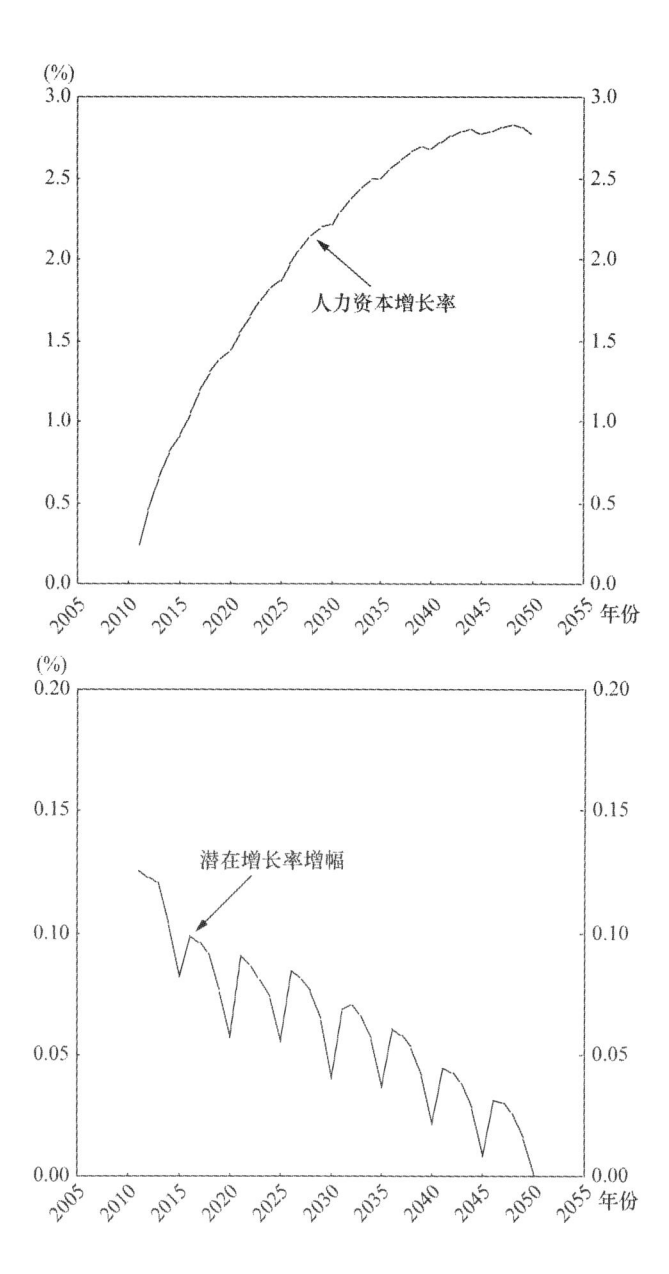

图 3-5 提高升学率与长期潜在增长率的增长幅度（基准情景 TFR=1.6）

动力市场中每 10 个工人的平均受教育年限将增加 1 年；或者说，每个劳动力平均每工作 10 年其平均受教育年限会增加 1 年。这个假定暗含了不同年龄的劳动力享受相同的培训概率，但实际上，培训概率在年龄上的分布是不均等的。为了简化问题我们选择这个假设并推算了2011—2050年中国的平均受教育年限,其中隐含的假设是,培训时间等同于受教育年限。

我们的模拟结果显示,与提高升学率增加人力资本的方法相比,增加劳动力市场培训将对人力资本和潜在增长率产生更明显的促进作用。以"十二五"时期为例,如果劳动力市场中工人每年的培训时间达到1.2个月,将提高潜在增长率0.404个百分点(基准模型并没有考虑培训问题,因此每年的培训时间为0个月)。值得注意的是,由于劳动力在第t年所获得的培训增加了自身的人力资本(假定培训时间等同于受教育年限),因此新增人力资本(由培训带来的受教育年限的提高)可以代入第$t+1$年及以后的时期。

值得注意的是,由于影响机制中仅针对年轻人,因此通过提高入学率的方式增加未来的人力资本水平将是一个缓慢的过程,这就意味着,即使短期内入学率能够获得大幅提高,一个国家的平均人力资本水平的提高程度也会非常有限。然而,培训则覆盖所有劳动力,如果将培训视为另外一种提高受教育年限的方法,那么通过培训提高人力资本的方式将显著影响潜在增长率。根据我们的模拟结果,培训带来的增长效应并没出现明显的递减趋势,如果从2011年开始执行培训项目,那么培训产生的增长效应到2045—2050年期间依然可以保持0.344个百分点(见图3-6)。如果政府和企业能够在未来提供更多的培训机会,那么培训项目将对潜在增长率产生更加显著的影响。

5. 政策组合的"增长效应"

我们之前分别讨论了提高总和生育率、劳动参与率、全要素生产率和人力资本(提高升学率和培训)对中国未来潜在增长率的影响。虽然单一因素对提高潜在增长率的影响十分有限,但是政府可以选择政策组合的方式扩大政策的"增长效应"。表3-1和表3-2分别给出了政策组合效应对2011—2050年中国潜在增长率的影响。假设总和生育率从1.6提高到1.94、劳动参与率提高1个百分点、全要素生产率提高0.5个百分点、2050年初中和高中升学率分别提高3个百分点和5个百分点,那么与基准情景相比,在"十二五"时期中国的潜在增长率将增加0.85个百分点,到2045—2050年将平均增加1.32个百分点。如果考虑到培训对人力资本的贡献,那么政策组合效应将更加明显。例如,

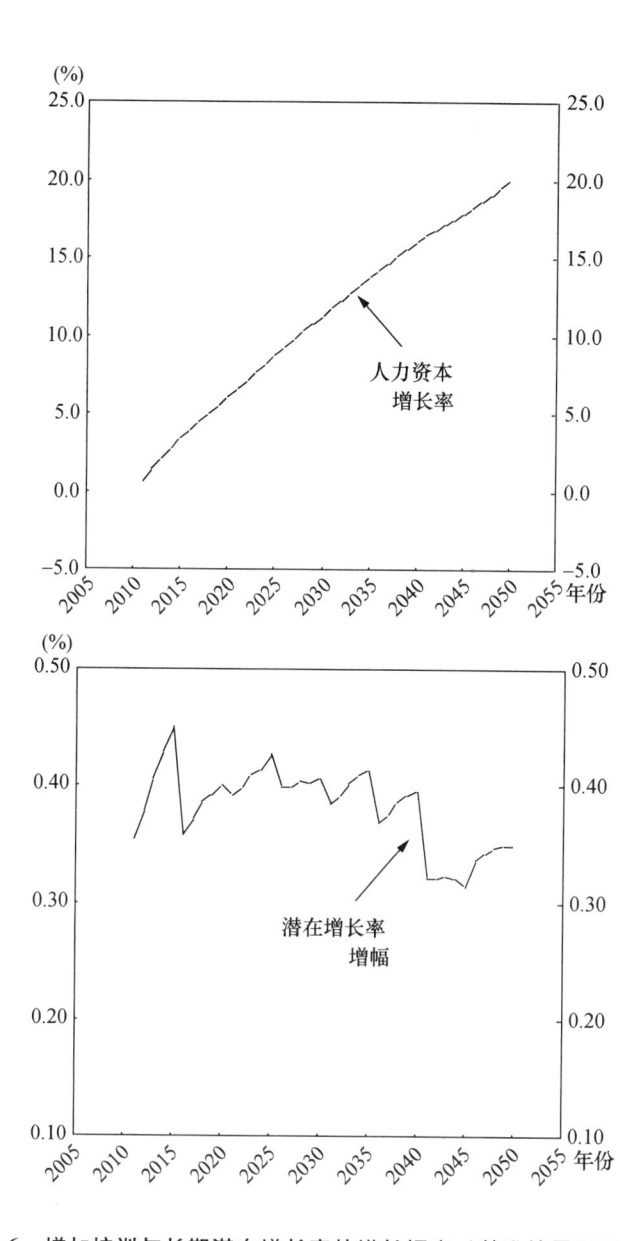

图 3-6　增加培训与长期潜在增长率的增长幅度（基准情景 TFR=1.6）

其他假设保持不变（总和生育率从 1.6 提高到 1.94、劳动参与率提高 1 个百分点、全要素生产率增加 0.5 个百分点），如果政府选择通过培训而非入学率的途径提高人力资本存量，即劳动力平均每年可以获得 1.2 个月的培训，那么，到 2045—2050 年中国的潜在增长率将从 3.84% 提高到 5.47%，增幅达到 1.64 个百分点。

图 3-7 给出了几种政策组合的模拟结果，其中基准情景是：在 TFR=1.6 的基础上，没有改革红利的前提下，中国未来的潜在增长率变化趋势。Scenario A：在 TFR=1.6 基础上，劳动参与率增加 1 个百分点、全要素生产率增加 0.5 个百分点、2050 年中国的初中和高中升学率分别提高 3 个百分点和 5 个百分点时，中国潜在增长率的变化趋势。Scenario B：同样假设未来中国总和生育率保持在 1.6 的水平，以及劳动参与率增加 1 个百分点、全要素生产率增加 0.5 个百分点，但提高人力资本的途径是通过培训而非升学率，在这个假设基础上中国长期的潜在增长率变化趋势。Scenario C 的假设是建立在 Scenario B 的基础上，唯一的区别在于 Scenario C 假设中国未来的总和生育率从 1.6 的水平提高到 1.94，由于总和生育率提高后，在短期仅影响到人口抚养比，进而降低资本形成率和资本总量；但是，随着新增人口进入劳动年龄阶段，劳动力供给将提高，同时人口抚养比下降，进而增加资本形成率和资本供给。因此，提高总和生育率对中国潜在增长率产生的短期效应为"负"，而长期效应为"正"。

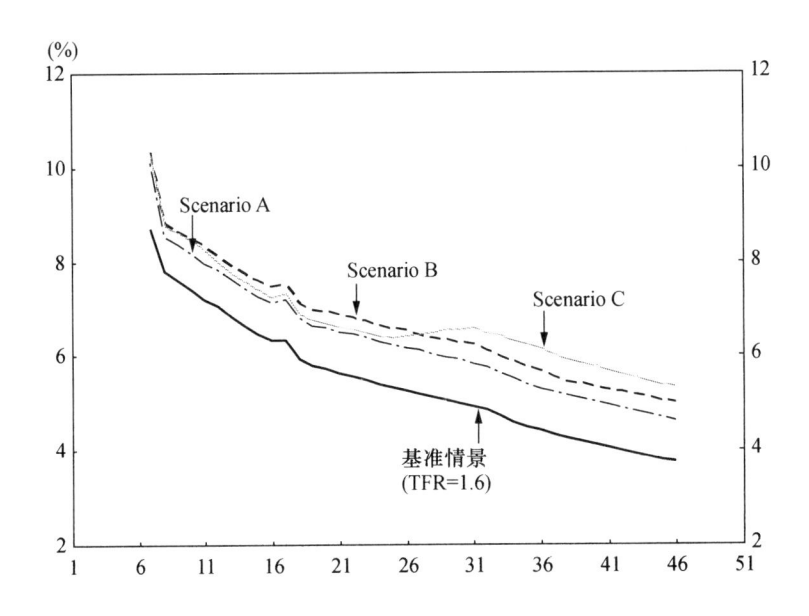

图 3-7 政策组合对中国长期潜在增长率的影响（基准情景 TFR=1.6）

四　改革优先领域和改革方式

以劳动年龄人口绝对数量减少和人口抚养比提高为特征的人口红利消失，导致中国的潜在增长率呈现自然降低趋势。然而，这并不意味着政府面对不断降低的潜在增长率不能有所作为。通过一系列改革措施清除不利于要素供给和生产率提高的制度障碍，从而减缓潜在增长率下降的趋势将成为中国保持经济可持续发展的关键。对于改革红利的模拟结果，也有助于我们选择改革的优先序和改革路径与方式。

第一，政府应该继续坚持"生育政策调整和完善"。虽然放松人口生育政策并不会带来立竿见影的增长效应，例如，与独生子女政策相比，"单独二孩"政策在最初的 15 年对潜在增长率产生负向影响，但是这种负效应十分微弱。而从长期来看，放松人口生育政策有利于实现合理的人口结构，提高未来劳动年龄人口数量和比例，从而能够对潜在增长率产生正向的影响。但是我们必须认识到，虽然人口生育政策会影响总和生育率，但人口的生育率下降是经济社会发展的结果。随着经济发展，生育意愿不断降低乃大势所趋，不能指望有明显的逆转。越早调整政策所能产生的效果就越明显。因此，应该尽快从"单独二孩"政策过渡到"全面放开二孩"政策，并且能够根据人口发展现实进一步调整生育政策。

第二，完善市场配置资源的体制和机制，创造平等进入和退出的竞争环境。提高全要素生产率还有一个重要的领域，仍然有着巨大的潜力，即行业内部的企业之间存在巨大的生产率差异，允许更有效率的企业生存、扩大和发展，相应淘汰那些长期没有效率改进的企业，可以提高行业乃至整体经济的生产率水平。有研究表明，在美国，通过部门内企业的进入、退出、生存、消亡这种创造性破坏机制，对全要素生产率提高的贡献为 30%—50%（Foster et al., 2008; Foster et al., 2001）。此外还有研究表明，中国部门内企业间生产率差异巨大，如果缩小到美国的水平，可以提高全要素生产率 30%—50%（Hsieh et al., 2009）。这两个数字如此巧合的含义是，迄今为止，中国尚未获得这种类型的全要素生产率源泉。所以，与此相关的改革也是收益明显的领域。

实际上，通过形成混合所有制改革，可以给予更多的机会让非公有制经济进入竞争性行业，通过竞争打破国有企业垄断，可以获得上述改革红利，即通过提高要素流动性促进全要素生产率增长，并最终使潜在增长率得到提高。此外，还可以通过金融体制改革提高要素配置效率。金融体制改革的重点应该在于利率市场化的推进。只有市场化的利率才能实现资本的配置效率。在非市场化的利率条件下，利率不能随着资本回报率浮动，生产效率和配置效率都低于最优水平，导致全要素生产率下降。

第三，通过户籍制度改革推进农民工市民化。通过公共政策改革，可以推动农村剩余劳动力进一步转移和农民工市民化，既可以通过增加劳动力供给提高潜在增长率，也可以通过消除制度障碍疏通劳动力流动渠道，继续创造资源重新配置效率，保持全要素生产率的提高。不仅如此，这项改革还可以缓解工资过快上涨的压力，给企业进行产业结构升级赢得时间。遵循三条并行的路径——吸纳农民工成为城市户籍人口、为尚不具备条件成为市民的农民工提供与城镇居民同等的基本公共服务，以及实现社会保障体系对城乡居民的全面覆盖，户籍制度改革可以成为收获改革红利的典型领域。唯其如此，改革的顶层设计应该解决改革成本在中央政府和地方政府之间的分担问题，形成激励相容。

第四，政府和企业应该为员工提供多样化的培训项目。考虑到员工的流动性，企业为员工提供培训时会有顾虑。但是，中国未来的经济发展需要依靠人力资本。同样，企业想要提高生产力和科技创新，也同样需要依靠人力资本。因此，从提供培训的角度来看，企业希望面对的员工是稳定的，而员工又希望通过在企业之间的流动实现其自身效用最大化。因此，在企业培训项目之外，需要政府提供更多的培训项目，通过培训的方式增加人力资本，最终可以显著提高潜在增长率。以我们的模拟结果为例，如果每个员工在工作 10 年中都能获得 1 年的培训和再深造机会，那么中国的潜在增长率将提高 0.3—0.4 个百分点。

第五，当面对"一揽子"改革项目时，政府应该更加关注"改革的优先序"问题。目前，经济学界对改革优先序的观点有"先易后难"、"达成共识先改"、"最小的'一揽子'改革"等。实际上，我们可以选择"增长效应"更明显的改革措施，例如，逐渐推进"农民工市民化"的改革，逐渐从"单独二孩"过渡到"全面放开二孩"政策，改革金融体系并深化国有企业改革，实现资源的配置效率。此外，通过更多的培训项目增加劳动力市场中的人力资本，从而有助于提高生产效率和创新能力。这也符合李克强总理所说"从制约经济社会发展最突出的问题改起"。

参考文献

[1] 蔡昉、陆旸：《推进改革，提高潜在增长率》，《比较》2013 年第 1 期。

[2] 都阳、陆旸：《中国的自然失业率水平及其含义》，《世界经济》2011 年第 4 期。

[3] 郭志刚：《2011—2050 年中国人口预测》，工作论文。

[4] 陆旸、蔡昉：《人口结构变化对潜在增长率的影响：中国和日本的比较》，《世界经济》2014 年第 1 期。

[5] Cai, Fang and Lu Yang, "Population Change and Resulting Slowdown in Potential GDP Growth in China", *China & World Economy*, Vol. 21, Issue 2, 2013, pp. 1–14.

[6] Eichengreen, Barry, Donghyun Park and Kwanho Shin, "When fast growing economies slow down: International evidence and implications for China," *NBER Working Paper* No. 16919, National Bureau of Economic Research, Cambridge, MA, 2011.

[7] Kuijs, Louis, China Through 2020 – A Macroeconomic Scenario, *World Bank China Research Working Paper* No. 9, 2010.

[8] Foster, Lucia John Haltiwanger, and Chad Syverson, "Reallocation, Firm Turnover, and Efficiency: Selection on Productivity or Profitability?", *American Economic Review*, Vol. 98, 2008, pp. 394–425.

[9] Foster, Lucia John Haltiwanger and C. J. Krizan, Aggregate productivity Growth: Lessons from Microeconomic Evidence, in *New Developments in Productivity Analysis*, NBER/University of Chicago Press, 2001.

[10] Fogel, Robert W. "The Impact of the Asian Miracle on the Theory of Economic Growth", *NBER Working Paper* 14967, 2009.

[11] Hsieh, Chang-Tai and Peter J. Klenow, "Misallocation and Manufacturing TFP in China and India", *The Quarterly Journal of Economics*, Vol. CXXIV, Issue 4, November, 2009, pp. 1403–1448.

[12] Hayashi, Fumio and Edward C. Prescott, "The 1990s in Japan: A Lost Decade", *Review of Economic Dynamics*, 2002, 5 (1): 206–35.

[13] IMF (International Monetary Fund), "People's Republic of China: 2014 Article

IV, Consultation—Staff Report", *IMF Country Report* No. 14/235, 2014.

[14] Lu, Yang and Cai Fang, "China's Shift from the Demographic Dividend to the Reform Dividend, in Ligang Song, Ross Garnaut, and Cai Fang (eds) Deepening Reform for China's Long Term Growth and Development, ANU E Press, 2014.

[15] Pritchett, Lant and Lawrence H. Summers, Asiaphoria Meets Regression to the Mean, NBER Working Paper, No. 20573, 2014. http://www.nber.org/papers/w20573.

[16] Williamson, Jeffrey, "Growth, Distribution and Demography: Some Lessons from History", *NBER Working Paper Series*, No. 6244, 1997.

第四章 创新驱动发展战略下的科技体制改革

李 平 王宏伟 蔡跃洲
（中国社会科学院数量经济与技术经济研究所）

摘 要：本章结合创新经济学、发展经济学理论和中国科技体制形成与改革实践，就科技体制与科技创新关系、中国科技体制变迁、党的十八大前科技创新领域存在的主要问题、党的十八大后的科技体制改革等进行了辨析和梳理。实施创新驱动发展战略是时代的必然选择，核心是加快科技创新，成败取决于科技体制改革。党的十八大后启动的深化科技体制改革在促进科技创新方面已初见成效。新一轮科技革命和产业变革背景下，新的技术—经济范式正在形成，科技创新支撑经济社会发展的作用凸显。需要顺应时代潮流，继续深化科技体制改革，减少科技创新面临的束缚和障碍。

一 科技体制改革影响创新驱动发展

（一）转方式调结构要求实现创新驱动

中国改革开放30多年的高速增长在很大程度上是一种以要素投入膨胀，特别是投资和资本积累膨胀为基础的要素驱动型增长。要素驱动模式符合古典、新古典经济学有关"资本积累是经济增长的发动机"的主张；同时也是经济体起飞过程中必然经历的发展阶段。[①] 2010年，

---

① 经济史学家罗斯托（2001）将经济增长划分为5个阶段，即传统社会阶段、起飞准备阶段、经济起飞阶段、成熟阶段、大众消费阶段。

中国人均 GDP 突破 4000 美元大关，在发展阶段上也基本跨越了"经济起飞阶段"，正式进入中上等收入国家行列。从国际经验来看，达到中等收入水平后，经济体有可能继续保持高速增长而成功跨入发达经济体行列，如日本、韩国等；也有可能经济发展长期徘徊或停滞，落入所谓"中等收入陷阱"，如诸多拉美国家。落入"中等收入陷阱"的经济体通常都面临两难境地，一方面收入水平提高带来的劳动力成本上升，降低了在低端制造业领域的竞争力；另一方面技术创新能力不足，无法与发达经济体在高端领域竞争。

对于中国来说，如何实现经济社会可持续发展和全面建成小康社会目标，面临更为复杂的内外部条件。第一，要素驱动模式得以持续的前提是人口供养比不断下降带来的"人口红利"。随着以劳动力短缺和工资持续提高为特征的"刘易斯转折点"的到来，靠大规模政府主导型投资保持经济增长速度不再具有可持续性，亟须通过政策调整，从技术进步和体制改善中获得更高效率，支撑经济增长（蔡昉，2013）。第二，经济发展水平提高和产业部门技术不断成熟，后发优势的技术差距红利已日渐式微。第三，生态环境恶化、资源和能源供给约束凸显，产能过剩严重，使得传统的要素驱动增长模式不可持续。第四，国际金融危机和欧洲主权债务危机发生后世界经济复苏艰难，国际市场需求持续萎缩。第五，全球知识创造和技术创新的速度明显加快，以新技术突破为基础的全球新一轮科技革命和产业变革呈现加速态势，世界各国都在加快推进经济社会发展的转型，力争在未来的国际竞争中赢得主动。

面对如此复杂的国内外环境背景，实现创新驱动发展是加快转变经济发展方式，破解经济发展深层次矛盾和问题，增强经济发展内生动力和活力的根本途径。正如习近平总书记在不同场合所强调的："创新始终是推动一个国家、一个民族向前发展的重要力量。……抓创新就是抓发展，谋创新就是谋未来。不创新就要落后，创新慢了也要落后。……要大力推进经济结构性战略调整，把创新放在更加突出的位置。"[①]

（二）创新驱动发展战略重在科技创新

根据熊彼特的相关界定，创新就是打破经济体系运行过程中循环往

[①] 三次不同场合分别是：(1) 2014 年 8 月 18 日中央财经领导小组第七次会议；(2) 2015 年 7 月 17 日在长春召开的部分省区党委主要负责同志座谈会；(3) 2015 年 6 月 18 日在贵州召开的部分省区市党委主要负责同志座谈会。

复（Circular flow）的均衡状态，将经济体系中的一部分生产要素进行重新组合；只有这种要素的重新组合才能称为"经济发展"，并能够通过垄断地位获取利润（Schumpeter，1934）。管理学大师德鲁克（2009）则指出：凡是能够使现有资源的财富生产潜力发生改变的事物都足以构成创新；创新就是要产出，通过改变产品和服务，为客户提供价值和满意度。[1] 根据熊彼特和德鲁克的界定，创新的本质就是通过要素资源的重新组合，获取一种垄断地位，提升核心竞争力；在微观层面实现垄断利润或价值增值，在宏观层面为经济社会发展提供动力源泉。虽然创新可以分为科技创新（技术创新）、模式创新、制度创新等不同类型，但人们往往习惯将创新与科技联系在一起，并在很多场合将科技创新（技术创新）等同于创新。例如，OECD 创新统计手册（即奥斯陆手册），其第一版和第二版关注的对象只是科技创新（技术创新）。其背后原因可能在于，科技创新需要以科研探索和知识创造为基础，并涵盖产品开发、市场开拓等诸多环节，具有较大难度和不确定性，不易被模仿；而且模式创新和制度创新很多都是在科技创新成功基础上衍生出的产物。

中国实施创新驱动发展战略正是将科技创新摆在最为重要的位置。党的十八大明确提出："科技创新是提高社会生产力和综合国力的战略支撑，必须摆在国家发展全局的核心位置。"党的十八大以来，习近平总书记在考察或会议中多次谈及创新问题，并着重强调科技创新。"当前，全党全国各族人民正在为全面建成小康社会、实现中华民族伟大复兴的中国梦而团结奋斗。我们比以往任何时候都更加需要强大的科技创新力量。老路走不通，新路在哪里？就在科技创新上，就在加快从要素驱动、投资规模驱动发展为主向以创新驱动发展为主的转变上。"[2] "谁牵住了科技创新这个'牛鼻子'，谁走好了科技创新这步先手棋，谁就能占领先机、赢得优势。"[3]

---

[1] 德鲁克与熊彼特同为美籍奥地利人。青年时代的德鲁克曾专门拜访请教过熊彼特，并深受熊彼特影响。正因如此，德鲁克对于创新的界定明显继承了熊彼特的思想。

[2] 摘自 2014 年 6 月 9 日习近平总书记在两院院士大会上发表的重要讲话《坚定不移创新创新再创新，加快创新型国家建设步伐》。

[3] 2014 年 5 月 24 日习近平在上海考察调研时的讲话。

(三) 科技体制制约科技创新作用发挥

科技创新活动的范围涵盖了从理论研究、基础应用研究到产品开发、商业化应用等多个环节；各环节之间有着较为明显的继起性特征，并存在反馈和交互影响机制。科技创新活动从某种意义上可以拆分为科学、技术、创新三项具有明显区别但又密切关联的功能。其中，科学功能主要体现为各种没有特定应用价值的理论研究、重大发现、基础应用研究及重大发明；技术功能则包括高校院所的应用研究和产业界的R&D活动；创新功能则更多地体现为R&D活动基础上的产品开发、生产组织、模式创新、市场推广等方面，其核心是实现大规模的商业化应用。从线性创新理论角度来看，三项功能在逻辑上具有继起性，即科学功能通常是技术功能的基础，而创新功能又建立在技术功能的基础之上；与此同时，后续环节反馈的信息往往也会影响前续功能的定位和方向，特别是创新功能与技术功能之间的交互反馈显得更为突出；三者之间构成一个完整的链条和闭环系统。

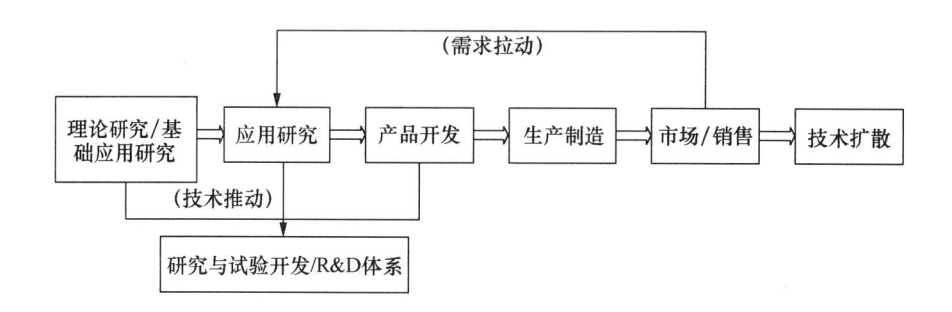

图 4-1　基于线性创新模型的科技创新活动环节划分

资料来源：结合 Rothwell（1994）、Godin（2006）相关文献整理而得。

科技创新活动具有典型的市场失灵特征，具体体现在知识外溢和科技创新各环节存在的风险两方面。

科技创新活动首先是各种创新知识创造和生产的过程。知识本身是一种信息，天然就具备流动性和扩散性特征，同时又具有非竞争性、非排他性等公共产品属性。因此，基于科技创新活动而产生的创新知识会不可避免地出现外溢，即从创新主体向外界传播。此外，在产品创新中，创新知识都将物化为各种创新产品，而创新产品的销售和流通也会带来创新知识外溢。

创新知识外溢本质上是创新者应从创新活动中获取的商业回报，并通过创新知识的流动和传播为社会其他成员所分享。根据创新回报分享方式的不同，可以将创新知识外溢分为租金外溢和纯知识外溢两种。租金外溢指的是，当创新知识物化为新产品对外销售时，其市场价格往往不能完全反映创新带来的产品质量和性能提升，或者说低于创新知识应有的价值；产业链下游企业以上游企业创新产品作为中间投入所形成的最终产品，也会由于质量或性能提升而获得额外商业价值；下游企业获得的额外收益，从根本上来源于上游创新活动的溢出，是上游创新产品未能完全获得创新租金而向后转移的结果，因此称为租金外溢。纯知识外溢则是由于人员交流、人才流动、研发合作等原因，导致创新知识逐步被创新主体以外的其他企业所掌握，并通过模仿开发出竞争性产品，共同分享创新活动所带来的市场租金。无论何种创新知识外溢，其最终结果都能让社会其他成员享受到创新成果带来的正向外部性，对于推动经济增长和社会发展都有积极作用。其中，租金外溢会激励产业链的不断延伸，从纵向扩大产业整体规模；而纯知识外溢则会直接带来产业规模的横向膨胀。对于创新主体来说，无论何种创新知识外溢都是无法避免的。在租金外溢过程中，创新主体能够通过市场机制获取相当的商业性收益，因此，这种外溢方式能够为创新主体所接受。相比之下，纯知识外溢过程中，创新主体不仅无法获得商业回报，还会带来大量竞争者迅速分摊其创新成果产生的超额利润和社会收益。任何创新活动都需要大量的投入，过度的纯知识外溢必然导致创新收益无法弥补创新成本，进而导致全社会范围内创新活动供给的严重不足。

科技创新过程中的高风险和不确定性也是科技创新活动市场失灵的重要原因。Arrow（1962）指出，创新本身是具有冒险性的活动，其失败的可能性始终存在。通常，创新决策都是在高度不确定性状态下做出的。未来知识和科学技术的发展方向、市场定位、产品需求和技术的潜在用途都难以预料；产品创新、过程创新、市场创新和组织创新也都具有不确定性。与此同时，科技创新的每一个环节，从前期的基础研究，到中间的技术研发，再到后端的市场推广，都需要高额投入；即便是前期收集相关信息也非常耗时，且成本颇高。因此，创新的高风险特征是不言而喻的。对于激进式的技术创新来说，风险更是无处不在。从基础研究开始，到应用研究、技术开发，再到生产制造，每一个环节失败的可能性都很大。由于既有技术的存在和新技术在成熟度方面的不足，即使应用研究和技术开发取得成功，在实现商业价值过程中仍然存在诸多风险，包括"市场（接受）风险"、"运营管理风险"、"政府规制风险"等。高风险和不确定性会影响企业的创新决策，增加企业创新获得外部资金的难度，最终也会降低创新主体的创新意愿、减少全社会的创新供给。

科技创新活动的市场失灵特征决定了要真正激发和推进科技创新，需要政府部门针对科技创新活动的不同环节，综合运用财政补贴、税收减免、资金支持、知识产权保护等各类政策和规制手段，才有可能对冲和补偿科技创新主体实施创新活动过程中承担的各种额外风险和成本。针对科技创新活动各环节的政策规制手段，以及制定和实施政策规制的组织架构和管理机制，共同构成了现行的科技体制。科技体制能否更好地适应科技创新的内在特征和规律，有效解决科技创新活动中的市场失灵问题，直接关系到科技创新活动的活跃程度和最终成效，关系到创新驱动发展战略实施的成败。正如习近平总书记所指出的："实施创新驱动发展战略，最根本的是要增强自主创新能力，最紧迫的是要破除体制机制障碍，最大限度解放和激发科技作为第一生产力所蕴藏的巨大潜能。"[①]"要……深化科技体制改革，增强科技创新活力，集中力量推进科技创新，真正把创新驱动发展战略落到实处。"[②]

二 党的十八大前的中国科技体制变迁

从新中国成立到党的十八大召开，中国的科技体制变迁大致经历了三个阶段：一是1978年改革开放前计划经济时期的科技体制；二是改革开放至1992年邓小平南方谈话前经济体制改革转型时期的科技体制；三是1992年至2012年党的十八大召开前夕社会主义市场经济体制确立

[①] 摘自《习近平谈治国理政》收录的2014年6月9日习近平在两院院士大会上讲话的部分内容《加快从要素驱动、投资规模驱动发展为主向以创新驱动发展为主的转变》。

[②] 2013年7月17日习近平在中国科学院考察时的讲话。

完善时期的科技体制。

（一）计划经济时期的科技体制

新中国成立后，我国所处的国际政治形势紧张而复杂。在国际共产主义事业蓬勃发展的同时，西方主要资本主义国家也进入了战后经济恢复和发展的黄金时期，以美国为首的资本主义国家更加强调了对共产主义世界的"冷战"。在政治上实现独立自主后的新中国受到资本主义国家的封锁，并依然面临战争的威胁，急需尽快建立完备工业体系和强大的国防工业，摆脱贫困落后的局面。实施赶超战略，迅速增强国力、摆脱发达国家的控制与威胁成为当时的必然选择。与此同时，国民经济恢复和社会主义改造的提前完成也为赶超战略的最终确立奠定了较为坚实的经济基础，赶超战略也于"一五"计划期间正式确立。要在缺乏人力、物力条件下实现赶超，就必须充分利用好现有资源；有组织、有计划地推进科技工作成为当时历史条件下的必然选择。

在赶超战略指导下，先后制定和颁布了两次重大科技规划，即 1955 年 10 月着手制订，1956 年 12 月批准实施的《1956—1967 年科学技术发展远景规划》（以下简称《十二年规划》）；1963 年 6 月定稿，1963 年 12 月批准实施的《1963—1972 年科学技术发展规划纲要》（以下简称《十年规划》）。两次重大科学规划及配套科技政策的实施，搭建起符合国民经济（社会主义建设）实际需要的科学技术研究体系；并对科技创新活动所涉及的科研组织、人力资本、知识扩散、应用推广、激励机制等几乎所有方面进行了系统的设计和安排，形成计划经济时期特有的科技体制；旨在迅速建立起学科门类齐全、组织机构完善、能够支撑工业现代化和国防现代化的科学技术体系。

计划经济时期的科技体制，各类科研和创新主体分工明确、各司其职，其大致为：①以中科院为主体的科研院所承担大部分的基础理论研究；②以部委和地方所属研究机构主要承担共性技术和各类应用研究；③高等院校负责各类科技人才的培养工作；④企业内部的研究部门则负责产品开发。在上述分工的基础上，国家科委、国家计委等部门对科技工作进行统一的领导和组织，并会同国务院所属的高等教育部、各工业交通部门对不同各类科研创新主体工作进行协调和对接。赶超战略下形成的科技体制，充分发挥计划体制在资源动员方面的优势，通过行政手段加速了科学研究工作和科技成果转化的进程，并取得了两弹一星、人工合成牛胰岛素结晶等重大突破，为建设门类齐全的现代工业体系特别是国防工业体系提供了有力支撑。

（二）改革转型时期的科技体制

党的十一届三中全会以后，经济建设成为工作重心，改革开放成为基本国策，提高人民生活水平成为经济社会发展的首要目标，中国开始进入以改变激励机制、激发微观活力为特征的经济体制改革和转型时期。改革转型时期，计划体制虽然仍在延续，但商品经济和市场机制已经逐步被接纳和认可。赶超战略下形成的科技体制，各主体、各环节之间的协调配合都是依靠行政手段和计划调配来实现的，特别是在科技成果转化方面，缺乏市场激励机制很难适应经济社会转型的要求，也难以充分发挥科技对经济建设的支撑作用。因此，进入改革转型阶段后，科技体制领域的改革也配合国家科技发展整体目标的调整而持续推进，努力探索解放和发展科技生产力的最优道路。事实上，转型时期科技体制改革的主线体现为："推动科技与经济结合，支撑引领经济社会发展。"

在1978年召开的全国科学大会上明确提出：科学技术是生产力，知识分子是工人阶级一部分，四个现代化关键是科学技术现代化。自此，中国重新迎来了科学的春天。1980年，中央提出《经济建设必须依靠科学技术，科学技术工作必须面向经济建设》的战略方针，对于科技战略目标的转变提出了明确的方向。1981年4月着手起草，1982年12月正式批准的《1986—2000年科学技术发展规划》（以下简称《十五年规划》）贯彻了上述方针。第一，《十五年规划》强调科技与经济的结合，在"面向、依靠"方针指导下推动科技体制改革；第二，强调要制定统一的技术政策，并首次将其作为制订规划的重要依据和组成部分，以促进科技成果迅速、广泛地应用于生产；第三，强调科技发展规划同技术改造规划、经济发展规划紧密结合。

1985年3月5日，中共中央颁布《关于科学技术体制改革的决定》，正式启动了科技体制改革。党中央明确提出科技体制改革的根本目的是："使科学技术成果迅速地广泛地应用于生产，使科学技术人员的作用得到充分发挥，大大解放科学技术生产力，促进经济和社会的发展。"并对科技管理机制、科技拨款制度等方面的改革作了明确指示。这标志着我国科研机构改革进入了有领导、有组织、有计划的全面实施阶段。

20世纪80年代末90年代初，随着我国经济建设的不断推进和科技水平的快速提高，国家开始着手对《十五年规划》的目标和内容进行充实和调整，并于1991年3月组织制订，1991年12月审议通过了《1991—2000年科学技术发展十年规划和"八五"计划纲要》（以下简称《八五计划纲要》）。《八五计划纲要》将科技发展定位为经济增长的重要支撑，坚持"科学技术是第一生产力"；在前述"依靠、面向"方针基础上进一步作出"发展高科技，实现产业化"的战略部署。

（三）社会主义市场经济下的科技体制

1992年初，邓小平南方谈话；同年10月，党的十四大报告明确提出建立社会主义市场经济体制的改革目标。此后，1993年、1994年，我国先后实施了粮食流通体制、金融体制、外贸体制、财税体制等一系列重大改革，为科技发展创造了更为有利的制度环境和条件，也对科技进步提出新的、更高的要求。与此同时，"苏东剧变"后的世界政治格局，使支撑经济竞争力的科学技术越来越成为国际竞争的新焦点和决定性因素；掌握和运用科学技术特别是高技术的能力，已成为衡量一个国家综合国力的重要标志。在上述背景下，1994年国家科委开始着手编制的《全国科技发展"九五"计划和到2010年远景目标纲要》（以下简称《九五计划纲要》）。《九五计划纲要》虽然最终未对外公布，但该纲要强调了"科学技术是第一生产力"和"科技与经济相结合"的指导思想，在确立"面向、依靠、攀高峰"方针的基础上提出了"科教兴国战略"；1995年5月中央召开全国科学大会并发布《关于加速科学技术进步的决定》，正式确立"科教兴国战略"。实施"科教兴国"战略也成为20世纪90年代中后期科技体制改革的主要指导思想；而这一阶段科技体制改革的目标则转变为"加强国家创新体系建设，加速科技成果产业化"。围绕加速科技成果产业化的目标，1998年，国务院决定对国家经贸委管理的10个国家局所属的242个科研院所进行管理体制改革，并发布《关于加强技术创新，发展高科技，实现产业化的决定》和《关于中国科学院开展（知识创新工程）试点的汇报提纲》，科技体制改革进入推进以企业为主体的国家创新体系建设阶段。1999年全国技术创新大会后，围绕使企业成为创新主体出台了一系列政策。

20世纪末，我国已经提前实现社会主义现代化建设第二步战略目标，经济、社会和科技发展开始步入新阶段。国际上，经济全球化进程明显加快，科学技术发展迅猛，知识经济已初见端倪，世界经济正在发生重大而深刻的变革，国际分工大规模重组，资源配置进一步在全球范围内展开，科技创新能力已成为国际竞争的主导因素。世界主要发达国家都在凭借其科技优势，利用科技创新即将出现重大突破的历史机遇，迅速抢占 21 世纪的科技制高点；发展中国家也在积极调整战略，加速科技发展，力争在未来国际政治经济格局中处于主动地位。在上述背景下，国家于 2000 年 2 月开始起草，2001 年 5 月发布了《国民经济和社会发展第十个五年计划科技教育发展专项规划》（以下简称《十五科教规划》）。《十五科教规划》将科技竞争力看作是推动经济发展、促进社会进步和维护国家安全的关键所在和决定国家前途和命运的重要因素。《十五科教规划》确定的科技发展基本方针是，"有所为、有所不为，总体跟进、重点突破，发展高科技、实现产业化，提高科技持续创新能力、实现技术跨越式发展"（以下简称"创新、产业化"）。力争在主要领域跟住世界先进水平，缩小差距；在有相对优势的部分领域，达到世界先进水平；在局部可跨越领域，实现突破；推动经济结构战略性调整和实现社会生产力质的飞跃。

2002 年 11 月，党的十六大报告提出了全面建设小康社会的构想，也对科技发展提出了新的要求；国际上，发达国家在经济、科技等方面的优势使我国面临着日趋激烈的国际竞争环境，"……我们比以往任何时候都更加需要紧紧依靠科技进步和创新，带动生产力质的飞跃，推动经济社会的全面、协调、可持续发展"。为此，2003 年 6 月国家以前所未有的领导规格、研究队伍规模及时间跨度，开展《2006—2020 年国家中长期科学和技术发展规划纲要》（以下简称《中长期规划纲要》）的编制工作，并于 2006 年 2 月以国务院文件正式发布。

《中长期规划纲要》对加强自主创新能力提出了更高的要求，对建设国家创新体系也做出了更为细致的安排和部署。一是明确指出要将提高自主创新能力摆在全部科技工作的突出位置，从增强国家创新能力出发，加强原始创新、集成创新和引进消化吸收再创新；二是培育企业技术创新主体、建立现代科研院所制度、深化科技管理体制改革，全面推进中国特色国家创新体系建设；三是针对提高自主创新能力、建设国家创新体系等具体环节，出台财税、金融、公共服务平台等实质性的支持政策和保障措施。2012 年全国科技创新大会召开后，国务院成立了科技体制改革和创新体系建设领导小组，26个部门和单位为成员，统筹科技改革发展的顶层设计和组织领导，确定了62项工作任务、242项改革举措和20项改革重点任务。2012年9月，为全面落实《中长期规划纲要》，加快国家创新体系和创新型国家建设，中共中央、国务院专门印发了《关于深化科技体制改革加快国家创新体系建设的意见》。

三 党的十八大前科技创新方面存在的主要问题

从1978年改革开放到2012年党的十八大召开的34年里，中国的科技体制改革不断推进，有力地推动了国家科技水平和创新能力的提升。随着科技创新能力的大幅提升，中国已经成为全球具有重要影响力的科技大国。国际科学论文产出数量居世界第二位，论文被引用次数排名世界第四位。本国人发明专利申请量和授权量分别居世界首位和第二位，分别占到全球总量的37.9%和22.3%。高技术产业出口占制造业出口的比重居世界首位，知识服务业增加值居世界第三位。2013年我国全社会R&D经费支出11906亿元，位居世界第三位，占国内生产总值的2.09%。积累了庞大的人力资本，研发人员全时当量居世界首位，占到全球总量的9.2%。然而，科技资源配置、企业主体地位、产学研合作、国有企业创新等方面的问题仍然制约着科技创新对经济发展支撑作用的发挥。

（一）科技资源配置效率有待提升

"科技创新活动"虽然涵盖多个环节，但整体可以划分为相对独立的两大部分，即"科学产出"和"技术创新"；两者密切相关却具有截然不同的属性和特征。前者是通过科研方面的人力、物力、财力投入，实现理论性公共知识的创造和应用性技术成果的开发，解决的是科技作为经济增长要素的宏观供给问题，具有较强的公益性特征；后者则是通过产品研发和市场推广，实现技术成果产业化和大规模商业应用，解决的是科技与经济相融合问题，市场化特征更为明显。高额科技投入未能发挥对经济应有的支撑作用，关键在于现行科技体制从上述两方面影响了科技资源的配置效率。

在科学产出方面，现行科技管理体制制约了科技资源的优化配置。一是宏观科技管理体制没有理顺，调控能力明显不足。中央与地方之间、科技相关部门之间、科技部门与其他部门之间的沟通协调机制不畅，出现政出多门，科技资源重复部署，未能集中高效利用。二是科技经费分配机制不合理。科学研究和技术研究的分配比例不合理，科学研究的投入比例小。科研经费多头管理、条块分割，科研立项交叉重叠、多部门重复申请经费所造成的浪费等现象也较为突出。三是片面追求短期效果的考核评价机制不利于科学研究中基础理论探索和公共知识创造，对科研项目的过度行政化干预也影响科研人员创造性的发挥。

在技术创新方面，未能形成社会资源向创新活动集聚的良性格局。第一，政府对微观经济干预过强，带有生产扩张导向型的政府更多地将宏观市场资源向重化工、房地产、基础设施等行业倾斜，反而对企业技术创新的引导和支持不足，无法对从事技术创新的微观主体形成正向激励；第二，要素市场扭曲和高级要素还未市场化使得资源配置难以聚集到技术创新上；第三，由于我国与世界前沿技术存在差距，目前企业更倾向于引进跟踪模仿国外技术、低水平复制生产能力，而不愿意走具有市场风险的自主创新道路；第四，科研人员跨体制、跨部门双向流动机制的缺失，则直接影响了科技人力资源在全社会的有效配置。此外，政出多门、缺乏协调甚至互相掣肘的现象使得各种优惠政策难以有效发挥鼓励引导技术创新的作用。例如，科技部出台的研发投入税前加计扣除政策，执行中需要在税务部门预先备案，且对企业资质认定有一定要求，导致中小科技企业难以真正从中受益，从而制约了该项政策对微观主体技术创新的引导。

（二）企业主体地位尚未完全确立

改革开放以后，持续推进的科技体制改革大大提高了企业的创新能力和在科技创新中发挥的作用。企业已经取代科研院所和高等院校，成为科技创新活动的主要承担者，具体表现为：大约90%的研发机构设立在企业，70%左右的研发人员分布在企业，70%以上的研发经费由企业执行，60%以上的发明专利由企业申请。然而，党的十八大前夕出台的《关于深化科技体制改革加快国家创新体系建设的意见》给出的判断却是"企业技术创新主体地位没有真正确立"。事实上，承担大部分创新活动只是技术创新主体的必要条件，而不是充要条件；企业要真正成为技术创新的主体，还必须能够主导和控制创新活动相关的决策（郭铁城，2015）。而企业主导产业技术研发创新的体制、机制尚未完全形成。

第一，政府对微观经济干预过强的现象仍然存在，削弱了企业在创新决策中的自主性。特别是在那些具有强烈 GDP 扩张倾向的地区，地方政府往往更关注经济体量，而对企业科技创新引导和支持不足；即便支持科技创新活动，往往也要按照政府意愿具体实施，企业很难成为真正的创新主体。

第二，国有企业推动科技创新的内在动力还有待进一步激发。由于产权属性和管理机制的原因，国有企业与政府始终保持着紧密联系，并或多或少地替政府分担了许多社会责任。很多时候，国有企业既不以追求商业利润最大化作为首位目标，也不承担经营失败破产的风险，从而形成了其在科技创新中的惰性。国有企业创新动力不足还与考核体系和任期制有很大的关系，国有企业领导更关心行政升迁和当期效益。

第三，民营中小企业虽有创新动力，但缺乏整合创新资源的能力和条件。中小企业因其体制灵活、具有很强的市场意识和危机意识，具有较强的创新倾向。中国 65% 的发明专利、75% 以上的技术创新和 80% 以上的新产品开发都由中小企业实现，企业创新投资占创新投入总量的比例也在增加。但受到风险分担机制不健全、创新融资困难、创新人才缺乏、研发能力有限等因素的制约，民营中小企业在推动科技创新方面的作用也存在较大局限。此外，各级政府出台的一些非普惠性政策引得民营企业竞相追逐，也在一定程度上损害了企业创新的内在动力。

（三）官产学研合作机制不畅制约科技成果转化

科技成果转化不足主要是指科学产出与技术创新两个环节之间缺乏有效衔接，直接影响到科技创新对经济社会发展支撑作用的发挥。在我国，科技成果转化不足突出表现为大学和科研院所与产业界之间的相对脱节。2012 年，中国社会科学院数量经济与技术经济研究所对 29 所"211"工程高校的科技成果转化情况进行了问卷调查。就产学研合作意愿而言，企业和产业界对于同高校（院所）进行合作研发倒是表现出较为强烈的意愿。然而，调查显示的高校科技成果转化情况却非常不尽如人意；大约 80% 高校的专利成果转化率都在 20% 以下，其中约 1/4 高校转化率在 5% 以下。高校科技成果转化率偏低的主要原因有以下几点：

第一，学界和产业界之间未能建立其顺畅的沟通交流及合作渠道，高校、科研院所与企业缺乏对接。一方面，大量科技成果束之高阁，不仅未能及时有效地转化为社会生产力，造成了严重的科技资源浪费；另一方面，由于缺少沟通，高校科技成果与企业及市场需求往往存在较大距离，使得部分科技成果缺乏进行市场转化的商业价值。

第二，在现行官产学研合作机制中，各类主体定位不清，政府部门在引导科学探索与现实需求相对接、推动高校院所与产业企业合作等方面存在缺位。各级政府未能提供充足的公共服务，致使很多科技成果无法有效实现产业化，削弱了科技对经济增长的支撑作用。

第三，既有的创新体系中，缺乏承担中介协调职能的科技中介服务机构。各主体定位不清，政府、企业、高校和科研机构在技术创新中的协作关系失调。而且我国公益技术中介服务机构力量薄弱，技术服务体系和平台建设滞后、缺乏提供社会化服务的应用技术研发机构，特别是服务于中小企业的应用技术研发力量严重不足。

第四，政府在行业监管规制方面的滞后也是影响科技成果产业化的重要原因。特别是在一些新兴产业领域，行业监管和规制往往不能顺应新兴技术发展变化的要求做出及时调整，制约了新兴技术对产业发展和经济增长支撑作用的发挥。以物联网产业为例，其最终的产品（服务）形态是针对客户需求做出具体的综合性解决方案。按照现行相关规定，提供解决方案要求企业具备各种关联资质，如系统集成一级资质、计算机软件标准等。然而，大多数物联网公司的专业技术优势是射频芯片的研发，至于其他资质却并不一定具备，导致相关业务开展受限。在新能源汽车行业也存在类似问题。新能源汽车技术的核心是所谓三电，即电池、电机、电控，因此，具备三电技术优势的企业很容易介入新能源汽车领域。然而，新能源汽车又属于汽车行业，有着特殊的行业资质关联要求。按照工信部规定，只有具备整车生产资质的企业才能从事汽车制造，行业门槛很高。这无形中增加了关联行业企业进入新能源汽车领域的难度。

（四）自主创新能力与欧美差距明显

中国与欧美发达国家之间在自主创新能力方面存在较大差距。这种差距不仅体现在基础性的科学研究水平上，更大量体现在产业技术水平和产业价值链分工方面。

2010年开始,为顺应新一轮世界科技革命和产业变革的要求,国务院出台一系列文件和措施,加快培育和发展战略性新兴产业,旨在抢占未来世界科技和经济的制高点。不过从2012年国家发改委组织的战略性新兴产业调研情况来看,形势还不容乐观,突出表现为产业核心环节技术依赖国外,多数企业只能集中于高端产业的低端环节。单从产值来看,很多地区的战略性新兴产业已经占据很大比重,但多数行业中的关键核心技术和装备依赖进口。例如,光伏产业的电池生产线、多晶硅铸锭炉、多线切割机、大功率逆变器,平板显示产业的玻璃基板都主要依靠进口。核心技术的缺失使得多数企业在高端的战略性新兴产业中处于产业链低端,主要从事组装加工等劳动密集、低附加值环节。

中国与欧美之间在自主创新能力上的差距客观上是由科技创新的起点和所处的发展阶段决定的。而且,由于我国与世界前沿技术存在差距,很多企业出于成本和收益的考量,更倾向于引进跟踪模仿国外技术、低水平复制生产能力,而不愿意走具有巨大市场风险的自主创新道路;与此同时,包括房地产投资、矿产资源开发、大宗商品炒作在内的各种技术含量低、周期短、见效快的盈利项目,对于企业家具有极大诱惑,其带来的示范效应也严重削弱了企业从事创新的动力。当然,政府部门在知识产权保护、行业规制、宏观收入分配格局调节等方面的缺位,也是阻碍企业自主创新能力提升的重要因素。

(五) 崇尚创新的社会氛围远未形成

党的十八大前的科技体制改革,在明确科技创新服务经济发展的目标,理顺政府、企业、高校院所等不同主体间关系和定位,构建国家创新体系方面取得了较为显著的成效。然而,更高层次的创新文化和创新社会环境并未触及。

科技创新活动的各项具体工作归根结底需要由科学家、工程技术人员、企业家等微观个体来执行和完成。每个微观个体对于研发创新行为的认同、喜好直接关系到每项创新活动的好坏和成败,关系到创新驱动战略实施的整体效果。而微观个体在科技创新方面的偏好和倾向,很大程度上取决于其所处的社会环境。

进入21世纪后,中国城市化进程的快速推进,信息传播扩散速度的大幅提高,人们的生活和工作节奏不断加快,全社会的浮躁情绪也不断累积；而经济转型过程中少数制度政策漏洞所造就的各种"一夜暴富"神话更加剧了社会浮躁情绪的蔓延，导致功利主义、实用主义盛行。这种价值观念与科技创新所要求的脚踏实地、坚持不懈等精神是背道而驰的，任由其发展将破坏创新驱动发展战略实施的微观社会基础。与此同时，科技评价导向不够合理，科研诚信和创新文化建设薄弱，使得科技人员的积极性、创造性得不到充分发挥。为此，有必要从宣传教育、考核激励等方面入手，营造崇尚科学、鼓励创新的社会氛围，激发微观个体从事技术创新相关活动的内在动力和事业热情。

四　党的十八大以来科技体制改革及初步成效

党的十八大以来，随着创新驱动发展战略的正式确立，新一轮科技体制改革向纵深推进。党中央、国务院出台的几个纲领性文件，为深化科技体制改革作出了顶层设计。围绕强化企业创新主体地位、完善科技管理体制、优化创新创业生态体系，中央及地方政府出台了一系列政策措施，旨在不断释放改革红利，推动创新驱动发展战略的实施。

（一）纲领性文件及顶层设计

2012年11月，党的十八大报告正式确立了创新驱动发展战略，并明确提出："深化科技体制改革，推动科技和经济紧密结合，加快建设国家创新体系，着力构建以企业为主体、市场为导向、产学研相结合的技术创新体系。"

2013年11月，党的十八届三中全会通过了《中共中央关于全面深化改革若干重大问题的决定》（以下简称《决定》）；《决定》在第（13）部分专门阐述了深化科技体制改革相关问题，进一步明确新时期深化科技体制改革的目标，即"摒除深层次的体制机制障碍，提高自主创新能力，以创新驱动经济和社会发展，完善国家创新体系，建设创新型国家"；并指出推进科技体制改革的主要方向：①建立健全鼓励原始创新、集成创新、引进消化吸收再创新的体制机制；②健全技术创新市场导向机制，强化企业在技术创新中的主体地位；③加强知识产权运用和保护；④整合科技规划和资源，构建公开透明的国家科研资源管理和项目评价机制。

2015年3月，中共中央、国务院发布《关于深化体制机制改革加快实施创新驱动发展战略的若干意见》（以下简称《若干意见》）。《若干意见》从营造公平的竞争环境、强化金融支持、建立市场导向机制、激励成果转化、完善科研体系、加快人才培养和流动、推动开放创新、加强统筹协调8个方面，提出了30条改革措施，旨在让创新资源更合理配置，激发创新活力，推动"大众创业、万众创新"。

2015年6月4日，国务院第93次常务会议审议通过了《关于大力推进大众创业万众创新若干政策措施的意见》（以下简称《双创意见》）。《双创意见》立足全局，突出改革，强化创新，注重遵循创业创新规律，力求推动实现资金链引导创业创新链、创业创新链支持产业链、产业链带动就业链，从而形成大众创业、万众创新蓬勃发展的生动局面。

上述四份文件可以看作是党的十八大以来国家在"深化科技体制改革、推动创新驱动发展战略"方面的纲领性文件；不仅明确了未来深化科技体制改革的目标；而且对推进科技体制改革的具体方向进行了顶层设计。根据上述四个文件在科技体制改革方面的具体阐述和主要精神，全面实施创新驱动发展战略，形成"大众创业、万众创新"的局面进而支撑经济社会可持续发展，是此次深化科技体制改革的终极目标；而改革的具体内容将围绕科技创新领域存在的较为突出的问题和障碍展开，包括强化企业创新主体地位、完善科技管理体制、构建创新创业生态体系等。

（二）强化企业创新主体地位

企业能否真正成为科技创新主体，是科技创新能否有效支撑经济发展的关键所在，也是此次科技体制改革的重点。党的十八大结束后，国家科技体制改革和创新体系建设领导小组（以下简称科改小组）召开第二次会议，对强化企业技术创新主体地位、全面提升企业创新能力进行了讨论。2013年1月，国务院办公厅专门印发了《关于强化企业技术创新主体地位全面提升企业创新能力的意见》，明确提出以深入实施国家技术创新工程为重要抓手，全面推进企业技术创新工作。

为贯彻落实上述会议和文件精神，2013年6月，科技部会同国家发改委等15个部门和单位建立联合推进机制，重点落实"加大政府对企业研发投入的引导力度"等五个方面的重点工作，促进企业成为技术创新主体。此后1年多的时间里，围绕提升企业技术创新能力，科技部与国家57个部门和单位出台百余项激励企业创新的普惠政策，如加大研发费用加计扣除、高新技术企业税收优惠等政策落实力度，扩大中关村试点政策范围，加大对中小企业创新的财政金融支持等；并具体组织对《促进科技成果转化法》进行修订。与此同时，地方政府根据自身实际，纷纷出台针对性和可操作性更强的政策措施，如江苏推动大中型企业建立研发机构、安徽实施创新型企业所得税返还、四川支持企业重大成果转化等，以激发企业的创新活力和创新潜力。

（三）完善现行科技管理体制

科技管理体制是国家科技治理的基础。科技创新领域存在的科技资源配置低效、科研人员创新动力不足、科技成果难以转化等突出问题，很大程度源于科技管理体制的僵化。其中，科研经费管理体制、科技评价体系等最受诟病。党的十八届三中全会后，相关改革不断推进，旨在建立起符合创新规律的科技管理体制。

2013年11月15日，科改领导小组召开第四次会议，讨论中央财政科研项目和经费管理、加快建设科技报告制度、建立国家创新调查制度等改革事项及工作方案。随后，财政部、科技部联合印发《国家科技计划及专项资金后补助管理规定》，在科技部归口管理的国家科技计划及专项管理中引入后补助机制，正式启动科研经费管理体制方面的改革。2014年1月，国务院印发《关于深化中央财政科技计划（专项、基金等）管理改革的方案》（以下简称《方案》），对中央财政科技计划（专项、基金等）管理改革做出全面部署，旨在解决现有科技计划（专项、基金等）重复、分散、封闭、低效等现象，多头申报项目、资源配置"碎片化"等突出问题。根据《方案》的安排，到2017年全面完成改革，按照优化整合后的五类科技计划（专项、基金等）运行，并建成公开统一的国家科技管理平台。

在科研经费管理体制改革取得重大进展的同时，科技管理体制其他方面的改革也在有条不紊推进。

在科技评价方面，中国科学院率先加快推进科技评价体系改革，摒弃数量评价和单纯的论文导向，建立重大成果产出导向的评价体系。2013年11月，教育部发布《关于深化高等学校科技评价改革的意见》，建立分类评价标准和开放评价方法，营造潜心治学、追求真理的创新文化氛围。2013年12月，中组部、科技部会同中宣部、教育部，以简化评审项目数量为核心，开展科研项目、人才和机构评审方面的整改工作，整改后评审项目总体减少28%。科技部还针对其管理的"科技重大专项"，进一步聚焦目标、突出重点，建立科学的项目动态调整和淘汰机制，依托第三方开展中期评估，并研究制定考核问责办法。

在科技基础制度建设方面，2014年开始，科技部等有关部门着手推进建立国家科技报告制度、国家创新调查制度和统一的国家科技管理信息系统（即"两制度一系统"），并以重大科研仪器设备的开放共享为突破口，建立健全科技资源开放共享制度。2014年1月，国家科改小组审议通过《建立国家创新调查制度工作方案》；2014年9月，国务院办公厅转发科技部《关于加快建立国家科技报告制度的指导意见》；2014年12月，国务院以国发〔2014〕70号文发布《关于国家重大科研基础设施和大型科研仪器向社会开放的意见》。

（四）优化创新生态系统

科技创新同经济对接、创新成果同产业对接、创新项目同现实生产力对接，离不开良好的创新生态体系。党的十八大以来，科技体制改革全方位推进，随着各项法律、制度、政策的推出，创新创业的政策和制度环境得到改善，中国特色的创新生态系统正得以构建和优化，突出表现为以下几个方面。

第一，简政放权，降低创新创业成本。2013年10月27日国务院常务会，部署推进公司注册资本登记制度改革，降低创业成本，激发社会投资活力；2014年2月7日，国务院以国发〔2014〕7号印发《国务院关于印发注册资本登记制度改革方案的通知》。2014年6月4日、2014年8月20日、2014年12月12日召开的三次国务院常务会，都研究了简政放权事宜，旨在激发社会活力，支持创新创业。2015年1月7日国务院常务会议，确定规范和改进行政审批的措施，促进行政权力法治化，营造便利创业创新的营商环境，激发社会活力和创造力。此后，政府用权力"减法"换取创业创新"乘法"的原则得以确立；并先后从简化商事制度、加大对小微企业税收优惠等方面进一步简政放权。

第二，着力营造公平的市场竞争环境。2014年9月3日，国务院发布《关于促进市场公平竞争维护市场正常秩序的若干意见》（以下简称《若干意见》）；2014年11月5日国务院常务会，部署加强知识产权保护和运用，助力创新创业、升级"中国制造"。而《若干意见》更是将"营造激励创新的公平竞争环境"作为深化体制机制改革、实施创新驱动战略的首要任务；并从实行严格的知识产权保护制度、打破制约创新的行业垄断和市场分割、改进新技术新产品新商业模式的准入管理、健全产业技术政策和管理制度、形成要素价格倒逼创新机制5个方面进行了详细部署。此外，财税、金融、行业准入等方面的普惠性政策，科技部牵头的《促进科技成果转化法》的修订工作，知识产权的创造、运用、保护和管理，都致力于为加快科技创新步伐营造公平的市场环境。

第三，创新科技金融体制机制，解决创新创业融资难问题。2014年1月7日，中国人民银行等六部门以银发〔2014〕9号文发布《关于大力推进机制体制创新扎实做好科技金融服务的意见》，从金融组织体系、信贷产品与服务模式创新、融资渠道、保险产品和服务、信用增进机制、深化科技金融结合、创新政策协调组织机制7个方面入手，创新体制机制，促进科技和金融的深层次结合，支持国家创新体系和创新生态系统建设。2015年1月14日国务院常务会议，决定设立国家新兴产业创业投资引导基金，助力创业创新和产业升级。

第四，大力推进协同创新和开放式创新。良好的国家创新体系和创新生态系统能够将各种创新资源和创新要素进行有效组织，发挥协同效应。因此，"加强统筹部署和协同创新，提高创新体系整体效能"也是新一轮科技体制改革的重点任务之一。2013年4月，教育部首批认定14个协同创新中心，推动实施"高等学校创新能力提升计划"，推动高校与骨干企业、科研院所组建协同创新中心；科技部则会同有关部门推动企业主导的产业技术创新联盟建设，仅2013年便新增55家国家试点联盟。为顺应网络时代大众创业、万众创新的新趋势，2015年3月2日，国务院办公厅印发《关于发展众创空间推进大众创新创业的指导意见》，加快发展众创空间等新型模式，为创新创业提供开放式服务平台。

（五）科技体制改革的初步成效

党的十八大以来，科技体制改革方面全方位顶层设计和密集出台的政策措施，已经取得初步成效，具体体现在以下几个方面。

一是国家创新能力稳步提升。根据美国康奈尔大学、欧洲工商管理学院与世界知识产权组织（WIPO）共同编制发布的"全球创新指数"（Global Innovation Index，GII），中国排名由2012年的第34位稳步上升为2014年的第29位；其中，创新产出分指数由第19位上升为第16位，创新投入分指数由55位上升为第45位。而中国科学技术发展战略研究院发布《国家创新指数报告（2014）》也显示，中国创新能力稳中有升，国家创新指数得分与创新型国家的差距进一步缩小，排名第19位，与2013年持平，但得分高出3.2分；此前2012年的排名则为第20位。

二是企业创新主体地位和创新能力得到强化提升。目前，国家有关部委在各行业重点培育和支持的创新型企业达到676家，带动省级创新型企业8400多家；建在企业的国家重点实验室和工程中心分别达到99个和313个，认定国家企业技术中心887家，有力夯实企业技术创新能力基础；企业牵头承担国家科技重大专项、"863计划"、科技支撑计划、国际科技合作专项课题的比例分别达到52.3%、38.7%、40%、44%。

三是社会资金被有效引导到科技创新领域。2013年，中小企业创业基金规模达到47.36亿元，累计支持科技型中小企业3万多家；2015年，国家又新设规模400亿元的新兴产业创投引导基金。伴随各类创新创业基金的运营，社会资金开始快速进入科技创新领域。2012年，中国的天使投资总量为56.45亿元；此后开始呈爆发式增长，2013年增加到201.23亿元，2014年则高达526.09亿元。

五 总结性评论与相关建议

（一）总结性评论

前面四部分从科技体制与科技创新关系、中国科技体制变迁、党的十八大前科技创新领域存在的主要问题、党的十八大以来新一轮科技体制改革四方面进行了较为细致的辨析和梳理，据此可以做出以下判断：

第一，实施创新驱动发展战略是当前中国所处的经济发展阶段、自身要素禀赋结构以及全球新一轮科技革命和产业变革等因素所共同作用下的必然选择。科技创新需要以科研探索和知识创造为基础，并涵盖产品开发、市场开拓等诸多环节,难度大、风险高,也是其他各类创新的基础,在创新驱动发展战略中应处于核心位置。科技体制是科技创新活动开展过程中各种政策机制所共同形成的制度体系;科技体制能否更好地适应科技创新的内在特征和规律,有效解决科技创新活动中的市场失灵问题,直接关系到科技创新活动的活跃程度和最终成效,关系到创新驱动发展战略实施的成败。

第二,科技体制作为国家组织和管理科技创新活动的运行机制,其形成要服从于国家战略需要。新中国成立以来,中国经济社会发展经历了计划经济、改革转型和社会主义市场经济等不同时期,科技体制也随不同时期战略目标的变化而不断变迁。至2012年11月党的十八大召开前,中国正致力于构建和完善以市场为导向、以企业为主体的科技体制和国家创新体系。

第三,从1978年到2012年党的十八大召开,中国的科技体制改革不断推进,并有力地推动了国家科技创新水平的提升,支撑中国成为全球具有重要影响力的科技大国。然而,科技资源配置、企业主体地位、产学研合作、国有企业创新等方面问题依然突出,并制约着科技创新对经济发展支撑作用的发挥。

第四,党的十八大以后,伴随创新驱动发展战略的正式确立,新一轮科技体制改革开始启动。围绕强化企业主体地位、提高科技资源配置效率、优化创新生态系统,中央和地方政府密集出台了一系列政策措施,旨在深化科技体制改革,支撑创新驱动发展,目前已初见成效。

(二) 相关建议

当前,全球新一轮科技革命和产业变革的序幕刚刚拉开。以新一代信息技术为核心的关联通用目的技术(General Purpose Technology,GPT)正在形成新的主流技术体系,并推动技术—经济范式的转换。"工业4.0"、"互联网+"、"线上线下(O2O)"等新事物的出现已经显现了范式转换的端倪。科技创新在支撑经济发展方面所发挥的作用将比以往任何时候都重要。为此,必须顺应上述趋势,以"弥补市场缺陷、纠正市场失灵"为原则,界定政府在科技创新中的职责,进一步深化科技体制改革,尽可能减少羁绊科技创新的桎梏和樊篱。

第一,在继续简政放权、强化企业创新主体的同时,政府部门应继续加强基础研究方面的投入。具备前瞻性特征的基础研究,虽难以在短期内实现商业价值，但却能为各种应用性研究开发活动提供思想源泉。企业出于生存和经营的考虑，往往难以大规模投入，这方面的职能只能由政府承担。

第二，加强各种软硬件基础设施建设，降低为中小企业从事科技创新活动提供更多便利。一是加强信息通信技术（ICT）基础设施建设，为各种"互联网+"创业行为提供更多便利；二是中小企业作为创新主体普遍面临信息、人才、研发条件等方面约束，围绕这些约束组织共性技术研发、加大科技基础设施建设、打造产业共性平台，为其开展创新活动提供强力支撑；三是规范资本市场，在加强监管、减少不正常炒作的同时，要切实利用好新三板等平台，将更多社会资金引导到创业创新活动中。

第三，政府部门要本着鼓励创新、支持创新的原则，在提高自身科学素养和认识水平的基础上，着力改进监管和规制水平。要积极把握新一轮科技革命和产业革命动态，主动适应新技术、新业态、新模式要求，及时调整各种监管准入规则，尽量减少滞后监管规则对创业创新带来的阻碍。

第四，建立科技型创业公司破产救助保护机制。最大限度保留创业公司所积累的创新资源和创新能力，鼓励失败者二次创业并为其创造公平竞争环境。

第五，营造良好社会氛围，激发微观个体从事创新活动的热情。技术创新活动的各项具体工作归根结底需要由科学家、工程技术人员、企业家等微观个体来执行和完成。每个微观个体对于研发创新行为的认同、喜好直接关系到每项创新活动的好坏和成败；而大多数微观个体普遍持有的偏好和倾向则关系到创新驱动战略实施的整体效果。应加强科普教育，普及现代科学常识、提升民众科学素养，特别要激发广大青少年对于科学探索和技术创新的兴趣和热情。

参考文献

［1］蔡昉：《中国经济增长如何转向全要素生产率驱动型》，《中国社会科学》2013年第1期。

［2］蔡跃洲：《知识产权制度影响技术创新的中介因素分析》，《中国科技论坛》

2015 年第 8 期。

[3] 德鲁克:《创新与企业家精神》(中译本),机械工业出版社 2009 年版。

[4] 郭铁成:《如何让企业成为技术创新主体》,《中国科学报》2015 年 6 月 26 日。

[5] 李平、蔡跃洲:《新中国历次重大科技规划与国家创新体系构建》,《求是学刊》2014 年第 5 期(双月刊)。

[6] 罗斯托·W. W.:《经济增长的阶段:非共产党宣言》(中译本),中国社会科学出版社 2001 年版。

[7] Arrow, Kenneth, The economic implications of learning by doing, Review of Economic Studies, 29 (3): 155 – 73, 1962.

[8] Godin, Benoît, "The Linear Model ofInnovation: The Historical Constructionof an Analytical Framework", *Science, Technology, &Human Values*, Vol. 31 (6), 639 – 667, 2006.

[9] Dutta, Soumitra, Bruno Lanvin, and Sacha Wunsc – Vincent (Ed.), 2015. The Global Innovation Index 2014: The Human Factor in Innovation, Conell University, INSEAD, and the World Intellectual Property Organization (WIPO).

[10] OECD, Oslo Manual: Guideline for collecting and interpreting innovation data (Third edition), A joint publication of OECD and Eurostat, 2005.

[11] Rothwell, R., "Towards the Fifth – generation Innovation Process", *International Marketing Review*, Vol. 11, 1994 (1), pp. 7 – 31.

[12] Schumpeter, Joseph A. *The Theory of Economic Development: An Inquiry into Profits, Capital, Credit, Interests, and the Business Cycle*, Cambridge, MA: Harvard University Press, 1994.

第五章 人力资本需求与教育改革

蔡 昉

(中国社会科学院)

摘 要：适应并主动引领经济发展新常态，即正确应对经济增长速度放缓、加快产业结构调整和发展方式转变、推动经济增长动力向创新驱动转变，都要求人力资本加快积累，从而教育超前发展。本章首先概述中国人口转变新特征、劳动力供给新形势和劳动生产率新走势，揭示保持经济长期可持续增长对人力资本提出的迫切需求；其次展示正在出现的人力资本积累与机器人技术之间的竞赛，指出只有靠更好的劳动者素质才能赢得这场竞赛；进而概括了"大众创业、万众创新"对人力资本需求的特点以及各级各类教育回报的特点；最后针对中国所处的发展阶段及其相关挑战，从资源配置和个人、社会、政府责任等方面，对教育发展和改革提出政策建议。

一 引 言

中国经济发展进入新常态这个重要判断，基于特定发展阶段的三个特征——已经呈现的和即将呈现的。第一，中国经济增长的结构性减速。随着人口结构发生了一个根本性的变化，即15—59岁劳动年龄人口分别经过快速增长和缓慢增长两个阶段之后，在2010年达到峰值，随后进入负增长，支撑中国经济高速增长30余年的人口红利开始消失。根据劳动力供给、资本积累、人力资本改善和生产率提高等因素的变化，估算的中国经济潜在增长率，从改革开放以来至2010年的平均

10%左右，下降到"十二五"时期的平均7.6%，并且将进一步降到"十三五"时期的平均6.2%（Cai and Lu，2013）。这表明，国内生产总值（GDP）增长速度远低于改革开放以来的平均水平，并呈现逐年下降的趋势，是新常态已经表现出来的一个特征。

第二，在经济增长速度减慢的同时，产业结构调整、升级和优化的步伐将逐渐加快。结构性减速的含义就是传统上支撑经济增长的因素式微，其中一些甚至已经消失或将逐渐消失。既然经济增长是一个生生不息的动态过程，产业结构和技术结构都必然适应新形势进行调整，最终，只有那些能够靠新的源泉保持增长的企业、行业和技术才能胜出，否则便被创造性破坏的竞争环境所淘汰。而未来中国经济增长源泉终究来自于这个优胜劣汰过程。支撑这个结构升级和优化的关键性要素则是与人力资本积累直接相关的劳动者的创造力和技能。

第三，中国经济要保持长期可持续增长，需要通过上述产业结构调整以及同时进行的经济发展方式的转变，实现经济增长动力的转换。这个转换的含义是从依靠资本、劳动和土地投入驱动，转向依靠创新和全要素生产率提高驱动。诚然，在传统的发展方式中，劳动者素质至关重要，人力资本的贡献也是显著的，但是，在新的发展方式中，人力资本不仅将成为越来越重要的增长源泉，而且也是推动创新和生产率提高的必要条件。

经济增长归根结底靠劳动者的创意推动，而越来越普及或深化的教育则是现代社会创意产生的必要前提、创新的源泉和生产率的保障。在中国加快经济结构调整、发展方式转变和增长动力转换的过程中，教育发展具有至关重要且不可替代的作用。不仅如此，教育还具有增强社会流动性、防止收入差距扩大和贫困代际传递的作用。因此，发展教育不仅是保持经济增长可持续性的嚆矢，还是增进经济发展分享性的关键。

关于人力资本的形成及其度量，经济学家进行过长期的讨论。迄今为止，以适龄人口入学率、特定学历人口占成年人口比重，以及成年人口（或劳动力）平均受教育年限等指标作为教育结果的度量被证明是最具有可观察、易收集且具有充分信息的人力资本代理指标。其含义是，一方面，经济学家在进行分析时，往往用类似的教育指标作为人力资本的代理变量；另一方面，在改善人力资本的实践中，政策制定者和实施者通常从发展教育入手，实施人力资本积累战略。因此，中国经济发展进入新常态后,所面临的人力资本挑战,既是对教育发展的新需求,也应该成为教育发展的新机遇。

人力资本积累既依靠个人、家庭、社会和政府的投入,也需要有来自市场的激励人力资本投资的正确信号。在中国目前所处的这个发展阶段上,存在着抑制教育需求和供给的诸种体制机制障碍,需要通过深化相关领域的改革特别是教育体制的改革,解放人力资本积累的生产力,以保障中国避免中等收入陷阱。本章讨论中国经济发展进入新常态所需要挖掘的新增长源泉,揭示人力资本积累面临的严峻挑战,以及新常态下人力资本的新特征,进而提出对教育发展和改革的政策建议。

二 经济发展新常态下的增长源泉

许多经济学家认为,如果以世界经济平均增速为"均值"的话,任何显著超越这个水平的 GDP 增长速度,终究会降下来,即所谓"回归到均值"(如 Pritchett and Summers,2014)。有的学者还通过统计分析发现,平均而言,当一个经济体的人均收入达到特定水平时,例如按照 2005 年国际美元计算的人均 GDP 达到 17000 美元时,其面临着很高的经济增长减速概率(Eichengreen,et al.,2012)。虽然这样的所谓"统计规律"把众多国家在长期发展时期的丰富的增长实践湮没在一组面板数据之中,特别是忽略了发展中国家具有的赶超特点,未能回答以往的赶超经济体如日本和"亚洲四小龙",以及中国经济在过去 30 多年何以实现高速经济增长,因此,也就没有能够提供令人信服的减速依据,但是,这类研究至少从大多数现象上揭示,因特定原因,一国经济增长会从一种常态向另一种常态转换。

当前,不仅中国经济,甚至全球经济都面临着一个下行的趋势。正确认识经济增长放缓的形成原因,是应对增长减速从而保持长期可持续增长的关键。无论对于世界经济放缓还是对于中国经济减速都存在着一种观点,即认为 2008—2009 年世界金融危机后需求不足,造成经济增长不振的下行周期。但是,如果从较长时期着眼,由于潜在经济增长能力归根结底是靠生产要素供给和生产率提高支撑的,而全球性的劳动生产率增长放缓发生在金融危机之前,因此,用需求因素至少不足以解释所有国家的增长乏力。

至于说到中国经济，更是早在金融危机爆发之前，已经于2004年迎来了重要的发展转折点——刘易斯转折点。自此之后，正如这个概念所预示的那样，非熟练劳动力的短缺和工资上涨持续了十余年。例如，在2004—2014年，作为非熟练劳动力代表的农民工的实际平均工资水平，年增长率达到11%。此外，在普通劳动密集程度较高的制造业和建筑业，以及几个农业领域的工人工资，都表现出较快的增长。目前，中国普通劳动者的工资水平已经普遍高于亚洲发展中国家，其中北京、上海、广州的工资水平仅仅低于日本和"亚洲四小龙"等亚洲发达经济体（三菱东京日联银行中国有限公司，2015）。更重要的是，由于人口结构变化因素，劳动力短缺和工资上涨的现象仍将继续。如果说2010年开始绝对减少的劳动年龄人口尚不能代表劳动力供给的话，预计2017年开始绝对减少的经济活动人口，则无疑是可以代表劳动力供给的指标。也就是说，届时劳动力短缺会愈加严峻。

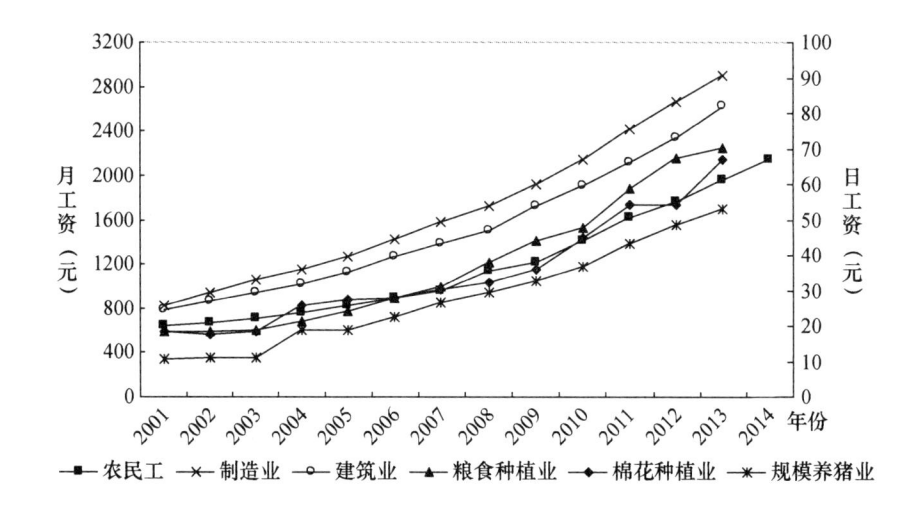

图 5-1 农民工及一些行业的工资上涨趋势

注：所有工资皆基于1998年不变价。

资料来源：粮食种植业、棉花种植业和规模养猪业的日工资来自国家发展和改革委员会价格司《全国农产品成本收益资料汇编》（历年），中国统计出版社；制造业和建筑业月工资来自国家统计局人口和就业统计司、人力资源和社会保障部规划财务司《中国劳动统计年鉴》（历年），中国统计出版社；农民工月工资来自国家统计局农村社会经济调查司《中国农村住户调查年鉴》（历年），中国统计出版社。

劳动力无限供给这个二元经济基本性质的改变，以及改革开放时期中国经济发展所充分享受的人口红利逐渐消失，并非仅仅从劳动力供给制约的意义上负面影响经济增长速度，还表现为劳动力素质（人力资本）改善的速度减慢、资本回报率下降、全要素生产率增长减速等降低潜在增长率的效果。实际上，工资水平的提高并不必然意味着影响比较优势，从而导致竞争力的降低。影响比较优势和竞争力的因素是单位劳动成本，即工资与劳动生产率的比率。一个直接的关系是，GDP增长在多大程度上受劳动力数量增长的制约，其实取决于劳动生产率增长速度。换句话说，即使劳动力数量不再增长，如果劳动生产率提高的速度能够抵消劳动力短缺从而成本提高的效果，比较优势尚可保持，经济增长仍然能够维持期望的速度。

劳动生产率的提高有三个主要的来源。第一，资本劳动比的提高。随着劳动力成本的提高，资本替代劳动或机器换人必然发生。但是，这种替代因受到资本报酬递减规律的制约，不可能一蹴而就。如果劳动者素质不能适应操控机器的要求，资本替代劳动则得不偿失。第二，人力资本的改善。操作工人素质的提升以及工程师比重的提高，是较少数量的劳动者操作更多机器设备的必要条件，因此，如果缺乏更高技能、技能更新能力以及创造力的高素质劳动者，资本替代劳动的过程难以达到预期的效果。第三，全要素生产率的提高。通过应用新技术、推动创新和改善资源配置，获得全要素生产率的提高，是劳动生产率最根本、可持续的源泉，涉及创造竞争环境等体制改革。

我们在分解1978—2010年中国GDP增长的影响因素时发现，物质资本积累的贡献率是73.7%，劳动力数量为7.1%，工人的受教育水平（人力资本）为4.2%，人口抚养比为6.7%，全要素生产率为15%（Cai and Zhao，2012）。从这个结果看，人力资本贡献似乎并不像想象的那么大。其实，其他旨在解释中国经济增长因素的研究也显示了类似的结果。对此有两点需要特别说明。

其一，前引估算没有把教育质量考虑在内，因而低估了教育对经济增长的贡献率。经济学家马纽利等最新的研究表明，一旦把教育的质量考虑在内，人力资本便可以成为一个更加完整且充分的解释变量，其产生的促进经济增长的作用，从统计结果上看则大幅度提高，甚至比生产率提高的贡献还大（Manuelli and Seshadri，2005）。

其二，人力资本对经济增长的贡献将越来越重要。在上述分解的经济增长因素中，随着人口老龄化导致的储蓄率下降以及资本边际报酬率下降，物质资本积累贡献将日益式微，而人口转变趋势必然使劳动力数量和人口抚养比的贡献成为负数，唯一可持续从而必须仰仗的增长源泉，则是人力资本积累和全要素生产率的提高。

例如，约翰·沃利等（Whalley and Zhao，2010）估计的人力资本贡献率就要高得多。他们采用新古典式的增长账户方法估计的结果表明，1978—2008 年，在物质资本存量、劳动力、用受教育年限衡量的人力资本存量和全要素生产率诸因素中，人力资本贡献率为 11.7%；而在考虑了不同教育水平所具有的不同生产率的情况下，他们估计的人力资本贡献率提高到 38%。约翰·沃利等以及其他学者的研究还指出，人力资本积累不仅对中国的经济增长发挥了重要作用，而且对全要素生产率的不良表现具有抵消效果。

人口红利消失的一个被忽略的表现，是人力资本改善的速度明显减慢。中国作为一个人口转变和经济社会发展进程都显现超常规跨越的国家，人力资本存量的改善主要依靠新成长劳动力的不断进入。在改革开放时期分别经历了普及九年制义务教育和高等学校扩大招生这样的超常规教育发展的情况下，新成长劳动力以其更高的受教育年限显著地改善了劳动力整体的人力资本。然而，随着新成长劳动力数量变成负增长，人力资本改善速度必然要放慢。

把各级各类教育阶段的辍学和毕业未升学人数进行加总，其实就是所谓的新成长劳动力。根据人口预测数据，这个人口群体从 2014 年开始负增长，如果教育发展状况没有明显的变化，按照趋势，新成长劳动力的平均受教育年限增长速度也将陷入徘徊，甚至在 2019 年之后形成负增长。相应地，每年新增人力资本总量（新成长劳动力数量乘以这个群体的平均受教育年限）将呈现负增长趋势，总规模迅速缩小。

中国经济并没有由于在 2004 年遭遇劳动力短缺，从而到达其刘易斯转折点之际立即减速，主要有两个原因。首先，在劳动力短缺出现，特别是 2010 年之后 15—59 岁劳动年龄人口负增长的情况下，由于劳动参与率略有提高，经济活动人口仍然保持一定的增长。人口预测表明，直到 2017 年，经济活动人口才达到峰值，此后进入负增长。其次，在一段时期内，劳动生产率提高速度仍然快于工资上涨速度，并且后者带

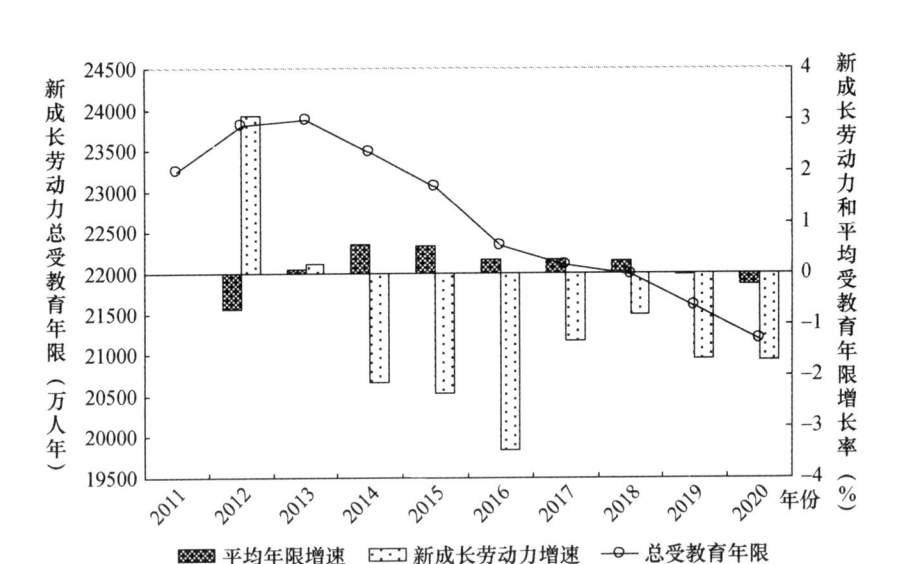

有补偿历史欠债的性质,因此,单位劳动成本没有明显提高。

图 5-2 新成长劳动力和人力资本增量

资料来源:作者根据郭振威对中国人口年龄结构的预测计算。

然而,进入 21 世纪第二个十年后,劳动生产率提高速度出现了明显的降低。根据世界大型企业联合会(The Conference Board, 2015)最新数据,中国劳动生产率的平均增长率,从 2007—2012 年的 9.5%,下降到 2012 年和 2013 年的 7.3% 以及 2014 年的 7%。劳动生产率提高滞后于工资上涨的新趋势,则导致单位劳动成本的上升。都阳(2014)的估算表明,由于工资的上涨速度快于劳动生产率的提高,中国制造业的单位劳动力成本自 2004 年开始即呈提高趋势,在 2004—2012 年期间提高了 40%。

虽然笔者并不认为中国经济减速是金融危机后全球经济处于"新平庸"态势下的需求因素所致,但是,在特定时期疲弱的外需,的确为发展阶段变化导致减速的必然性追加了额外的紧迫性。以劳动密集型产品的比较优势变化为例。虽然劳动力短缺从而工资成本高企,降低了这类产业的比较优势从而降低了国际竞争力,然而,由于潜在的国际竞争者(如具有人口年龄结构优势的发展中国家)短期内难以在劳动者素质方面与中国工人相匹敌,也无法形成足够的供给规模替代"中国制造"，因此，中国产品的比较优势本来可以在一定时期内得以保持，减速本可以逐渐发生。而金融危机及其复苏乏力使得这个"缓冲期"大大缩短，加速减速的现实使结构调整的要求更加时不我待。

三 人力资本积累与机器人技术赛跑

英国《金融时报》记录了一位美国工厂主的经历（Fleming and Giles，2015）。这位企业家指点着自己的工厂车间说，这些制造过程以往都是在中国进行的，由于使用了机器人，我们将其从中国偷了回来，变成了美国制造。这与美国经济以及就业复苏的整体画面是一致的。诺贝尔经济学奖获得者斯宾塞曾经发现，1990—2008 年期间美国就业增量几乎全部来自非贸易部门，而贸易部门的中低端岗位流到了新兴经济体，由此他得出结论，正是产业外包摧毁了美国经济（Spence and Hlatshwayo，2011）。然而，一方面由于自动化和机器人的快速发展，另一方面由于中国劳动力成本的上升，无疑使一些制造业已经回流到美国。虽然这个过程没有把预期的就业岗位带回美国，但无疑会实质性减少中国工人的就业岗位。

这幅图画的另一面则是中国非熟练劳动者面临的机器换人挑战。表面看，机器替代劳动者似乎是自然而然的过程，也不会冲击中国的劳动力市场。那么，挑战何在呢？中国在进入并适应经济发展新常态的过程中，必然产生两种与人力资源相关的变化，一是劳动力成本的不断提高会诱导出资本替代劳动的倾向，减少低端就业岗位；二是转向创新驱动的迫切性提出更高的人力资本要求，增加较高端就业岗位。在当今世界科技发展趋势下，上述变化给中国带来特别的挑战。传统意义上的资本替代劳动，机器设备替代劳动者也好，老一代机器人替代劳动者也好，由于资本报酬递减律的作用，过程通常是缓慢的和渐进的，以便与劳动者素质的提高相适应。但是，新一代机器人把物质资本与人力资本融合到一起，把操作技能与认知能力结合于一身，既必然替代操作一线的劳动密集型工人，也将逐渐替代智力密集型劳动者，因而打破了资本报酬递减律。由于指挥机器人工作的芯片更新速度远远快于工人技能的转换，因此，替代的来临和实现速度将大大快于以往。

2014年中国取代了日本成为世界机器人第一大市场，进口量和生产量的增长也方兴未艾。据媒体报道，广东省政府宣布斥资9430亿元在未来三年推动包括"机器换人"在内的技术改造（参见广东省人民政府，2015）。假设目前珠三角地区一线工人年工资为5万元，政府预计投入的资金量足够雇用1886万人，即使按照春节后最大用工缺口量60万人算，也可以帮助满足未来三年的劳动力缺口了。可见，这个雄心勃勃的投入计划背后，一定是在遭遇刻骨铭心的"瓶颈"制约的情况下，有着以下更加强烈的动机和更加长远的预期。

首先，多年招工难和劳动力成本提高的困扰。2004年中国最早显现的民工荒就发生在珠江三角洲地区，此后遭受劳动力短缺和工资成本上升最严峻的也是这个地区的广大外向型制造业企业。据报道，东莞市的人工成本已经比东南亚高10倍（搜狐网，2015）。渣打银行的调查显示，广东省位于珠江三角洲地区的9个城市，以占全国0.6%的面积和4.2%的人口，创造了27%的出口，吸引了20%的外商和港澳台直接投资（Lau et al.，2015），所以这个地区的情况足以代表中国外向型制造业的困境。

其次，机器人技术突飞猛进发展的激励。传统的机器人本质上仍然是机器，但是，新一代机器人有了学习能力，在智能上已经、正在并将继续取得更大、更快的进步。目前，已经可以看到或者可以预期的机器人应用，已经远远超过了以往人们的想象，包括各种机械的普通操作到复杂操作、无人机上门送货和看管作物、自动驾驶汽车和拖拉机、医疗护理到复杂的手术，新一代机器人几乎无所不能。更重要的是，当产品更新换代、产业升级要求劳动者技能升级转换时，给机器人重新编程远比对人员进行培训要快速高效（《参考消息》，2015），因此，机器人换人的时间可能比任何人预期的都要来得早。其实，这还仅仅是我们可以观察到的经验。继摩尔定律和库伯定律之后，与人工智能相联系的科兹威尔定律，指出了技术变化具有的指数增长性质（Kurzweil，2001），而新一代机器人技术的发展将是这一定律作用的完美体现。

最后，制造业行业愈演愈烈的国际竞争压力。在中国加速老龄化从而丧失人口红利的同时，许多发展中国家还将在数十年中享受劳动年龄人口增长、人口抚养比下降所带来的人口红利。这就是为什么国际上许多经济学家预测印度经济增长速度将超过中国，成为增长速度最快的人口大国的依据。不过，我们在承认竞争压力的同时，也应该看到问题并不是如此简单。如果仅仅是人口因素起作用决定经济增长速度的话，诸如印度和非洲这些具有年轻型人口结构的国家，在劳动者的教育水平上与中国仍然保持着巨大的差距，短期内难以赶超。例如，在35岁这个年龄段上，印度人口的平均受教育年限（5.4年）比中国（8.8年）低38.7%。按照教育的发展规律，这个差距不是短期内可以得到填补的。

真正的竞争来自处于技术创新前沿、具有明显人力资本优势的发达国家。因为按照预期，机器人的发展及其成本的降低，将迅速消除任何国家享有的单位劳动成本优势，缩小国家之间在这方面的差异。换句话说，是科技创新能力和劳动力素质，而不是劳动力数量和工资水平，决定未来的制造业配置版图。同样在35岁这个年龄段上，中国人口的平均受教育年限与美国（14.2年）的差距，与高出印度的幅度是一样的。所以，中国面临的挑战，归根结底不是那些劳动力成本低廉的发展中国家夺得就业岗位，而是面临着人力资本积累与机器人技术的赛跑。能否赢得这场竞赛，取决于人力资本改善的速度。

不仅如此，发达国家如美国的经验教训表明，不能在人力资本积累上赢得竞赛，还会导致社会风险。在一个全球化加互联网和机器人的新时代，新技术提高了对劳动者创造力和技能的需求，一方面大幅度提高受教育程度高的劳动者收入，另一方面减少了低端劳动者的就业岗位，从而降低其家庭收入，结果正如在美国过去二三十年中所看到的，贫困家庭未能相应地在全球化和新技术革命中获益，收入分配状况恶化，基尼系数攀升。目前，中国社会的收入分配已经进入逐渐改善的轨道，2009年以来城乡收入差距和基尼系数均呈现降低趋势。然而，短短几年的走势，尚不足以证明中国已经到达收入分配改善的库兹涅茨转折点，因此，一旦不能在教育领域打牢必要且坚实的基础，未来收入差距扩大的危险仍然是存在的。

四 "大众创业、万众创新"需要的人力资本

酝酿中（如果尚不能说正在发生着）的新技术革命，其方向并非像新老卢德主义者（Luddite）所担忧的那样成为非熟练工人和熟练工

人的梦魇，也就是说，新技术与新的就业形态的结合，本质上并不必然使广大劳动者群体无一例外地成为受损者。互联网特别是移动互联网所具有的零边际成本性质（里夫金，2014），使得千千万万劳动者得以实现按需就业，从而成为新技术革命的分享者，相应地，经济形态越来越具有分享型的特征，从而带来降低收入不平等的一缕曙光。更准确地说，技术变迁能否有利于经济发展成果的分享，归根结底取决于劳动力市场如何做出反应，以及政府政策如何予以应对。与教育、培训和"干中学"相联系的人力资本积累是做出正确应对的关键领域。

顺应新技术及其创造的新经济模式，中国政府大力倡导"大众创业、万众创新"战略，既为全体人民分享新技术革命的成果搭建舞台，也对参与者的人力资本提出更高的要求。下面，我们从人力资本理论和实践出发，根据新技术、新业态以及新型就业形态的特点，阐述拥抱这一"大众创业、万众创新"战略所需要的人力资本特点，及其对教育发展的启示。

教育的目标之一无疑是培养劳动者技能。技能培养既通过着眼于认知能力的基础教育，也通过职业教育和培训来进行，所以，在一定程度上，受教育年限也可以作为技能的代理指标。随着产业结构的升级优化，对劳动者技能的新需求，也就意味着对劳动年龄人口的受教育水平提出更高的要求。目前，劳动力市场上对非熟练劳动者的需求比较强劲，形成不鼓励家庭和个人对教育进行投资的信号，产生人力资本积累的负激励。这一情形不仅制约当前的技能发展，也凸显出未来的潜在人力资本危机。

从农业转移劳动力的教育水平看。根据调查数据，目前农民工的平均受教育年限是9.6年。这个人力资本状况使他们恰好适应于第二产业的劳动密集型岗位（要求劳动者有9.1年的受教育年限），以及第三产业的劳动密集型岗位（要求劳动者有9.6年的受教育年限）。但是，未来中国经济的变化趋势是，经济增长速度减慢而产业结构调整速度加快。按照目前岗位对人力资本的要求，第二产业的资本密集型岗位是10.4年，第三产业的技术密集型岗位是13.3年。如果未来的产业变化趋势是岗位的资本密集型和技术密集型程度显著提高，则可以预见，农民工的受教育程度，尚不足以支撑他们转向这些新岗位。

从大学生的人力资本匹配情况看。大学毕业生就业难的一个重要原因是这个劳动者群体的就业领域十分狭窄。把中国和美国拥有大专以上学历劳动者的行业分布进行比较，我们发现，中国具有大专以上学历者过度集中在金融、信息、教育卫生和公共管理等行业，在这几个行业中，大学生比重甚至高于美国。而那些直接生产性行业中的大学毕业生就业比重，中国比美国要低很多。例如，在农业中的大学生就业比重，中国是 0.6%，美国则高达 24.6%；在制造业中大学生比重，中国为 10.3%，美国为 30.0%；在交通业中的大学生比重，中国为 10.8%，美国为 27.1%；在商业、贸易、餐饮和旅游业中的大学生比重，中国为 11%，美国为 28.6%（胡瑞文等，2013）。

这并不是说，我们现在应该鼓励大学毕业生进入这些实体经济部门，并且可以预期产生效果。其实，高学历者在上述行业就业的比重低，是因为这些行业还相对处于价值链的低端，对大学毕业生需求并不大。然而，一个国家越是在人力资本条件上做足准备，越是能够尽早克服"索洛悖论"①，早日拥抱新技术的广泛应用，并带动新一轮经济增长。可以充分预见的是，未来这些部门的产业升级必然要求更高的人力资本，中国高等教育发展能否满足这种需求，取决于我们今天的选择是否富有预见。

在技能之外，教育更重要的作用是培养人们的认知能力。作为创造者或者创造性劳动者，人们需要具备一种能力，通过大脑的思维对获得的信息进行加工、储存和提取，从而掌握事物的构成、性能和相互关系，以及各种相关的规律。因此，教育不仅灌输知识，还要培养受教育者的观察力、记忆力、想象力和注意力，使他们未来能够自觉掌握新的知识，并善于将其转化为创意和技能。很显然，旨在灌输知识和技能以及以应试为目的的教育模式，在培养认知能力方面往往捉襟见肘。这同时也说明，职业教育固然要发展，但不能以其取代通识教育。

在一个知识经济的时代，产业结构变化异常迅速，因而特定的专用技能会迅速失效。许多发达国家的经验表明，目前热门的岗位及其技

---

① 经济学家一度观察到，信息技术的发展并没有及时带来生产率的相应提高（参见 Brynjolfsson，1993）。这个悖论也可以广义地理解为，新技术的发展与其本应带来的经济增长之间，并不存在自然而然的因果性促进关系，或者这种关系存在着一定的时滞，因此，需要创造必要的条件才能实现这种关系。

能，在二三十年前尚不存在，因而在职业学校也学不到。然而，具备认知能力的劳动者则更加善于掌握新的技能，不至于被劳动力市场淘汰。因此，即使当前的劳动力市场信号不利于家庭加大投入，延长子女接受普通教育的年限，但从更长远的发展看，那些接受更多教育特别是接受高等教育的个人和家庭终究会胜出。例如，虽然青年就业难和失业率高是世界性现象，但各国的情况都表明，具有大学及以上学历的劳动者，不仅失业率更低，而且长期来看工资上涨得也更快，从而更容易成为中等收入群体中的一员。

此外，教育越来越具有培养人们非认知能力的功能，而这主要在于儿童早期发展阶段。非认知能力包括情感健康、社会适应性和人际沟通能力等。如果简单地说，认知能力可以用"智商"反映的话，非认知能力则更属于"情商"的范畴。詹姆斯·海克曼教授长期关注儿童早期教育，就是着眼于诸如精神是否健康、有没有毅力、能否集中注意力、是不是自信等能力，这些被认为是一种重要的"软技能"，帮助孩子在学校取得更好的成绩，帮助成年人在社会上取得成功（刘丽波，2012）。更重要的是，新一代机器人已经不仅能够替代技能，而且能够替代认知能力，而至少从目前来看，非认知能力是人类特有的优势之一，机器人在一定时期内尚望尘莫及。

在经济发展新常态下实现"大众创业、万众创新"，需要通过教育发展从上述三个方面全面培养人力资本，因而需要了解各自的教育规律和经济学含义。大量取得共识的研究结果表明，在教育必须培养的这三种能力中，职业教育和职业培训提供的技能培养，具有私人回报率最高、社会回报率相对低以及市场外部性相对小的特点；与之相比，普通学校教育培养的认知能力，社会回报率提高，外部性增大，私人回报率相对降低；而主要靠儿童早期发展和学前教育培养的非认知能力，则具有最高的社会回报率，最显著的外部性，相对小的私人回报率（Carneiro and Heckman，2003）。因此，经济学家按照社会回报率排列，得出"学前教育——义务教育——高等教育——职业培训"这样的顺序。毋庸置疑，政府投入的优先序也应据此排列。

在关于人力资本回报率的认识上，长期以来存在着一个误区，就是把教育的私人回报率当作投入的收益指标，并把教育的激励机制建立在其基础之上。其实，教育的社会回报率是更根本、更具分享性的回报，

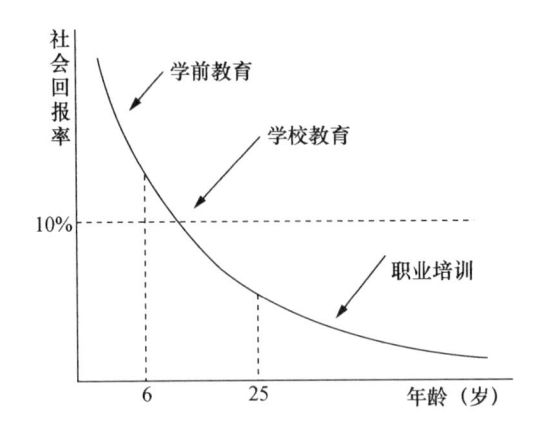

图 5-3 各级各类教育的社会回报率排序

资料来源：Carneiro and Heckman, 2003.

而且，由于教育的外部性特点，劳动力市场信号倾向于忽略甚至掩盖这一性质，常常不能把社会回报率信号转化为教育激励。最新的研究已经证明上述认识的误导性。早在20世纪90年代初，后来的诺贝尔经济学奖获得者詹姆斯·海克曼，就曾向当时的助理财政部长劳伦斯·萨默斯游说，呼吁政府确保贫困家庭3—4岁儿童的教育机会，指出这个政策建议并不是某种善良而含糊其词的愿望，而是一项讲求实际的投资，能够以减少社会福利支出、降低犯罪率以及增加税收的形式带来实实在在的回报。

五 教育发展可持续性与改革方向

经济学家青木昌彦（Aoki，2012）从东亚经济发展的经验中发现，任何国家和地区在经历了一个政府主导的、以库兹涅茨式的结构调整为特征的经济发展阶段之后，都必然进入到一个由人力资本驱动的经济发展阶段。他这里表达的这个阶段性转折，正是我们所称的刘易斯转折点。在产业结构调整的过程中，人力资本的作用至关重要、不可或缺，而未来人力资本仍将是经济持续增长的重要源泉。

我们通过计量模型估算出，通过教育和培训的可行发展，从而实现整体人力资本水平的特定提高，可以在未来为中国额外贡献大约 0.1 个百分点的潜在增长率（Lu and Cai，2014）。这个贡献幅度对于一个能够实现两位数增长的经济体来说，似乎微不足道，但是对于旨在努力维持一个中高速增长，避免过早陷入中速甚至中低速增长的中国经济发展新常态来说，却不是一个可以忽略的数字。而且，这里所说的还仅仅是人力资本的数量。正如前引的一项研究所示，加入教育质量后，人力资本对经济增长的作用会显著提高，比生产率的贡献还要突出（Manuelli and Seshadri，2005）。

可见，中国面临的紧迫任务是如何显著提高教育数量和教育质量，依靠人力资本积累保持经济长期可持续增长。从数量上提升教育水平，关键是增加新一代劳动者的受教育年限。一般来说，在义务教育入学率达到很高的情况下，继续大幅度提高受教育年限难度明显加大，必须依靠大幅提高学前教育、高中教育和高等教育的普及程度。提高教育质量的关键则在于以何种教育模式，以怎样的效率，教授学生哪些知识和能力。无论是数量还是质量，教育发展必须依靠改革。

提高学前教育、高中教育和高等教育的普及程度，面临着一些显而易见的认识障碍和政策障碍，由此形成教育数量发展的困境。我们可以从此出发，寻求问题的答案从而提出应对政策。这方面的一个障碍是，城乡之间、地区之间和居民之间存在着较大的收入水平和教育供给上的差距，义务教育阶段后教育家庭负担的直接支出绝对水平和比重仍然较高，低收入家庭承受力不足。而且，农民工工资上涨的趋势造成接受教育的机会成本不断上升，家庭对子女读书的成本收益账算下来，不利于教育的扩大。当出现劳动力市场失灵或者教育回报率悖论时，增加义务教育年限，如把目前的 9 年义务教育向前（学前教育）、向后（高中教育）分别延伸 3 年，从而扩大政府埋单的范围，无疑是一个解决办法。但是，在面对诸多有关增加民生支出选项的情况下，政府的决策会游移不定，尤其会提出一个问题：中国是否到了把学前教育和高中教育纳入免费的义务教育的发展阶段。

的确，许多发达国家也尚未把义务教育扩大到这个程度。不过，考虑到中国经济发展的特点，可以帮助我们理解在教育上超越发达国家的必要性。其一，不同于以新古典方式增长的发达国家，中国经济发展是在二元经济条件下的赶超，既可以实现快于前者的增长速度，也会在刘易斯转折点出现之后、进入新古典增长（从而提高收入阶段）之前，以明显的幅度减速。为了防止经济增长速度的一路下滑，乃至陷入中等收入陷阱，中国的教育必须保持尽可能快的发展。其二，中国未富先老的人口特征反映在劳动力市场上，则是显现出更为强烈的教育负激励，要打破这种市场失灵，唯一的出路是政府的介入，即加大公共投入规模和比重，实现教育的超前发展。

接下来的难题在于，政府增加投入的钱从哪儿来？2012年以来，中国政府对教育的公共投入已经超过 GDP 的 4%，按照国际标准，这也是一个较高的水平了。随着人均收入水平的提高，进一步提高该比重固然也是需要的，但是，更可行而且更为合理的途径则是改革投入的机制，调整投入的结构，提高投入产出效益。目前，人们普遍观察到，在城乡之间、地区之间和各级各类教育之间，政府教育投入的分布存在着不均等的现象，往往从公平性角度予以批评，殊不知这种不均衡的资源配置同样是缺乏效率的（Heckman，2005）。因此，一方面把公共教育资源优先用于贫困地区、农村地区和贫困家庭；另一方面按照"学前教育——义务教育——高等教育——职业培训"的社会回报率重新确定政策优先序，作为配置公共教育资源的原则，既可以缩小能力从而缩小收入差价，防止贫困的代际传递，也可以显著提高资源效率，解决投入不足的问题。

如果把教育看作是一个培养人力资本的生产过程，根据不同阶段和不同类别的外部性特点，教育质量的提高有不尽相同的途径。对于义务教育阶段来说，实现资源更加均等的配置，可以通过消除资源不足环节的"瓶颈"约束，通过资源重新配置改善整体教育效率，增加人力资本产出。义务教育阶段是为终身学习打好基础，形成城乡之间和不同收入家庭之间孩子的同等"起跑线"的关键，政府应该切实降低义务教育阶段家庭支出比例，巩固和提高义务教育完成率，而通过把学前教育纳入义务教育，让农村和贫困儿童不至于输在"起跑线"上，也大大有助于提高他们在小学和初中阶段的完成率，并增加继续上学的平等机会。

大幅度提高高中入学水平，推进高等教育普及率。高中与大学的入学率互相促进、互为因果。高中普及率高，有愿望上大学的人群规模就大；升入大学的机会多，也对上高中构成较大的激励。目前政府预算内经费的支出比重，在高中阶段较低，对于农村特别是贫困农村地区来说，家庭在高中阶段的支出负担过重，加上机会成本大和考大学成功率低的因素，使得这个教育阶段成为未来教育发展的"瓶颈"。因此，从继续快速推进高等教育普及化着眼，政府应该尽快推动高中阶段免费教育（即使不是义务教育的话）。相对而言，高等教育应该进一步发挥社会办学和家庭投入的积极性。

正如具有充分竞争市场的产品，其质量的保证终究要靠竞争一样，高等教育质量的提高也要靠竞争取得。这就要求推进一系列教育体制的改革，以创造充分而公平的竞争环境。发达国家的大学能够培养出适应知识经济需求的人才，也经历了长期的探索和艰难的改革。例如，在看到与美国的大学相比缺乏竞争力之后，欧洲各国大多对大学制度进行了改革，主要着眼于增强竞争、减少管制、增加自主权，以及更充分听取利益相关者的意见等（Kim，2015）。中国的教育体制改革，既有与其他国家相似的问题，也有特殊国情下形成的特殊性问题，把共性与特性合并起来分析，才能得出具有针对性的政策建议。

"我们的大学为什么培养不出杰出人才"这一著名的"钱学森之问"本身，其实道理并不艰深，每一个大学校长都能列举出种种现象，在课程设置、科研体制、教学质量，以及与劳动力市场相衔接等诸多方面提出改革的建议。但是，任何良好的愿望和完美的设计，终究需要与激励机制相容，需要靠竞争压力的倒逼机制，才能变成实际表现。阻碍中国大学竞争的特殊体制因素是大学管理的行政化，包括大学过多地依靠财政投入、把大学划分为三六九等，以及为大学本身及其管理者定出行政级别。这种导向使部分大学具有了行政垄断地位，靠行政级别和重点学校的地位，即可获得充足的事业经费，招收到优秀学生，同时却不必依靠教学质量的提高去竞争学生和社会资源。另外，那些被划入较低级别和等类的学校，则过分市场化，不顾条件一味追求满足市场需求，也没有积极性提高教学水平。

可见，教育的扩大和质量的提高，应该按照不同阶段和不同类别的特点，特别是其社会回报率和私人回报率的相对重要性，分别施策进行教育体制改革。对于那些社会回报率相对高的教育领域，公共资源配置的公平性恰恰可以保证资源使用的效率，有助于人力资本数量的扩大和质量的提高，可以作为公共品生产领域管理。而对于私人回报率相对高的教育领域，则应该通过改革矫正市场信号，搞对激励机制，加大市场筹资比重，完善竞争机制，促进教育数量和质量的双双提高。

参考文献

[1] Aoki, M. (2012), "Five Phases of Economic Development and Institutional Evolution in China, Japan and Korea", Part I, in Aoki, M., T. Kuran and G. R. Roland, eds., *Institutions and Comparative Economic Development*, Basingstoke: Palgrave Macmillan.

[2] Brynjolfsson, Erik (1993), "The Productivity Paradox of Information Technology: Review and Assessment", *Communications of the ACM*, 36 (12): 66 – 77.

[3] Cai, Fang and Lu Yang (2013), "The End of China's Demographic Dividend: The Perspective of Potential GDP Growth", in Ross Garnaut, Cai Fang, and Ligang Song (eds.), *China: A New Model for Growth and Development*, Australian National University E Press and Social Sciences Academic Press (China), pp. 55 – 74.

[4] Cai, Fang and Wen Zhao (2012), "When Demographic Dividend Disappears: Growth Sustainability of China", in Massa Aoki and Jinglian Wu (eds.), *The Chinese Economy: A New Transition*, Palgrave Macmillan, Basingstoke, pp. 75 – 90.

[5] Carneiro, Pedro and James Heckman (2003), "Human Capital Policy", in Heckman, James, A. Krueger, and B. Friedman (eds.), *Inequality in America: What Role for Human Capital Policies?* Cambridge: MIT Press, pp. 77 – 239.

[6] Eichengreen, B, D Park and K Shin (2012), "When Fast Growing Economies Slow Down: International Evidence and Implications for China", *Asian Economic Papers*, 11, pp. 42 – 87.

[7] Fleming, Sam and Chris Giles (2015), "The Waiting Game", *Financial Times*, 26 May.

[8] Heckman, James (2005), "China's Human Capital Investment", *China Economic Review*, 16 (1), 50 – 70.

[9] Kim, Jaehoon (2015), "Regulation of University Admission Quotas in Metropolitan Areas and the Competition between Universities", *KDI Focus*, No. 60.

[10] Kurzweil, Ray (2001), "The Law of Accelerating Returns", Kurzweil Accelerating Intelligence Website: http://www.kurzweilai.net/the-law-of-accelerating-returns, March 7.

[11] Lau, Kelvin et al., (2015), "PRD's pain, China and ASEAN's gain",

Global Research Special Report, Standard Chartered.

[12] Lu, Y. and F. Cai (2014), "China's Shift from the Demographic Dividend to the Reform Dividend", in L. Song, R. Garnaut and F. Cai (eds.), *Deepening Reform for China's Long Term Growth and Development*, ANU E Press, Canberra, pp. 27 – 50.

[13] Manuelli, Rodolfo E. and Ananth Seshadri (2005), "Human Capital and the Wealth of Nations", Department of Economics, University of Wisconsin, Madison, May.

[14] Pritchett, L and LH Summers (2014), "Asiaphoria Meets Regression to the Mean", NBER Working Paper No. 20573.

[15] Spence, Michael and Sandile Hlatshwayo (2011), "The Evolving Structure of the American Economy and the Employment Challenge", Maurice R. Greeberg Center for Geoeconomic Studies Working Paper, Council on Foreign Relations, May.

[16] The Conference Board (2015), Productivity Brief 2015, http://www.conference-board.org/data/economydatabase/.

[17] Whalley, John and Xiliang Zhao (2010), The Contribution of Human Capital to China's Economic Growth, NBER Working Paper, No. 16592.

[18]《机器人替代人工渐成全球趋势》,《参考消息》2015年2月12日。

[19] 都阳:《劳动力市场变化与经济增长新源泉》,《开放导报》2014年第3期。

[20] 广东省人民政府:《广东省人民政府关于印发广东省工业转型升级攻坚战三年行动计划(2015—2017年)的通知》,广东省科技厅官方网站:http://www.gdstc.gov.cn/HTML/zwgk/wscd/1427425587105 – 7597055140172415808.html。

[21] 胡瑞文等:《我国教育结构与人才供求状况》,课题报告,2013年。

[22] 杰里米·里夫金:《零边际成本社会》,中信出版社2014年版。

[23] 刘丽波:《诺贝尔经济学奖得主海克曼谈投资弱势儿童》,《公益时报》2012年11月7日。

[24] 三菱东京日联银行中国有限公司:《日本企业的对外投资动向——日本企业可能从中国全面退出吗?》,《日本经济观察》2015年第42期。

[25] 搜狐网:《"机器换人"给力,但东莞制造业还是难混》,http://mt.sohu.com/20150607/n414565573.shtml,2015。

第六章　金融改革：从十八届三中全会到五中全会

殷剑峰

（中国社会科学院金融研究所）

摘　要：与高储蓄、高投资和高经济增长的人口红利相适应，经过30多年的发展，我国的金融体系演化出了三个关键特点：第一，从配置金融资源的方式看，这是政府发挥主导作用的金融约束体系；第二，从媒介储蓄和投资的渠道看，这是（传统）银行业发挥主要作用的银行导向体系；第三，从金融体系的开放程度看，我国的金融体系依然相对封闭。这一金融体系不仅不能适应经济新常态的要求，而且正在造成潜在的系统性风险。可以看到，我国的杠杆率水平已经达到甚至超过了欧债危机国家的水平，并且，2016年的杠杆率还在上升。

在后人口红利时期，为了适应经济新常态，我国的金融体系需要从三个方面进行改革：第一，应该从政府主导的金融约束体系转向市场在配置金融资源过程中发挥决定性作用的金融自由化体系。由于金融自由化改革通常会伴随着金融风险的上升，因此，加强监管是题中应有之义。目前，分业监管的一行三会体制必须做重大改革。第二，应该从银行导向的体系转向资本市场在储蓄向投资转化过程中发挥主要作用、银行和市场相互融合的（资本）市场导向体系。我国的资本市场发展水平远远落后于发达国家甚至是人均GDP比我国低的国家（如印度），在"十三五"期间，应该加快包括股票市场、债券市场和衍生品市场的发展。第三，应该以人民币成为关键储备货币为目标，建设在国际金融体系中发挥支撑作用的开放金融体系。

上述三个方面的金融改革虽然相互依存，但其中依然存在一个改革的次序问题：金融自由化是市场导向体系形成的前提条件，而市场导向体系的形成又是建设开放金融体系的基础。除了金融改革内部存在着次序问题，在整体的经济体制改革中，金融改革与其他方面的改革也存在着次序问题。金融改革不能够拖其他改革的后腿。

金融改革的内部次序和在整体经济体制改革中金融改革的次序问题至关重要。从其他国家的经验教训看，违反这两个次序都会导致改革的失败甚至是发生严重的经济和金融危机。就我国的情况而言，正如我国近些年发生的诸多金融乱象（如杠杆率不断上升、"钱荒"、"股灾"）所示，在实体经济中政府与市场关系没有理顺之前，在其他重大改革尤其是财政体制改革没有实质启动前，金融改革不宜过度超前。就金融改革本身而言，实质性启动以市场发挥决定性作用的金融自由化改革是根除金融乱象、降低系统性风险和提高金融资源配置效率的根本举措。

与十八届三中全会提出的"完善金融市场体系"相比，金融改革在十八届五中全会《中共中央关于制定国民经济和社会发展第十三个五年规划的建议》（以下简称《建议》）中占据了更为重要的地位，改革措施也更加具体。建议稿不仅明确提出了要"加快金融体制改革"，还以专门篇幅指出要"扩大金融业双向对外开放"。可以预期，"十三五"期间的金融改革和开放将会有重大进展，整个金融体系将会有根本性的变化，与"创新、协调、绿色、开放、共享"发展理念相适应的新的金融体系将会成为推动整个经济体系转型、完成到2020年国内生产总值和城乡居民人均收入比2010年翻一番的根本保障。

一　当前我国经济和金融发展模式的主要特点

经济体系是一个由制度、规范和行为构成的巨大复杂网络，金融体系只是这个网络的一个子系统，金融体系的制度、规范和行为与经济体系其他子系统的制度、规范和行为相互交织、相互影响，因此，只有把握整个经济发展模式的基本特点，才能厘清金融体制改革的方向和重点，也才能理解金融体制改革之于经济转型的重要性。

1. 我国经济发展模式的主要特点

表6-1　　中美GDP支出结构比较（各分项占GDP比重）　　单位：%

	年份	消费	其中：居民消费	其中：政府消费	投资	其中：私人部门投资	其中：政府投资	净出口
美国	2012	84.15	68.40	15.75	19.35	15.55	3.80	-3.50
	2013	83.50	68.37	15.13	19.55	15.99	3.56	-3.05
	2014	83.13	68.40	14.73	19.92	16.49	3.43	-3.06
中国	2012	50.81	37.13	13.68	46.45	29.26	17.19	2.74
	2013	51.04	37.26	13.78	46.49	29.29	17.20	2.47
	2014	51.42	37.92	13.50	45.85	28.89	16.96	2.73

注：中国的"政府投资"包括国有企业投资和政府投资，国有企业投资根据历年固定资产完成额中国有企业所占份额估算，政府投资根据资金流量表中政府的资本形成份额估算；美国的"政府投资"包括联邦政府和州及地方政府的投资。

资料来源：CEIC。

迄今为止，我国经济发展模式有两个重要特点：第一，这是要素投入驱动型，尤其是投资驱动型的模式，即经济增长主要依靠的是要素积累尤其是高投资；第二，这是政府主导的模式，即政府在资源配置过程中发挥着主导作用。对于这两个特点，不妨将我国与我们下一个赶超目标——美国作一比较。

如表6-1所示，在美国的GDP结构中，消费占比高达80%以上，其中，居民消费接近70%，因此，美国经济是一个典型的消费驱动尤其是居民消费驱动型经济。相反，在我国的GDP结构中，消费占比只有51%左右，其中，居民消费不到38%。与美国不同，我国的投资占到GDP的近46%，因此，我国是一个典型的投资驱动型经济体。在投资中，我国的政府和国企投资又具有显著作用，两者合计占到GDP的17%左右，远远高于美国政府投资占GDP的比重。如果将政府投资（含国企）和政府消费合并，在我国的GDP中，政府经济活动的份额高达30%左右，比美国高出12个百分点左右。所以，与美国相比，我国又是一个政府主导经济活动的经济体。事实上，由于土地、矿产、金融资源等均处于政府行政管制之下，我国政府对经济的干预程度远远超过可以计算的份额（此处的30%）。

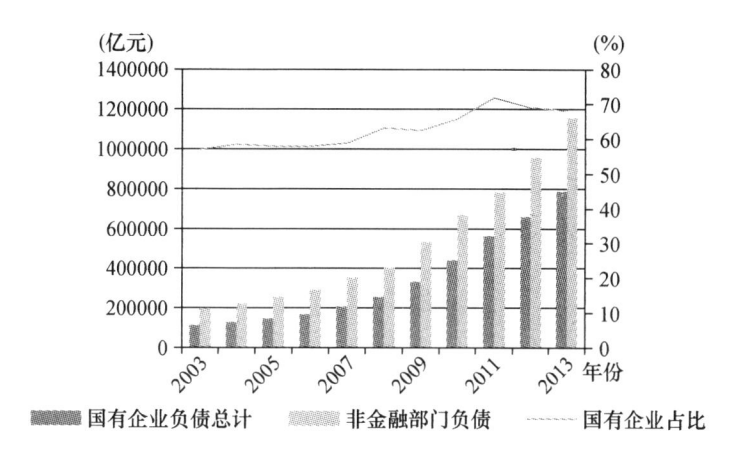

图6-1　非金融部门和国有企业存量负债及国企占比

资料来源：CEIC，中国社科院金融研究所财富管理中心。

如果说上述经济发展模式使得我国在"十二五"期间成为世界第二大经济体，那么，在"十三五"期间，为了完成GDP和人均收入比2010年翻一番的目标，接近甚至赶超世界第一大经济体，那么，这种模式必须实现转型。可以看到，在"十三五"期间，全球经济格局将继续发生深刻变化，我国能否实现较快的增长、在2020年完成翻两番的任务，就看我们是否能够从总供给、总需求、发展模式三个方面加快实施经济结构的调整。从总供给层面看，未来五年到十年我国面临的经济结构调整就是从主要依靠要素投入到主要依靠技术进步；从总需求层面看，经济结构调整就是从主要依靠投资到主要依靠消费；从经济发展模式看，经济结构调整就是从政府主导的模式转向市场发挥决定性作用的市场主导模式。

在这三个调整中，经济发展模式的调整更为重要，它决定了总供给和总需求两个层面的调整。因为过去三十年要素投入的增长模式主要依靠的是政府主导模式下政府直接和间接的资本投入，同时，在政府主导模式下，居民部门的初次分配收入和可支配收入在国民收入中的比重不断下降，居民部门收入份额的下降和投资在总需求比重的提高使得消费难以成为经济增长的拉动力量。即使在消费中，居民部门消费的比重也在不断下降，而政府部门的消费比重不断上升。

从政府主导模式向市场主导模式的转变归根结底得依靠经济体制改革。对此，十八届三中全会指出，要让市场发挥决定性作用，更好发挥政府作用。十八届五中全会在《建议》中指出，"要发挥消费对增长的基础作用"，"要发挥投资对增长的关键作用"，"要发挥对增长的促进作用"。显然，从投资驱动型模式向消费发挥基础作用的转型就必须"把发展基点放在创新上"，因为"创新是发展的第一动力"，没有技术进步支撑的消费增长是不可持续的，没有技术进步的投资是效率低下的，而激发全社会创新热潮的根本又在于发挥改革的强大动力，"健全使市场在资源配置中起决定性作用和更好发挥政府作用的制度体系"。

2. 我国金融发展模式的主要特点

金融体系是一个由金融机构、金融产品和金融市场构成的复杂网络。作为经济体系的一个子系统，金融系统的基本功能就是在不确定环境中通过储蓄向投资的转化，实现资源的跨时空配置。各国的金融体系千差万别，且都处于不断演化的动态过程中。不过，从相互比较参照的角度看，我们还是可以界定金融系统的三个本质特征：第一，金融体系的结构，即储蓄向投资转化主要是通过银行传统的存贷款业务，还是通过资本市场的投融资活动。[1] 如果是前者，则称这种系统具有银行导向的结构；如果是后者，则具有（资本）市场导向的结构。第二，金融体系跨时空配置资源的机制。根据市场和政府在资源配置过程中的作用，可以分为市场发挥决定性作用的金融自由化体制、政府发挥主导作用的金融约束体制和政府完全遏制市场的金融压制体制。第三，金融体系的开放性。在金融全球化时代，一般不会有完全封闭的金融系统，但是，基于稳定的考虑，各国对资金跨境的流动均有不同程度的管制，因此也不会有完全开放的系统。

自1978年以来，我国的金融系统一直处于不断演化的动态过程中。事实上，即使是考察2009年前后的状况，我们都能发现存在着重大的变化。不过，从上述关于金融系统的三个本质特征看，我们依然能够将

---

[1] 更多的讨论参见殷剑峰（2006）《金融结构与经济发展》。

我国的金融系统界定为以银行为主导、具有金融约束体制的（相对）封闭系统。由于这三个特征是在比较基础上产生的，因此，以下我们将对我国和其他国家做一个比较金融系统分析。

首先，从配置金融资源的机制看，与政府主导的经济发展模式相适应，在我国的金融体系中，是政府而非市场发挥着主导作用。政府的主导作用除了表现在对价格（如利率）的管制上之外，还包括对金融机构准入退出的行政管制，对金融业务和金融产品的行政管制，以及对获得金融资源主体的隐含偏好或者限制。因此，央行放开存款利率上限、推动利率市场化改革仅仅是在价格管制上有所松动，在其他行政管制方面并无变化。例如，股票市场依然是发行审批制，债券发行交易制度依然有统一和市场化改革的必要，更为重要的是，不同所有制企业在获得金融资源方面存在着差别待遇：国有企业除了在股票市场占据了半壁以上的江山之外，在包括银行贷款在内的各种债务融资方面也占据了更多的资源。在非金融部门债务融资中，国企的份额从2008年危机前的60%上升到2013年的70%。

表6-2　　　　　中美两国居民部门金融资产结构比较　　　　单位:%

中国	存款	证券	其中：股票	保险准备金	非公司股权	其他
2004年	81.72	8.42	4.93	7.82		2.04
2009年	73.17	12.17	11.53	11.25		3.41
2013年	69.67	9.61	8.47	11.95		8.77
美国	存款	证券	其中：股票	各种基金	非公司股权	其他
2004年	13.93	25.48	17.66	40.33	17.42	2.83
2009年	16.66	24.87	14.92	42.51	12.87	3.09
2013年	14.69	25.03	19.13	43.07	14.54	2.66
2014年	14.85	24.41	19.56	43.57	14.53	2.65

资料来源：CEIC。

其次，从媒介储蓄和投资的渠道看，与投资驱动的经济发展模式相适应，我国的金融体系是（传统）银行业发挥主要作用的银行导向体系，而不是资本市场发挥主要作用的市场导向体系。从居民金融资产的结构可以看到这两种体系的差异。从我国和美国的居民金融资产比重可以看到，我国居民部门以存款为主，截至2013年，存款约相当于我国居民金融资产的70%。相比之下，存款在美国居民金融资产的比重只有15%左右，证券和各种基金则占到近70%。银行导向体系有助于动员储蓄，推动大规模的房地产基建投资，但是，这种体系难以适应创新驱动的要求，难以发挥消费对增长的基础性作用。可以看到，我国居民消费率低的一个主要原因在于居民收入占国民可支配收入的份额较低，而通过资本市场获得的财产性收入又是居民收入份额低的关键原因。并且，银行导向的金融体系主要将金融资源分配给了企业部门，而不是居民部门，这种体系因而主要为生产者而不是消费者服务的。

最后，从金融体系的开放程度看，我国的金融体系依然是一个高度封闭的体系——这与我国已经成为世界第一大贸易国的地位是完全不相称的。以2014年中美资本项目做一比较，可以看到，首先，在资本项目三大子项目中，我国的证券投资项开放程度最低，我国的证券投资资产和负债分别只有GDP的2.53%和4.96%，远远低于美国的水平。实际上，我国证券投资项的开放程度甚至还低于经济落后于我国的印度。其次，从直接投资看，尽管我国常年成为世界第一大直接投资输入国，但存量直接投资依然落后于美国。更为重要的是，我国对外直接投资的发展速度远远落后于输入直接投资的速度，2014年我国直接投资的资产只有GDP的7%强。

表6-3　　　　2014年资本项目三大子项目余额与GDP之比　　　　单位:%

	直接投资（资产）	直接投资（负债）	其他投资（资产）	其他投资（负债）	证券投资（资产）	证券投资（负债）
中国	7.18	25.84	14.50	9.29	2.53	4.96
美国	48.15	42.10	28.66	35.94	64.69	114.33

资料来源：CEIC。

二　当前面临的金融风险

政府主导、银行导向和相对封闭的金融体系与政府主导、投资驱动的经济发展模式是相契合的。在这种经济和金融发展模式下，我们用三十多年时间走完了其他国家上百年的发展历程。但是，如今这种经济和金融发展模式正在造就潜在的、不可忽视的系统性风险。

1. 实体经济杠杆率过高

系统性风险的第一个表现就是实体经济的杠杆率过高。"十二五"期间，我国实体经济杠杆率不断攀升，偿债压力不断加大。

表6-4　　　　我国实体经济杠杆率和 M2/GDP　　　　单位：%

年份	信贷/GDP	债券/GDP	银行同业/GDP	非银行金融/GDP	总杠杆率	偿债本息/新增GDP	M2/GDP
2010	127	26	8	5	167	80	181
2011	125	27	8	6	165	89	180
2012	134	29	11	10	184	108	188
2013	143	32	13	16	203	133	195
2014	148	33	13	18	211	138	193

注："总杠杆率"为实体经济（政府、非金融企业和居民）的全部负债与GDP之比；"信贷"为境内外信贷余额，包括短期、中长期贷款余额，票据融资余额，委托贷款，融资租赁余额，其他贷款余额和境外贷款等；"债券"包括国债、地方政府债、企业债、公司债、短期融资券、中期票据等；"银行同业"指的是通过银行同业业务为实体经济提供的净信用余额；"非银行金融"指的是非银行金融机构为实体经济提供的信用余额，包括信托公司投资于基础资产、房地产和工商企业的余额，证券公司通道业务余额和保险公司债权与不动产投资计划余额；"偿债本息"是在对偿债利率、期限做出一定假设基础上计算出来的季度偿债本息额。

资料来源：国家金融和发展实验室。

表6-4显示，2014年我国实体经济的杠杆率已经达到211%——这已经达到甚至超过了欧债危机时期部分欧元区国家的杠杆率。如此之高的杠杆率带来了巨大的偿债压力：2014年，实体经济偿债本息额已经达到了新增GDP的138%。所以，在十八届三中全会中就已经指出要预防区域性和系统性金融风险，在五中全会的规划建议稿中再次强调"防止发生系统性区域性金融风险"。

2. 银行部门风险上升

由于我国的金融体系依然是以（传统）银行业为主导，因此，系统性风险主要就集聚在银行部门。根据中国银监会发布的《中国银行业运行报告》，截至2014年年末，商业银行（不含农村信用社）不良贷款余额为8426亿元，比2013年年末增加2506亿元，增幅为42.33%；不良贷款率为1.25%，比2013年年末上升0.25个百分点。

2014年年末，商业银行正常类贷款余额为64.5万亿元，占比为95.6%；关注类贷款余额为2.1万亿元，占比为3.1%。如果只看不良贷款率数据，1.25%的水平仍属温和可控区间。但稍做分析，对形势的严峻程度就会有更清晰的认识。

从动态上看，银行业信用风险持续上升且有加速迹象。从2011年9月末至今，银行业不良贷款率和不良贷款余额已经连续14个季度"双升"，不良贷款率从0.9%提高到了2014年年末的1.25%，不良贷款余额则从4078亿元上升至2014年年末的8426亿元。如果考虑到2014年中，银行业普遍加大了坏账核销力度（根据不完全统计，上市银行2014年共核销及转出不良贷款约2003.17亿元，是2013年的2倍）。如果将这部分规模计入，2014年经调整后的不良贷款余额增速有可能达到100%甚至更高。

从静态上看，不良贷款数据本身或被低估。在监管当局严控风险，以及绩效考核与资产质量高度挂钩的现实条件下，银行有一定粉饰资产质量的动机。由于五级分类方法存在模糊性，在实践中一些事实上已经形成风险的瑕疵贷款（如逾期90天以内）并未被计入不良贷款，而是被暂时归入关注类贷款。从可获得的数据看，2014年以来银行业关注类贷款占比从一季度末的2.5%快速上升到四季度末的3.1%。此外，实际操作中也有通过展期将原本可能发生的风险往后推移，从而将其暂时掩盖的情况。还需要指出的是，银监会公布的统计数据只涉及商业银行，并不包含超过2000家仍未改制的信用社，这些机构的资产质量一般会低于商业银行。综合以上因素推测，我们认为，目前的不良率数据或许被大幅低估。

从结构上看，局部地区和行业风险相对突出。分行业来看，光伏、钢铁、船舶、平板玻璃等行业不良贷款余额增加较快。而受国内投资出口增速趋缓、产能过剩压力增大、市场需求下滑等因素影响，电器机械、纺织等行业运行压力加大，煤炭、光伏、钢铁、水泥、造船等相关产业流动资金也相对较为紧张，加大了行业风险向金融领域传导的可能性。分区域来看，银行新增不良贷款分布依然主要集中在"长三角"等区域，但有逐步向其他地区蔓延的迹象。受国内外需求疲软影响，以外向型经济为主的地区小微企业普遍出现订单下降、成本上升、利率下滑等问题，民营企业特别是中小民营企业资金较为紧张，企业信用风险相对集中于民营经济发达的沿海地区。更令人担忧的是,随着风险成本显著上升,部分地区的银企关系持续恶化,愈加强化了"融资难、融资贵"的难题,短期内难有根本性解决之道。

从总体来看,尽管银行业整体的信用风险仍在可承受的范围,但由于经济结构调整远未结束,信用风险持续上升趋势在短期内很难得到扭转。上市银行陆续公布的2015年一季报也大体印证了这一点,不良贷款率和不良贷款余额仍在继续小幅攀升。我们预计这一趋势在未来一年中,还很难有根本性扭转。

3. 资产价格泡沫风险

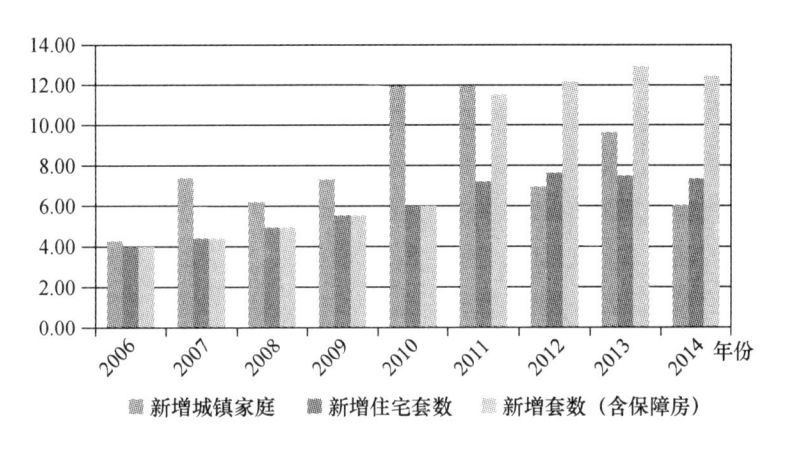

图 6-2 我国住房市场供求测算

注:"新增城镇家庭"根据新增城镇人口与城镇家庭平均户籍人口数计算。
资料来源:CEIC。

资产价格泡沫首先表现在房地产市场。我国的房地产市场虽然尚未出现日本1990年那样雪崩式的暴跌,但也在经历深刻的调整,并通过两个渠道产生通货紧缩的压力:其一,房地产市场产能过剩对房价和相关行业的价格形成长期的下行压力。2014年我国房地产销售额和销售面积同时出现了同比负增长,在过去十年中只有2008年全球金融危机爆发时才出现过。与销售额和销售面积同时下滑相伴的是房地产市场全面的过剩。如图6-2所示,从2012年开始,我国新增商品住宅的套数就超过了新增城镇家庭。如果加上保障房,则住房供给的套数已经是住宅需求套数(新增城镇家庭)的2倍多。未来房地产市场的去库存不仅将导致房价的长期萎靡，还将对房地产的前向（如钢铁和水泥行业）和后向产业（如建材和纺织行业）形成价格下降的压力。其二，房地产押品价值的下跌将形成缓慢的资产负债表式衰退，这一点尤其表现在地方政府和地方融资平台的问题上。2014年，不仅工矿仓储用地出现了30%的负增长，房地产用地也出现了同比26%的负增长。土地供应的下降将直接影响负债主体——地方融资平台的资产价值和现金流，并抬高偿债压力。

资产价格泡沫风险还体现在股市。尽管通过2015年7月以来的调整，股市已经消化了前期泡沫因素，进入较为健康的轨道，但是，我们依然有必要对7月之前的暴涨做一回顾。可以看到，2014年至2015年7月的股价上涨源于投资者对产业结构升级及各项改革的美好预期，有其合理的成分——所谓的"改革牛"，但股价上涨速度过快。以创业板市场为例，从2012年年底开始上涨，当时的创业板指数是600点，2015年6月初该指数已经接近4000点，在2年多的时间里上涨了近6倍。而且有加速上涨的趋势，2015年年初至6月初，在不到半年的时间里，创业板指数上涨165%。截至6月17日，创业板共有475只股票，平均市盈率137.62倍，深圳中小板共有759只股票，平均市盈率81.77倍。创业板和中小板的估值水平已经超过了我国股市历次牛市的最高估值水平（大约在60倍），也超过了国外科技股市场泡沫化程度达到最大限度时的估值水平。

导致股市过快上涨的一个重要因素是借钱炒股——即"杠杆牛"。借钱炒股的方式主要有三种：第一种方式是把自己的住房或其他资产抵押给银行，融得的资金投资股票；第二种方式是通过股票质押融资，即所谓的"融资融券"方式，这是一个比较规范的融资方式，透明度比较高；第三种方式是配资，这是证券经纪人私下与投资者之间的融资交易，没有法律、法规制约，属于灰色地带。很多银行资金正是通过该途径进入股票市场。所谓的"伞形信托"就是其中一种具有代表性的运作方式，它打通了银行资金进入股市的通道，将银行与证券市场之间的资金防火墙给拆除了。

我们能够看到的融资方式是第二种。2014年年初的融资余额是3000亿元，至2014年年底增加至1万亿元，2015年前5个月，融资余额已经上涨了1倍，累计余额已经超过2.2万亿元。另外证券公司的质押业务规模也已经达到7000亿元，相当一部分也进入股市。从融资炒股的规模看，截至股市暴跌之前，总数量为3万—4万亿元（其中，规范的融资业务规模为2.2万亿元，质押规模为7000亿元，配资规模约5000亿—15000亿元左右）。融资买入股票的数量已经超过实际流通市值的10%，而欧美主要股市的融资数量占股票流通市值的比例一般不超过3%。

除了杠杆过高推动股市上涨之外，还有三个教训值得深思：第一，政策层面默许甚至通过媒体主动抬高股市，从而形成所谓的"国家牛市"；第二，监管层面对于杠杆炒作没有进行实时监测，并予以及时监管；第三，最为关键的是，股市的发行和退市制度没有改革，导致一级市场供给跟不上二级市场资金流入，且二级市场垃圾股过多。

4. 长期通货紧缩

通货紧缩是当前系统性风险的集中反映。日本在20世纪90年代初以后，经历了长达十年以PPI负增长为典型特征的通货紧缩——被称作"失去的十年"。其原因之一在于资产价格泡沫破裂后经济体制改革乏力，缺乏新的经济增长点，原因之二就在于人口老龄化。自2012年以来，我国已经历了近四年的PPI负增长。在未来5—10年中，造成我国长期通货紧缩压力的因素除了经济结构转型乏力之外，就在于快速的人口老龄化。

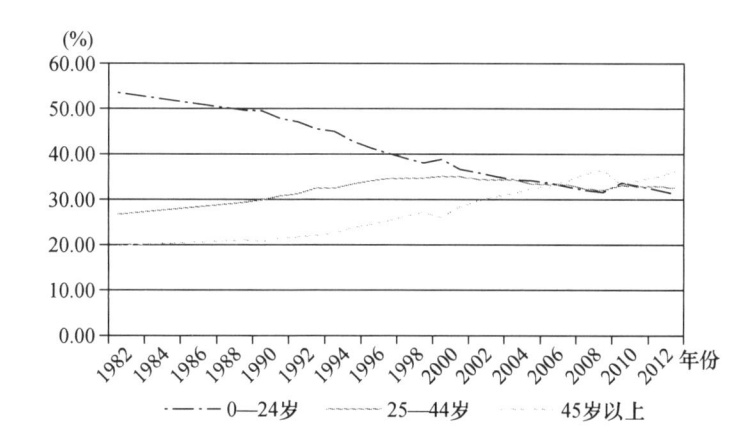

图6-3 1982—2013年我国人口年龄结构演化

注：根据国家统计局人口抽样调查数据计算。

资料来源：CEIC。

我国人口老龄化不仅发生在人均收入水平较低时期，即"未富先老"，也表现为老龄化的速度较快。1985—2007年，中国劳动年龄人口增长率为1.58%，2008—2015年下降到0.61%，根据年龄移算，2016—2020年将进一步下降到-0.4%。老龄化和劳动参与率增长速度的下降，直接导致了劳动力供给发生变化：劳动力投入增长率由1985—2007年的1.5%，下降到2008—2015年的0.36%，2016—2020年估计为-0.9%。

人口老龄化之所以会造成通货紧缩，第一是因为它会通过三个渠道压低资产价格，从而形成长期性的资产价格下跌、债务累积和通货紧缩效应：其一，随着人口老龄化，房地产市场需求下降，房地产价格下跌。其二，除了房地产之外的其他资本品需求也在下降，如交通、通信设备以及人力资本积累所需要的教育。其三，随着劳动年龄人口规模和比重的下降，资本的边际报酬也将下降。人口老龄化的第二个通缩效应是产出缺口，即总需求小于潜在产出水平。造成产出缺口的因素有两个：其一是总量因素。在私人部门投资下降的同时，人口老龄化造成的财政压力要求财政政策实施加税减支计划，这通常源于人口压力之前财政过度开支的李嘉图效应。其二是供求结构因素。由于经济供给弹性低，供给结构难以跟上需求结构的变化。随着人口老龄化，总需求的结构逐步从传统制造业向养老、医疗等服务产业转移，这就造成传统制造业的产能过剩和价格下跌，并带动整体物价水平的下跌。人口老龄化的第三个通缩效应是通缩预期，萎靡的资产价格和持续的产出缺口会将经济当事人的通胀预期扭转为通缩预期，从而进一步维持了通缩的现状。

在我国，人口老龄化的资产价格效应和供求结构缺口效应已经显现。首先，看人口老龄化对房地产市场的潜在影响。从购房的人群特征看，25岁以下一般不具有购房能力，也没有购房需求；首次购房者集中在25—44岁这个年龄段，这个年龄段的人群是住房新增需求的主要来源；45岁以上群体也会有购房行为，但这主要是改善性住房需求——这种需求不会净额增加市场需求，因为买一套房增加了需求，卖一套或者出租一套又增加了供给。值得关注的是，从2007年开始，我国45岁以上人口就超过了25—44岁人口。人口结构的这种变化，加上前述的房地产市场产能过剩，将对房地产市场带来长期的下行压力。

其次,看人口老龄化造成的供求结构失衡。由于供给弹性跟不上总需求的结构变化,不同的物价水平正在分化:其一是 CPI 和 PPI 的分化。由于 CPI 中包含制造业之外的服务业价格水平,而 PPI 主要同制造业相关,所以,在 PPI 持续下跌多年的同时,我国的 CPI 还保持在正增长状态。将这种分化与亚洲金融危机后的情况做一对比是很有意思的:在那个时期,我国尚处于人口红利阶段,因此,通货紧缩表现为 PPI 和 CPI 同时的负增长。其二是 CPI 构成成分的分化。可以看到,自 2006 年以来的十年间,服务类 CPI 的增速一直超过了非食品 CPI 和核心 CPI 的增速。

5. 外部金融冲击

外部金融冲击表现为资金大进尤其是大出对宏观经济和金融体系的巨大影响。事实上,类似于亚洲金融危机之后的情形,在此次全球金融危机后,我们已经看到资金由进变为出的逆转——这突出表现为国际收支平衡表中的"误差与遗漏"项的迅速扩大。在亚洲金融危机时期,由于资金外逃,"误差与遗漏"一直为负值,在通货紧缩严重的 1998—2000 年,"误差与遗漏"的规模甚至高达储备资产的 1—3 倍。从 2009 年开始,"误差与遗漏"再次由正转负,并逐渐扩大,2014 年的"误差与遗漏"达到了创纪录的负的 1400 亿美元。除了"误差与遗漏"之外,在资本与金融账户中,资本账户、直接投资、证券投资都是净额增加,唯有反映企业境内外借贷的其他投资是净额减少。

除了"误差与遗漏"项之外,外汇储备也开始由持续多年的增加转为减少。根据国家外汇管理局公布数据[①],剔除汇率、价格等非交易价值变动影响(下同),2015 年一季度国际储备资产减少 802 亿美元,外汇储备资产减少 795 亿美元,特别提款权及在基金组织的储备头寸减少 7 亿美元;二季度国际储备资产增加 131 亿美元,外汇储备资产增加 130 亿美元,特别提款权及在基金组织的储备头寸增加 2 亿美元(见表 6-5)。2015 年上半年中国外汇储备资产减少 665 亿美元,而 2014 年同期为增加 1486 亿美元。

---

① 从 2015 年起,国家外汇管理局按照国际货币基金组织最新国际标准《国际收支和国际投资头寸手册》(第六版)编制和发布国际收支平衡表。

表6-5　　　　　　　　2014—2015年中国国际储备资产　　　　　　单位：亿美元

项目	2014年一季度	2014年二季度	2014年三季度	2014年四季度	2015年一季度	2015年二季度
国际储备资产	1255	224	-1	-300	-802	131
货币黄金	0	0	0	0	0	0
特别提款权	1	-1	0	0	0	4
在基金组织的储备头寸	-4	-2	4	-7	-7	-2
外汇储备	1258	228	-4	-293	-795	130
其他储备资产	0	0	0	0	0	0

资料来源：国家外汇管理局。

未来5—10年，由于各国经济恢复的速度差异和宏观经济政策的差异，全球资金的流动将会更加波动不居。除了外部环境变化会加大外部金融冲击的力度之外，更大的风险来自我国过快的资本项目开放。以日本为鉴，20世纪80年代末日本之所以会发生资产价格泡沫破裂的危机和随后"失去的十年"，其原因就在于没有遵循改革开放的基本次序：实体经济体制改革、资本市场放松管制、利率和汇率自由化、资本项目开放。相反，日本在实体经济结构未调整、资本市场未发展壮大的80年代，即率先开放了资本项目，从而造成日元离岸市场与日元在岸市场之间的大规模资金套利。

目前，由于我国经济体制改革涉及存量调整和利益调整，步履艰难，而资本项目开放看起来是增量改革，没有利益冲突，故成为各方着意推动的领域。但是，如日本教训所示，可以想见，在经济体制改革停滞、实体经济结构转型艰难以及国内资本市场尚存在诸多弊端的情况下，资本项目的过快开放将成为未来重大的风险隐患。

三　以金融改革和开放推动经济转型

与市场发挥决定性作用、更好发挥政府作用的经济体制改革相适应，我国的金融体系需要从三个方面进行改革：第一，应该从政府主导金融资源配置转向市场在配置金融资源过程中发挥决定性作用。第二，应该从银行导向的体系转向资本市场在储蓄向投资转化过程中发挥主要作用、银行和市场相互融合的（资本）市场导向体系。我国的资本市场发展水平远远落后于发达国家甚至是人均 GDP 比我国低的国家（如印度），在"十三五"期间应该加快包括股票市场、债券市场和衍生品市场的发展。第三，应该以人民币成为关键储备货币为目标，建设在国际金融体系中发挥支撑作用的开放金融体系。由于金融改革开放通常会伴随着金融风险的上升，因此，加强监管是应有之义。目前，分业监管的一行三会体制必须做重大改革。

1. 十八届三中全会关于金融改革的内容

在十八届三中全会《中共中央关于全面深化改革若干重大问题的决定》（以下简称《决定》）中，直接与金融改革相关的内容仅仅是第十二条的区区 380 余字，且诸如多层次资本市场建设、利率市场化改革、人民币资本项目可兑换等内容也均为老提法。金融改革似乎并非重点，也缺乏亮点。实则不然。因为，金融体制乃整个政治经济体制的一部分，上层建筑其他部分的改革必然对之有深刻影响，且其他部分的改革也直接、间接地依赖金融体制的改革；金融体系乃整个经济体系的一部分，经济体系其他领域的结构调整必然会引发金融体系的重构，而作为"现代经济的核心"，金融体系的重构又必然会推动整个经济体系的结构调整。此次《决定》的出台实则从金融资源配置机制、金融体系结构和金融投资机遇三大方面勾勒了镶嵌于经济体制改革中的金融改革轮廓。

首先是金融资源配置方式的转变。我国当下的金融资源配置模式形成于十四届三中全会，完全成型于 2002 年第二次全国金融工作会议。在这种模式下，可以有效地动员储蓄并将储蓄配置到成熟技术的大规模投资中，并且，这种资源配置模式较为稳定有序；其坏处则在于，当经济发展到相当阶段时，它易导致储蓄过度、消费不足，且难以为蕴含新发明、新技术的风险投资配置金融资源，并且，从全球金融格局看，它也极大地约束了我国的金融软实力，从而使得我国在国际货币金融体系乃至整个国际政治经济体系中居于被支配的从属地位。对此，自 2002 年以来，虽然在历次党的文件和五年发展规划中都提出要进行金融改革，但是，并未触及资源配置这个核心。

此次《决定》开篇第一部分即直指这个核心："经济体制改革是全面深化改革的重点，核心问题是处理好政府和市场的关系，使市场在资源配置中起决定性作用和更好发挥政府作用。"在笔者看来，处理好市场与政府关系的核心又在于"更好地发挥政府的作用"。在诸多市场规则、市场体系尚未建立的现阶段，更好的政府作用应该主要体现在这三个方面：政府自身主动减少不恰当的干预（所谓的"壮士断腕"）、推动市场规则和体系建设、加强市场监管和宏观调控。政府职能的转变意味着金融约束体制将会转向金融自由化体制，而加强市场监管和宏观调控又意味着我们需要吸取此次全球金融危机的教训，建立一个防范系统性风险、区域性风险的现代金融监管体系。

其次是金融体系的结构重构。我国的金融体系结构属于银行主导型，同样形成于十四届三中全会——那次全会的文件明确指出要"发展和完善以银行融资为主的金融市场"。与金融约束体制相适应，银行主导的金融体系结构同样是要服务于经济发展之初动员储蓄、推动大规模投资这个目的。但是，与金融发达国家所具有的（资本）市场主导型金融体系相比，这种结构无法为储蓄提供多样化的投资渠道，无法将储蓄配置到新发明、新技术上，并且，信用风险和流动性风险高度集中于脆弱的银行部门。从全球格局看，（资本）市场主导而非以银行为主导的金融体系结构从来就是全球领导型国家的特征，我国当下的银行主导体系绝非实现中华复兴梦的载体。

对于金融体系的重构，《决定》第二部分有关确立和完善基本经济制度的阐述就给出了方向：从银行主导转向（资本）市场主导。这意味着在21世纪的第二个十年，资本市场将会迎来持久的牛市。在第二部分中，《决定》在明确提出保护国有和非国有经济产权的基础上，提出了要发展混合所有制，要鼓励员工持股，要鼓励有条件的非国有企业转变成混合所有制企业。许多人可能并未领会这些内容对资本市场的含义。这意味着"资本大众化"时代的来临！越来越多名为全民所有、实为少数人得福的国有企业以及越来越多在家族封闭控制下愈发步履蹒跚的私有、私营企业要成为大众持股、职业经理人管理的公众公司，越来越多的劳动者要成为资本所有者而非仅仅是银行存款人。以美国为例，自20世纪80年代里根总统推动经济自由化改革以后直至1999年，大批美国的私有、私营企业通过资本市场成为大众持股、职业经理人管理的公众公司；通过401K计划和非银行金融机构的发展，美国居民的资产组合中越来越多的是直接或者间接持有的公司股票；美国股市自

1981年到1999年连续上涨了20年！在长期的牛市中，美国经济也形成了以消费为主导、以技术进步为主要推动力的发展格局。除了基本经济制度的确立和完善之外，其他领域的改革，如土地制度、政府职能、财政体制等，也将成为推动资本市场大发展的力量。例如，我们可以预期，未来若干年中我国债券市场发展的主力军必将是地方政府直接或通过平台间接发行的一般地方政府债券和特定项目地方政府债券。

最后是全新的金融投资领域的开拓。我国的金融资源长期被配置到制造业以及过去十年中基于土地抵押的土地金融，缺乏对现代服务业的投资。缺乏金融投资是我国服务业落后的根本原因之一，但是，这并非完全是金融的过错，实则是实体经济领域政府管控过严、行政干预过甚的结果。因此，实体经济领域的改革而不是金融改革是金融资源向现代服务业配置的关键前提。

此次《决定》对现代服务业所涉主要领域放开了管控，从而为金融资源的进入创造了巨大的机遇。试举几例：在科技体制改革中，明确提出要"发展技术转移机制，改善科技型中小企业融资条件，完善风险投资机制，创新商业模式，促进科技成果资本化、产业化"；在城乡一体化和城镇化建设中，要"允许社会资本通过特许经营等方式参与城市基础设施投资和运营"；在文化体制建设上，要"建立健全现代文化市场体系……建立多层次文化产品和要素市场，鼓励金融资本、社会资本、文化资源相结合"；在医疗卫生领域，"社会资金可直接投向资源稀缺及多元需求服务领域，多种形式参与公立医院改制重组"。此外，农村集体建设性用地、耕地和农民宅基地制度的改革也将极大推动农村金融的发展，因为农村金融长期不振的根本原因实际上就是在于农民、农村和农业缺乏可以撬动金融资源、用于抵押的土地。

2. 十八届五中全会关于金融体制改革的建议

十八届五中全会《建议》指出，"发展是硬道理"，"改革是发展的强大动力"，"创新是发展第一动力"。经济发展从投资主导转向消费发挥基础作用和投资发挥关键作用，其前提是创新，创新的基础又是体制改革，即从政府主导资源配置转向市场发挥决定作用、更好发挥政府作用。如果说"十二五"期间金融体系的主要任务还是动员储蓄、推动大规模投资的话，在"十三五"期间，金融体系的首要任务就是推动创新，而转变金融体系的任务需要从根本上实施金融体制的改革。

与十八届三中全会公告只提出"完善金融市场体系"不同,《建议》明确提出要"加快金融体制改革"。金融体制改革的根本在于改变政府主导的金融资源配置机制,让市场发挥决定性作用。为此,《建议》除了继续指出要"推进汇率和利率市场化"之外,还特别提出了"推进股票和债券发行交易制度改革"。我们知道,在十八届三中全会公告中只有关于股票注册制的改革。十八届五中全会同时提及股票和债券,意味着股票市场和债券市场两大资本市场的改革问题将同时摆到议事日程上来,尤其是长期处于发行、交易分割状态的债券市场将得到统一。

金融资源配置机制的转变不仅涉及金融体制改革的问题,而且取决于经济体制改革的其他方面,尤其是涉及金融资源的主要获得者——国有企业和地方政府的改革。转型经济学告诉我们,如果借款人存在软预算约束,仅仅靠金融体制改革,如利率市场化并不能提高金融资源的配置效率,甚至会使得软预算约束问题更加恶化。《建议》提出要"完善各类国有资产管理机制,以管资本为主加强国有资产监管",可以预期,"十三五"期间国企将逐步改变政企不分的状况,成为真正的市场经济主体。就地方政府而言,《建议》提出在深化财税体制改革的基础上,"建立规范的地方政府举债融资机制"。

市场发挥决定性作用的金融资源配置机制将为整个金融体系从传统银行主导向资本市场主导转变奠定基础。《建议》指出,要"健全商业性金融、开发性金融、政策性金融、合作性金融分工合理、相互补充的金融机构体系",要"积极培育公开透明、健康发展的资本市场","要提高直接融资的比重"。风清气正将提高股市的吸引力,预期"十三五"期间我国居民资产组合从存款向股市的转移将会有较大起色。目前股市34万亿元流通市值中大约只有10万亿元为居民部门持有,随着居民资产组合的调整,特别是在协调、共享理念下,居民部门收入占国民收入比重不断提高,"十三五"期间居民部门再增加10万亿元股票持有并非不可能。随着股市注册制的实施、居民资产组合的调整,以及包括职业年金、企业年金、商业养老保险等养老保障制度和其他配套制度的建立完善,股票供求两个方面都将推动我国股市市值和上市公司企业数量的增加。如表6-6所示,在"十二五"期间我国上市公司数量只有美国的一半,市值只有美国的20%多。与2020年收入翻番的目标相匹配，在"十三五"期间，上市公司数量和市值的翻番也并非不可期待。

表6-6　　　　　　　　　　中美股市比较

	年份	2010	2011	2012	2013	2014
股市市值（十亿美元）	美国	17283.45	15640.71	18668.33	24034.85	26330.59
	中国大陆	4027.84	3412.11	3697.38	3949.14	6004.95
上市公司数量（家）	美国	4279	4171	4102	4180	4369
	中国大陆	2063	2342	2494	2489	2613

资料来源：CEIC。

除了股市之外，债市也是重头戏。与股市的相对落后一样，中国的债券市场与发达国家的差距更是在数倍以上。2014年中国债券市场存量为4.8万亿美元，不到日本的1/2，略超英国的1/3，是欧洲的1/5。然而，这张表也传递了令人惊喜的信息：中国债券市场增长迅速。与英国相比，2009年中国债券存量只有其约1/5，2014年约达到1/3；与欧洲相比，2009年中国债券存量只有其约1/10，2014年约达到1/5。结合规划建议稿中关于公共投融资机制、地方政府举债融资体制和高收入债券及股债结合融资方式等的阐释，预期"十三五"期间我国债券市值翻一番、债券深化水平（目前是43%左右）可望接近全球平均水平（110%左右），这将彻底改变传统银行业一统天下的格局。

表6-7　　　　中国与发达国家（地区）的债券存量　　　单位：亿美元

报告期	美国	欧洲	英国	日本	中国
2014年	234899.85	232094.95	137800.27	102548.82	48509.89
2013年	230729.93	230849.44	148854.45	99817.16	47669.07
2012年	216175.53	223668.50	170633.92	117143.75	40722.78
2011年	198089.91	216905.68	180354.66	125998.61	34624.50
2010年	179249.85	215339.94	149993.57	116623.45	30629.612
2009年	156265.11	227400.42	135410.74	97136.04	26231.89

资料来源：CEIC和同花顺。

在市场发挥决定性作用的同时，要更好发挥政府作用。在放管结合的思想指导下，《建议》明确提出要加强金融宏观审慎管理制度建设，改革并完善金融监管框架。这部分内容较十八届三中全会公告中关于风险处置的内容有较多增加，且相对具体化，因此，为了控制系统性风险，预期"十三五"期间我国目前这种混业经营、一行三会分业监管的格局将被打破，由国务院领导、央行牵头负责的系统性风险监测和监管处置机制或将破冰起航。

最后，金融业的对外开放要跟上整个经济对外开放的步伐，并且，金融开放不再仅仅是"引进来"，还要"走出去"。为了"扩大金融业双向开放"，《建议》从三个层面提出了开放的要求：第一，与积极参加全球治理，"促进国际货币体系和国际金融监管改革"的要求相适应，金融开放是要通过有序的资本项目可兑换和推动人民币加入特别提款权，最终让人民币"成为可兑换、可自由使用货币"。与金融体制改革和资本市场发展相结合，这意味着人民币在"十三五"期间将成为国际储备货币。第二，开放的基本措施是让市场发挥决定性作用，包括外汇管理和使用的负面清单管理方式，境外投资汇兑和资金运用的放开，以及境内外资本市场投资的双向放开。因此，"十三五"期间我国资本项目的三大子项目将会显著增长，尤其是"瘸腿的"对外直接投资和双向的证券投资或将出现爆发性增长。第三，要更好发挥政府作用，即以国际收支基本平衡为目标，加强国际收支监测。这里需要注意的是，这种国际收支平衡是经常项目和资本项目合并后的平衡，如果"十三五"期间我国经常项目依然保持盈余，那么，就意味着通过资本项目输出，从而形成资本项目赤字就成了必要。换言之，资本输出将是"十三五"期间的重点。不过，"十三五"期间全球金融风险不容忽视。由于各国经济恢复的速度差异和宏观经济政策的差异，全球资金的流动和主要货币的汇率将会更加波动不居，因此，金融业的双向对外开放必然要遵循"有序"的原则。

3. 2016年需要着重加强的工作

在加快体制改革的同时，鉴于当前主要的压力和风险点是金融风险，因此，应该在保持适度宽松的宏观经济政策尤其是财政政策的同时，加强金融监管。

一是保持适度宽松的宏观政策，宏观政策（特别是货币政策）需要在去杠杆与防风险之间取得平衡，同时保持政策的稳定性和连续性。应允许适度、有序的风险暴露，以逐步消解经济周期中的正常损失以及前期遗留问题。但在此过程中，需要严防金融风险恶化和升级，适时、适度的稳增长措施，对防止风险扩散和扭转市场预期至关重要。当前稳增长重点不在于维持某个既定 GDP 增速或就业水平，而在于防止潜在金融风险升级和扩散。

二是优化金融监管政策。尤其是要进行逆周期监管创新。在信用风险上升期，加强对风险监管是题中应有之义，但过于严格的监管有可能造成银行风险规避情绪上升，加大实体经济"融资难、融资贵"的问题。而企业融资困难则会放大实体经济下滑的程度，反过来导致银行信用风险进一步上升，这就是所谓的金融监管顺周期效应。目前，在实践中，监管政策以及银行自身考核对信用风险的过度强调，事实上已经导致银行信贷偏紧，对实体经济产生了一定的负面影响。对此，我们建议监管部门借鉴国际比较成熟的经验并结合中国实际，在逆周期监管方面进行尝试和创新，在一些对银行行为有着重大影响的政策上（如存贷比、合意贷款规模、风险容忍度等），根据实体经济运行的需要，保持一定的弹性并进行动态调整。

三是完善风险分担机制。政府应考虑在适度的范围内进行创新，直接或间接地参与风险损失的分担和处置。目前，一些地方政府通过设立转贷基金和风险基金，为企业贷款展期提供便利，或直接分担部分信贷损失，一定程度上优化了企业（尤其是小微企业）的融资环境。此外，在部分风险相对突出的地区，政府还积极介入不良信贷的催收和处置，在化解地区金融风险、维护金融稳定方面，发挥了积极作用，未来应继续加强相关方面的工作。

四是加强券商对客户融资融券的风险控制，严厉禁止银行资金进入股票市场。所谓的"伞形信托"就是其中一种具有代表性的运作方式，它打通了银行资金进入股市的通道，将银行与证券市场之间的资金防火墙给拆除了。改革开放以来我国之所以没有出现系统性金融风险，最重要的经验就是守住了"银行资金不得进入股票市场"的底线。

五是增加新股供给，加快推出股票发行的注册制，同时严厉打击各种操纵股价的行为。同时，改变当前的新股发行节奏，建议以后可以每个交易日都发行新股，通过增加新股的供给来缓和股市的过热气氛。在增加新股供给的同时，逐步减少新股发行过程中的行政控制，加快推出注册制改革方案，实现新股发行制度的自然过渡。

第七章 对外金融开放的改革与排序

张 斌

(中国社会科学院世界经济与政治研究所)

摘 要：人民币汇率形成机制改革、外汇储备管理体系改革、资本项目改革和推进人民币国际化是当前中国对外金融战略当中的重点内容。本章主要讨论上述改革措施的具体方式和次序安排，主要结论如下：改革的合理次序安排是人民币汇率形成机制改革优先，近期宜采取宽幅波动的人民币汇率形成机制；外汇储备管理体系改革也应尽早推进，改革的主要内容是将部分外汇储备用于设立主权外汇养老基金，以此提高外汇储备投资收益和还汇于民；人民币国际化和进一步的资本项目开放应该放在改革进程后半段，资本项目开放以渐进试点方式推进，人民币国际化重在市场基础设施建设。

人民币汇率形成机制改革、外汇储备管理体系改革、资本项目改革和推进人民币国际化是当前中国对外金融战略当中的重点内容。改革的方向是政府给市场松绑，让市场在涉外金融活动的交易、定价和资源配置等方面发挥更大的作用。历史上诸多的惨痛教训告诉我们，市场化改革并非政府彻底放弃管制，改革的方式和步骤安排至关重要。方向正确但是方式不当的改革，或者是次序安排不合理的改革，可能导致短期内严重的市场秩序混乱，引起严重的市场动荡并以失败告终。

本章主要讨论以下几个方面的问题：①人民币汇率形成机制体制改革；②外汇储备管理体制改革；③人民币国际化和资本项目开放；④改革的次序安排。主要结论如下：改革的合理次序安排是人民币汇率形成机制改革优先，近期宜采取宽幅波动或者自由浮动的人民币汇率形成机制；外汇储备管理体系改革也应该尽早推进，改革主要内容是将部分外汇储备用于设立主权外汇养老基金，以此提高外汇储备投资收益和还汇于民；人民币国际化和进一步的资本项目开放应该放在改革进程后半段，资本项目开放以渐进试点方式推进，人民币国际化重在市场基础设施建设。

一　人民币汇率形成机制改革

自 2005 年 7 月 21 日中国人民银行宣布人民币汇率形成机制改革以来，汇率形成机制的变化可以分为三个阶段，从事实上的官方定价转为部分的市场定价。从 2005 年 7 月到 2012 年 4 月是人民币汇率形成机制改革推进的第一个阶段，在此阶段内，人民币多数时间对美元有渐进、持续的升值，全球金融危机之后的市场动荡期间人民币基本上钉住美元。从汇率形成机制角度看，货币当局控制的升值或钉住汇率体制的差异并不大，人民币汇率定价权完全由货币当局掌握，市场对汇率价格没有直接的决定作用。

从 2012 年 4 月至 2015 年 8 月 11 日是人民币汇率形成机制的第二阶段。在此阶段内，人民币汇率的定价权小部分地由市场决定。一个标志性的时间是 2012 年 4 月，即期外汇市场人民币兑美元交易价日浮动幅度由 0.5% 扩大至 1%；之后，在 2014 年 3 月，日浮动幅度由 1% 再度扩大至 2%。人民币汇率日波幅扩大之后，市场力量在人民币汇率形成中的作用开始逐步凸显，货币当局仍处于主导力量。这个期间的人民币汇率形成机制很特别。看似区间波动，但是和典型的区间波动却有显著差异。典型的区间波动要有两个要素：一是明确宣布固定的中心汇率；二是围绕中心汇率确定一定的上下波动幅度。人民币汇率与典型区间波动有所不同：其一，没有一个固定、明确的中心汇率，人民币汇率中间价并非固定不变；其二，人民币只是设定了对中间价的日波幅限制，没有更长时间的波幅限制。人民币即期汇率比中间价波动大，但是即期汇率的运动轨迹是在有限波幅内，且跟着中间价走。通过中间价管理，货币当局锁定了即期人民币汇率走势变化，实际上仍然在主导汇率走势。

2015 年 8 月 11 日至今是人民币汇率形成机制的第三阶段。2015 年 8 月 11 日央行关于人民币汇率中间价报价改革是人民币汇率形成机制改革的重大举措。中间价报价改革是货币当局向市场让渡汇率定价权的重要一步，但是迫于市场一边倒的人民币贬值压力和离岸人民币市场的巨大动荡，8 月 11 日的人民币汇率中间价改革之后货币当局采取了更大规模的数量干预措施，维持人民币汇率价格稳定。表面上看，8 月 11 日以后的人民币汇率机制下，货币当局仍保持大量干预，对人民币汇率价格保持主导性影响。但是，放弃了人民币中间价管理的外汇市场干预难度急剧增加，近期人民币汇率的稳定只是短期现象，人民币汇率形成机制正在向新机制过渡过程当中。

把货币当局完全控制下的固定汇率作为左端，完全交给市场的浮动汇率作为右端，货币当局不同程度的干预规则对应于左右两端的中间方案。左端会带来短期稳定，但积累未来的不稳定并恶化资源配置效率。右端会带来长期的稳定和优化资源配置效率，但面临不确定的过渡成本。从左端向右端的改革过程会面临不同中间方案选择，以及相应不同程度过渡成本。以下我们结合中国目前特定的国内外经济背景，分析了不同中间方案的优点和缺陷，为下一步的汇率改革提供参考。

评价不同改革方案的背景是美元加息周期，国内经济面临下行压力以及货币当局强大干预外汇市场的能力。我们主要从宏观经济管理视角展开评价，评价维度有三个：①宏观经济稳定；②资源配置效率（经济增长可持续性）；③其他领域的市场化改革和开放，比如资本市场开放、人民币国际化和为国际金融中心三位一体的建设。

方案 1：自由浮动

内容：不干预中间价，仅在极端情况下干预市场。

优点：不存在单方向货币变化预期，自主性国际收支平衡，高度货币政策独立性；改善出口和进口替代部门竞争力；汇率充分发挥跨部门资源配置的价格杠杆功能；进一步资本市场开放、人民币国际化和为国际金融中心建设奠定制度基础。

缺陷：过渡阶段可能伴随汇率大幅调整，如此会显著加重企业外债负担及物价上涨压力。

综合评价：这是改革目标，但不适合在企业面临严重货币错配和较高的外债负担、宏观经济不稳定局面下引入。

方案 2：宽幅区间浮动

内容：设定宽幅的年波动区间（比如某个交易日人民币/美元汇率上下 7.5%，或者某个交易日以篮子汇率指数为准的上下 7.5%，或者同时考虑两者），仅在触及上下限的时候货币当局使用中间价管理手段和入场干预手段。

如果货币当局有足够的市场公信力，且汇率水平没有严重大幅偏离，市场汇率会在波幅区间以内波动；即便是面临较大的贬值/升值压力，由于货币当局的公信力保障，汇率在贴近上下限附近小幅波动。

选择人民币对篮子汇率上下 7.5% 的年度波幅有一定的任意性，7% 或者 8% 亦可。选择 7.5% 主要基于以下三方面考虑：第一，波幅太小，给市场留下的空间太小，不能真正发挥市场供求的决定性力量。第二，波幅太大，可能带来严重汇率超调，对实体经济带来过度冲击。第三，曾多次经历人民币对篮子汇率年波幅超过 7.5% 的冲击（2008 年、2009 年、2010 年、2012 年、2013 年等年份中共计 16 个月的年累计升值超过 7.5%），影响在可接受范围内。

优点：自主性国际收支平衡①，较高货币政策独立性；汇率充分发挥跨部门资源配置的价格杠杆功能；进一步资本市场开放、人民币国际化和为国际金融中心建设奠定制度基础。

缺陷：过渡阶段可能伴随汇率中等幅度（贬值）调整，增加企业外债负担。

综合评价：近似于浮动汇率，收获浮动汇率优点的同时，兼顾了短期宏观经济稳定。

方案 3：频繁干预下的小幅波动，时机成熟转向 2 或者 1（爬行钉住）

3.1 规则不透明

内容：以不透明的规则，比较频繁地干预外汇市场，货币当局主导汇率变动。时机成熟转向 2 或者 1。

尽管对外界规则不透明，但是货币当局干预外汇市场需要依据和规

---

① 主要依据如下：a. 目前汇率水平偏离均衡汇率不太远，7.5% 的波幅给市场留下了较充分的压力释放空间；b. 货币当局明确的承诺和强有力的干预能力，可有效打破市场羊群效应下的贬值预期和资本外逃恶性循环。

则。基于2005年的人民币汇率形成机制改革方案和过去调控经验的干预方式是：①年累计贬值/升值幅度不超过3%；②针对篮子汇率、市场供求基本面因素（比如贸易顺差）赋予权重，有规则地依据上述因素变化调整汇率。① 其他可供参考的方式是：综合考虑年累计波动幅度限制和钉住篮子汇率；或者单纯考虑经过折扣的篮子汇率（比如完全根据篮子汇率稳定下人民币需要对美元贬值1%，但操作当中只升值0.5%）。

中间价报价改革方案出台以后，货币当局很难再像过去那样高频率地（每日）根据规则调整中间价。需要货币当局每天把汇率收盘价固定在一个根据上述规则确定的点位，并且每天引导做市商的中间价形成，这增加了货币当局干预的难度。

时机界定：企业和居民部门外债规模、外债/收入比、币种匹配情况相对合理，美联储加息带来的资本外流压力在可接受范围，市场相信央行退出外汇市场干预后不会带来汇率剧烈动荡。

优点：合理规则设计下，方向上靠近合理、均衡汇率；企业短期外债压力较小。

缺陷：单边持续小幅贬值预期[2]，资本外流＋套利交易，自主性国际收支失衡，货币当局独立性严重受损；中长期的货币错配隐患；延误资源跨部门配置；延误资本项目、货币国际化以及国际金融中心建设等。

综合评价：如果不是非常明确均衡汇率指向，付出巨大代价却鲜有收获。

3.2 规则透明

与3.1的主要区别在于货币当局公布干预规则。由于中间价报价机制改革，根据篮子货币、市场基本面因素等指标高频率调整汇率的实施困难更大。

效果上看，与3.1差别在于减少了市场对未来汇率变动的不确定预

---

① 参见张斌、李元芳、肖立晟《猜猜人民币中间价》，路透中文网。
② 打破单边贬值预期或者需要规则当中蕴含了升值机制，或者市场自发供求力量逆转。美元加息背景下，市场供求自发力量在没有通过汇率充分调整释放贬值压力以前很难自发升值，按照篮子汇率规则人民币兑美元也是贬值。规则中可以依据贸易顺差让人民币升值，但是在衰退型贸易顺差下人民币升值空间会受到市场质疑，难以扭转贬值预期。

期，有助于遏制资本外流和贬值预期之间的恶性循环。

方案4：钉住美元或者准钉住美元，时机成熟转向2或者1

内容：与方案3的主要差别在于货币当局干预下，波幅更小。

优点：没有持续贬值压力，资本流出规模有限；企业短期外债压力较小。

缺陷：自主性国际收支小幅失衡，货币当局独立性有限受损；延误资源跨部门配置；延误资本项目、货币国际化以及国际金融中心建设等。

综合评价：短期稳定，积累未来的不稳定，资源配置扭曲得不到纠正。

通过以上汇率形成机制方案比较，我们认为空间充裕的人民币浮动区间，配合更加审慎的资本项目开放节奏，再加上货币当局强大的市场影响力，市场预期和定价的人民币汇率有极大可能落在宽幅区间以内。这是走出当前汇改僵局的较为适宜的中间方案。如果宏观经济管理当局有足够的勇气彻底放弃干预，直接走向浮动汇率体制可能不失为更佳选择。

二 外汇储备管理体制改革

进入21世纪以来，中国外汇储备资产快速增长，成为国民财富的重要组成部分。中国的外汇储备资产从2000年的1655亿美元增长到目前的3.6万亿美元，外汇储备规模居世界首位。如此快速的资产膨胀对任何资产管理机构都意味着巨大挑战，对中国的外汇储备资产管理当局也不例外。过去十几年当中，中国试图调整现有的外汇储备管理构架，做出了一些小的改革尝试。但总体而言，对于远远超出传统外汇储备资产职能所需的超额外汇储备资产部分，目前还没有形成符合国情的外汇资产管理框架，不能从制度建设层面上科学管理外汇资产并惠及百姓福利。

目前对于我国外汇储备管理的认识和实际操作当中比较突出的缺陷包括：①没有细致地研究和界定外汇储备资产属性，并由此引发了一系列似是而非的讨论，在认识层面上妨碍了推进进一步的外汇储备管理体制改革；②外汇储备本金及其投资收益在政府与居民之间的再分配缺乏合理规划，缺乏相应的管理机构改革，未能充分利用外汇储备资源改善国民福利；③外汇储备资产管理目标模糊，管理机构设置存在显著缺陷。以下讨论主要针对上述三个问题。

1. 外汇储备资产能不能分

中国庞大的外汇储备资产能不能从央行中分离出来？这一问题引起了国内学术界和决策机构的广泛关注和讨论。但是迄今为止，这些讨论未能达成共识。从研究层面看，未能达成共识的原因是把外汇储备资产的资产性质，以及外汇储备资产的负债约束和外汇储备资产的职能约束等问题的讨论混为一谈。把概念细分，并结合中国情况逐一讨论，将有助于澄清问题，达成共识。

外汇储备是公共资产（Public Asset）。外汇储备是政府相关职能部门持有的国外资产。外汇储备资产与政府持有的其他资产性质类似，都是公共资产。美国、日本和英国的外汇储备资产由财政部持有，其他多数国家的外汇储备资产由中央银行持有。外汇储备资产虽然是公共资产，但并不意味着政府可以随意将外汇储备资产在政府部门或者政府支配的企业之间分配，因为外汇储备资产还面临着特定的负债约束、职能约束或者是其他约束。打个比方，警车是公共资产，但是绝大部分警车都只归警察部门使用，而不能随意地分配给政府其他部门，因为警车的使用有特定的职能约束。

外汇储备资产的管理和运用面临着不同程度的负债方约束，中国外汇储备资产的负债方约束不强。从国际经验看，通常有两种方式获取外汇储备。一种是通过发行外币债券、货币互换、向国际组织或私人金融机构借款等方式获得；另一种是使用本国货币，直接在外汇市场上购买外汇。前一种方式外汇储备资产管理方有明确的还本付息压力，对外汇储备资产的管理和运用构成了较强的约束。后一种方式外汇储备资产管理方没有明确的还本付息压力，对外汇储备资产的管理和运用有更大的自由度。中国的外汇储备来源主要是后者，管理当局对外汇储备资产管理和运用的自由度较高。

货币当局在积累外汇资产的同时，也增加了本币负债，但货币当局的本币负债不能等同于商业机构资产负债表上的负债，也不对外汇储备资产的管理和运用构成约束。对于现代中央银行，货币发行渠道带来的负债虽然计入货币当局资产负债表的负债方,但是并不构成真正意义上的负债,因为货币当局发出去的货币不可赎回。

中国的情况稍有特殊。过去十多年来,货币当局通过外汇市场干预释放了大量货币,给维持物价和资产价格稳定带来了巨大压力。为了缓解压力,货币当局在发放货币的同时,还通过提高法定准备金率、发行央行票据等形式回笼了相当一部分货币。对于商业银行持有的法定准备金、超额准备金和央行票据,货币当局支付不同程度的利息。这部分利息支付可以看作是货币当局的负债。但是,这些负债主要通过未来的新增货币发行足以应对。[①] 这些负债可以看作是持有外部储备带来的成本,但并不对外汇储备资产的管理和运用构成硬性约束。

外汇储备资产的管理和运用面临着外汇储备职能约束,中国目前的外汇储备资产规模远超出了发挥传统职能所需水平。外汇储备的传统职能包括:①干预外汇市场,以影响汇价,或维持市场的有序运行;②为国家的进口商品和劳务提供支付,特别是在该国难以获得外部融资时,从事此类支付;③支撑投资者对一国外汇支付能力的信心,从而降低金融危机的可能性,并可能减少对外融资成本;④为本国经济的有关部门如银行提供紧急的流动性(张志超,2009)。为了满足外汇储备的传统职能,外汇储备资产管理往往更加强调较高的流动性和安全性,对收益性的追求在相对次要的位置上。

在不彻底开放资本账户的前提下,中国目前的外汇储备规模超过了实现传统外汇储备职能所要求的外汇储备规模。给定中国目前的外汇储备规模,应付进口商品的外汇需求绰绰有余,偿付外债的外汇需求绰绰有余,主要的挑战是居民和企业部门突然之间要求把人民币资产(广义货币资产,即 M2)转化为外币资产带来的外汇需求。如果货币当局以渐进方式推进资本项目开放,并保持一定的汇率灵活性,对外汇储备资产的需求会大大低于中国目前的外汇储备规模。

[①] 目前,其他存款性公司在货币当局的准备金19万亿元,其中针对法定准备金支付利率1.62%,针对超额存款准备金支付利率0.72%,加权利率大概1.5%,折算下来每年利息支付2850亿元;与此同时,央行发行的债券存量1.5万亿元上下波动,按照4%的利率,每年利息支付600亿元。存款准备金利息和债券发行利息合在一起每年3450亿元左右。过去十年,每年货币当局的新增货币发行基本不少于4000亿元,因此,货币当局仅依靠每年的新增货币发行就能应付非货币债务的利息支付。

中国外汇储备资产管理面对的突出挑战，一方面是对超出传统外汇储备资产职能所需的那部分资产的保值增值；另一方面是合理地还汇于民。中国外汇储备规模远超过了传统外汇储备职能的需要，且没有强制性负债约束，中国外汇储备资产管理的主要挑战有别于传统意义上的外汇储备资产管理。特别是这部分超出传统外汇储备职能的需要的外汇资产，面临的最突出问题有两个：一是保值增值，二是还汇于民。打个比方，政府的税收远远超出了政府支出的需要，对于多余的这部分收入，政府应该做的一方面是通过科学的管理不让这部分多余的收入贬值，另一方面是以合理的方式把这部分收入回馈国民。

央行持有如此大规模外汇资产，不利于应对外汇储备资产管理面临的最突出挑战。央行的外汇储备资产收益，最终还是形成了外汇储备资产增量，央行自身缺乏合理的机制将外汇储备投资收益或者是本金回馈民众。此外，给定央行的职能和人员机构配备，央行主要还是根据传统的外汇储备职能目标进行外汇储备资产管理，更多地强调资产的安全性和流动性，对外汇储备资产的收益性难以做到很好的兼顾。归根结底，央行难以从机制上理顺并且实现外汇储备资产保值增值和回馈民众的目标。从国际经验来看，当其他国家面临类似情况的时候，会把超出传统外汇储备职能之外的部分外汇资产分离出来，设立主权财富基金或者主权养老基金来单独管理这笔资产。

2. 如何分配外汇储备资产

将部分外汇资产从央行分离出来专门管理，能够更好地实现保值增值与还汇于民的目标。但这其中也蕴藏着风险。如果分配的方式不恰当，不仅不能改善当前的外汇储备管理体系，反而可能更糟糕。不当的分配方式，可能会造成更大的无效率投资、更大的公共资产流失，以及严重的分配不公和腐败。下面讨论外汇储备资产分配的几条基本原则。第一，公共资产服务于公共利益，谨防被部门利益分食。外汇储备资产从央行分离的过程，也是公共资产配置权力在不同部门之间的分配过程，其中蕴含着巨大的利害关系。要谨防外汇储备资产分配成为部门利益之争，确保接受注资的机构能够最大限度地以可信的方式贴近国家外汇资产管理的整体目标，最大限度地以可信的方式服务于公共利益，而不是满足个别部门的利益。

第二，外汇储备资产在央行与其他部门之间的分配过程公开、透明。这是外汇储备资产作为一笔庞大的公共资产的性质所决定的。对于政府军事、外交、对外援助，或者是其他形式的可能会涉及国家安全，并需要有一定保密措施的外汇资金使用，应该由财政部门设立单独账户单独管理，不能与外汇储备资产混为一谈。

第三，接受外汇储备资产注资的机构，在机制设计层面能获取更高的预期投资回报。接受外汇储备资产注资的机构，应该是专业化的资产管理团队，同时在管理目标、机构设置以及投资风格等方面与传统外汇储备资产管理有显著的差异，并且这些差异将有助于实现更高的预期投资回报。

第四，超出外汇储备职能所需的外汇资产最终以合理方式还汇于民。外汇储备资产取之于民，最终也应该用之于民，超出公共职能需要的外汇资产应该还汇于民。还汇于民很难在短期内实现，但是通过合理的设计规划，可以在相当长的时间里逐渐靠近这个目标。

基于以上外汇储备分配的原则，这里提出了推进中国外汇储备管理改革的具体方案。主要内容包括：

（1）财政部发行特别国债，用于向央行置换 0.5 万亿美元外汇资产，然后将所得的外汇储备资产注资成立 2—3 家主权外汇养老基金。

（2）根据主权外汇养老基金运行的绩效，财政部再次发行特别国债，并增加对运行绩效优异的外汇主权养老基金的注资，最终将央行持有的外汇储备资产控制在 1.5 万亿美元规模上下，其余部分交由几家外汇主权养老基金掌管。

（3）尽快在全国范围内普及、做实养老保险个人账户，主权外汇养老基金将所得投资收益直接打入满足条件（比如退休年龄以上）的养老保险个人账户。

（4）设立由央行、财政部、相关专家和市场人士组成的国家外汇资产投资管理委员会，这个委员会代表政府，向全国人民代表大会解释和说明外汇资产的投资状况。外汇资产投资管理委员会是对包括外汇储备资产、主权外汇养老基金资产以及其他政府部门持有的外汇资产的最高管理层。委员会负责研究外汇资产投资的目标，以及对外汇资产投资的整体规划和管理；负责对主要外汇资产管理机构的投资业绩评估；负责外汇资金在不同外汇投资机构之间的调配。这个委员会不应该涉及任何具体的投资业务。

问题 1：会不会增加额外财政负担？

通过财政部门发债收购外汇储备资产，然后再将外汇储备资产注资给主权外汇养老基金，这个过程中涉及不同公共部门之间的债权债务关系转移，但不会额外增加政府对非政府部门的债务。① 举例说明：财政发行 3.2 万亿元人民币特别国债，收购货币当局 0.5 万亿美元资产，并将所得美元资产注资给主权外汇养老基金。特别国债的发行和利息支付有别于普通国债发行。其一，特别国债发行不对居民部门，而只对货币当局，不对国内金融市场带来额外影响；其二，财政部门需要对货币当局持有的特别国债支付利息，但与此同时货币当局所得的利息收入还要全部上缴财政部门，因此不增加额外的财政负担。

当主权外汇养老基金将投资收益注入养老保险个人账户的时候，会涉及政府部门与居民部门之间的收入转移，但这不会额外增加政府债务。即便是政府将外汇储备资产的本金部分转到居民部门，也仅仅是降低了政府的储蓄，并不增加政府对居民部门的债务。

问题 2：会不会带来二次结汇？

是否存在二次结汇问题，关键在于央行要不要持续地干预外汇市场，在于人民币汇率形成机制改革。外汇主权基金的投资收益部分是以细水长流的方式分配给满足条件的养老保险个人账户，会增加外汇市场的外汇供给，通过主权外汇基金向居民部门分配外汇资产的方式，不仅不会对外汇市场带来二次结汇压力，反而是有助于提高外汇市场上的外币供给并提振人民币汇率的信心，有助于维系当前贬值预期下人民币汇率价格的相对稳定。

问题 3：会不会影响货币政策操作，会不会让央行资产负债表恶化？

财政部门通过发债方式从央行购买外汇，对央行而言是央行资产负债表上的外汇资产被转化成为特别国债。这个行为不会影响央行日常的货币政策操作，不会让央行的资产负债表恶化。

---

① 政府债务可以分为两个部分：一部分是政府对政府以外的其他部门的债务，比如政府对居民部门或者是对其他国家的债务，这是实实在在需要偿还利息的债务；另一部分是政府部门对其他政府部门的债务，如果将政府各部门之间的资产负债表整合起来看，这部分债务并不增加作为整体的政府债务。

问题 4：为什么需要国家外汇储备管理资产委员会？

国家外汇储备管理资产委员会具有必要而且无法被外汇资产投资机构所替代的职能。首先，这是专注于研究和制定国家外汇资产投资目标的机构，而其他外汇资产投资机构则是为了实现目标。比如，作为国家层面的外汇资产管理机构，其投资目标会参考该资产（以美元计价）的名义收益率，同时应该考虑外汇资产对未来进口商品和服务的购买力最大化目标，或者是其他目标。这些都不是具体的外汇资产投资机构所考虑的问题。其次，这是对外汇资产投资机构必要的外部激励和监督机构。最后，这也是一个代表政府，向社会公众解释和说明外汇储备资产管理情况的机构。

问题 5：为什么需要 2—3 家主权外汇养老基金，而不是一家？为什么分批进行，而不是一次到位？

设立多家主权外汇养老基金的好处主要有两个方面。首先，引入竞争机制，提高外汇资金使用效率；其次，化整为零，避免引起国际社会不必要的过度关注。分批次将外汇资产从央行的分离，其目的也是在于提高资金运用效率和避免过度关注。

三　人民币国际化与资本项目开放

中国一直以来对资本项目保持差异化的管制政策，对于以直接投资为主的中长期资本流动基本放开，对于短期资本流动性质的证券投资和外债等保持相对严格的管制。2010 年以来的人民币国际化进程是事实上的资本项目开放，人民币国际化涉及的一些政策和香港人民币离岸市场发展事实上便利了跨境资金流动，便利了离岸投资者持有人民币资产，也因此带来了资本项目下更大规模和更大波动幅度的资金流动。以下，我们对人民币国际化与资本项目开放的讨论主要集中在人民币国际化相关措施。

1. 推动人民币国际化的政策措施

中国政府在金融危机以后对国际货币体系改革和推进人民币国际化采取了一系列行动。具体内容如下：（1）与其他国家和地区协定双边本币互换协议。在全球金融危机的背景下，一些国家和地区面临着国际收支的困难，需要获得美元以及美元之外的其他外汇流动性；并且，货币当局也有提高人民币国际地位的考虑，尤其是为人民币跨境结算提供资金支持。截至 2012 年 2 月 22 日，我国先后与韩国、马来西亚、白俄罗斯、印度尼西亚和阿根廷等 16 个国家和地区，签署了总额达 13362 亿元人民币的双边本币互换协议。

（2）开展跨境贸易的人民币结算试点，并最终扩展到整个经常项目。2009 年 3 月 16 日起，中国内地正式运行与香港两地支付互通安排，这标志着内地与香港覆盖多币种、全方位的跨境支付清算合作机制的正式建立。4 月 8 日，国务院又决定在上海、广州、深圳、珠海、东莞五城市开展跨境贸易人民币结算试点。2009 年 7 月 1 日，人民银行等六部门联合发布《跨境人民币结算试点管理办法》，中国跨境贸易人民币试点正式启动。2010 年 6 月 22 日，发布的《关于扩大跨境贸易人民币结算试点有关问题的通知》增加了国内试点地区（由 5 个城市扩展至 20 个省、市、自治区），不再限制境外地域，更重要的是，试点业务范围还扩展到了货物贸易之外的其他经常项目结算。根据 2011 年人民银行的最新政策，目前人民币跨境结算已经不再受国内地域、企业名单的限制，只要境外有直接的交易需求，境内企业均可以人民币作为交易媒介。

（3）在可控的前提下，推动资本与金融项目下的人民币跨境业务。①直接投资。从 2010 年第二季度起，中国政府开始通过个案审批方式试点办理人民币跨境投融资业务。2010 年 10 月，新疆成为国内首个开展跨境人民币直接投资试点的省、市、自治区。2011 年 1 月 6 日，中国人民银行发布了《境外直接投资人民币结算试点管理办法》（与 ODI 有关）。2011 年 10 月 14 日，中国人民银行颁布了《外商直接投资人民币结算业务管理办法》（与 FDI 有关）。②证券投资。2012 年 1 月 4 日，中国人民银行发布了《基金管理公司、证券公司人民币合格境外机构投资者境内证券投资试点办法》（这也正是市场期待已久的人民币 QFII），从而为境外机构开辟了使用人民币对在岸市场进行证券投资的合法渠道。

（4）在香港地区发行人民币国债，推动香港地区人民币债券市场的发展。2009 年 9 月 28 日，中央政府在香港地区发行总额为 60 亿元的人民币国债。首先，这是货币当局首次在香港地区发行国债，而此前发行的人民币债券都是来自内地的金融机构；其次，这是在香港地区规模最大的一次人民币债券发行，此前额度最大的是 2007 年国家开发银行发行的 50 亿元人民币债券。通过香港地区的人民币离岸市场的国债发行，增强了人民币资产对境外投资者的吸引力；对于推动人民币在跨境贸易中的结算使用，也起到了相互呼应的作用；并且，国债的收益率作为一个标杆，也为香港地区人民币离岸市场的建设提供了参考基准，并且为香港地区人民币离岸市场的发展注入了信心和希望。在一系列措施的推动下香港地区人民币债券市场规模不断扩大，2009—2011 年人民币债券发行规模分别为：160 亿元、357 亿元和 1040 亿元。

（5）推动境外的个人人民币业务发展。在香港地区个人人民币业务的基础上，2009 年 7 月 31 日，中国银行与菲律宾中央银行签订《人民币现钞买卖、转运协议》，正式在菲律宾推出了人民币现钞业务。至此，境外人民币回流的官方途径不再只有通过香港地区，人民币境外回流机制得到进一步完善。同时，根据此协议，中国银行可以在菲律宾开办人民币现钞买卖、存取款以及现钞调运业务，并为当地商业银行及非银行金融机构办理人民币账户开立、人民币存取款、人民币买卖等业务。至此，境外的个人人民币业务，由中国香港地区开始向其他国家和地区拓展。

（6）通过国际货币体系合作，推进人民币国际化。其一，2009 年 9 月初，我国政府已同意购买不超过 500 亿美元的国际货币基金组织债券，并使用人民币支付。此举虽然是按照 IMF 的标准流程来执行的，但是表明了人民币已初步具备了国际货币的部分功能，具有一定的示范效应。如果 IMF 将这些人民币资金通过贷款划拨给成员国，则成员国有可能将人民币使用于国际支付当中，这可望间接推动人民币在国际范围的使用。其二，在 2009 年 9 月 25 日闭幕的 G20 峰会上，各国达成共识并承诺：将新兴市场和发展中国家在 IMF 的份额提高至少 5% 以上，此后 IMF 进行了份额的改革，其中中国的份额获得最大增幅。这些都将对提高人民币的国际地位起到间接的推动作用。

（7）发展人民币与其他非美元货币的直接交易。2011 年 12 月，日本与中国达成"加强合作发展两国金融市场"的协议，协议主要内容是：①促进两国间跨境贸易使用人民币和美元；②支持人民币与日元直接兑换市场的发展。这项协议的背景是中国外汇市场上，人民币与非美元货币的交易不活跃，缺少相应的合理报价，多数交易都要使用美元作为中介货币进行交易。这增加了企业的汇率风险和汇兑成本。通过发展人民币与非美元货币的直接交易，企业会更多选择人民币或者其他非美元货币作为结算和计价货币，有助于企业规避汇率风险，降低汇兑成本。

在上述政策的影响下，人民币跨境使用取得了很大变化。最突出的变化是跨境贸易中开始大量使用人民币，香港离岸市场上的人民币存款快速增加，与此同时，香港离岸市场上的人民币投资工具和交易快速增加。

2. 对人民币国际化的争议

王庆（2011）认为，由于香港人民币存款具有以下特点，因此基本可以被看作是热钱：①主要持有者不是居民，而是企业；②持有的动机出于升值预期、利差的考虑，具有投机性；③在香港的人民币都是等待机会回流境内的。但是何东[①]认为，正是因为香港人民币存款60%由企业持有，且这些企业都是跨境结算的参与方，因此这说明绝大部分的人民币跨境结算都是有真实贸易背景作支撑的，并不能完全看成是热钱。

Garber（2011）分别对香港人民币计价的存款、债券、股票等市场上供求因素做出了分析，揭示了离岸与在岸市场之间的套汇互动机制，他认为人民币升值预期是驱动香港人民币市场发展的核心因素。以香港人民币存款市场为例，Garber认为其交易逻辑如下：人民币升值预期→CNH市场投机需求上升（在岸与离岸人民币汇价差扩大）→大陆进口商更多在港做人民币结算→香港人民币存款供给增加→两地汇价差回落，达到平衡。若CNH和CNY的差价出现逆转，则上述平衡机制也将倒转，香港人民币存款也将出现减少。[②] Garber认为，由于人民币汇率存在长期的升值预期，离岸、在岸市场的汇率存在价差，这些因素会使得人民币FDI、人民币贸易结算等行为产生扭曲。在升值预期的背景下，虽然内地进口商使用人民币结算是有真实贸易行为支持的，但这些交易实际上是为了满足套汇需求，人民币FDI也可能具有类似套汇交易

---

① 来自何东在2011年5月23日在香港金管局召开的人民币国际化圆桌会议的发言。
② 2011年10月至12月，CNH和CNY市场汇价差发生逆转，香港人民币存款下降。

动机。除了 Garber（2011）的套汇交易机制之外，余永定（2012）指出还应该考虑套利交易机制，他从利率平价角度考察了香港人民币离岸市场上的交易行为，解释了 2011 年 10 月到 2012 年 12 月，在岸外汇市场出现国内金融机构外汇占款下降、银行代客结售汇由顺差转逆差的现象。

人民币贸易结算和人民币离岸市场发展增加了外汇储备规模。人民币贸易结算政策放开和 CNH 市场建立以来的多数时间里，进口人民币贸易结算远大于出口。由于进口人民币结算减少了内地市场上的外汇需求，远大于出口人民币贸易结算带来的外汇供给减少，外汇市场上净供给增加。货币当局为了维持既定的汇率水平不得不购入更多外汇资产，导致外汇储备增加。对于上述认识没有分歧，争论之处在于：由于采用不同的数据来源和假定，学界对上述机制下外汇储备增加的规模有很大分歧。此外，还有观点认为海外投资者借助于人民币贸易结算和 CNH 市场替代了原来通过其他渠道获取人民币资产的做法，因此不能把外汇储备增加全部归咎于人民币贸易结算政策开放和 CNH 市场。迄今为止，还没有规范的实证研究能够很好地回答这个问题。

货币当局承担货币投放压力，并蒙受财务损失。如上所述，由于放开人民币贸易结算和 CNH 市场的发展，货币当局被迫购入更多外汇，同时投放更多的人民币。借助于提高银行准备金率、发行央行票据等措施，这部分新增加的货币投放可以被收回，因此货币当局虽然会面临新的货币投放压力，但并不必然会增发基础货币。然而，上述机制的存在对货币政策形成了潜在的威胁。张明（2011）认为，这是对国内货币政策独立性的重大威胁。张斌（2011a）强调了货币当局在财务上的损失。由于人民币处于升值趋势，而且人民币负债的收益率可能会高于外汇资产的收益率，货币当局增加外汇资产和人民币负债的做法会带来财务损失。

资本管制依然有效，但是人民币贸易结算政策放开和香港人民币离岸市场在事实上放松了资本管制。MaCauley（2011）、Ito（2011）的研究表明，香港离岸市场与境内在岸市场之间的资本并不是完全自由流动的。这表明实际上资本账户的部分管制目前仍然有效。余永定（2011）认为，尽管资本管制并未失效，但是人民币贸易结算政策放开和香港人民币离岸市场发展为资本流动打开了方便之门，甚至是进一步刺激了短期资本流动,相关的政策是事实上放松资本管制的政策。Murase(2010)将中国目前的这种安排称为双重汇率制度(Dual Exchange Rates),他认为在人民币升值预期的背景下,在岸和离岸两个汇价差实质是托宾税,即境外资本向境内转移需要支付的成本。但是这种托宾税只是针对境外资本流入境内,对于境内人民币资金的输出反而是一种补贴。因此,这种政策安排隐含了福利的再分配。

四 改革的次序安排

这个问题在学术界能够达成共识:汇率形成机制改革先于资本项目开放,资本项目开放应渐进推进。优先采取汇率形成机制的主要理由包括以下几个方面:富有弹性的汇率形成机制是降低国际资本流动对国内宏观经济稳定冲击的第一道防线;富有弹性的汇率形成机制是调节产业结构和资源配置的重要价格杠杆,对经济可持续增长至关重要;而资本自由流动的收益饱受争议,只有当国内经济体制,尤其是金融市场发育程度较高的情况下才更容易获得资本自由流动带来的收益。

国内的经验也充分支持学术界的共识。国内也有观点认为,货币独立性、固定汇率和资本自由流动的不可能三角并不成立。中国在汇率市场化改革尚未完成以前,可以尝试进一步的资本项目开放和人民币国际化。但是从过去十多年的实践来看,不按照合理顺差改革的成本极高。2004年人民币单边升值预期开始到2014年人民币单边升值预期结束期间,为了维持汇率稳定,资本项目顺差和经常项目顺差不断加剧。这给中国的经济结构调整和宏观经济稳定带来了重大威胁。从经济结构来看,汇率难以充分发挥价格杠杆的作用调节资源在贸易品和非贸易品之间的合理分配,造成中国出口和进口替代部门过度扩张,中国经济的内部失衡和外部失衡都与此有紧密联系(张斌、何帆,2005)。从宏观经济稳定角度看,货币当局持续大量的干预外汇市场,同时也释放了大量人民币基础货币,严重威胁了宏观经济稳定。在持续的人民币单边升值预期下,企业得到了几乎是无风险的套利良机,大量企业通过负债外币化降低融资成本或者是套利,这不仅加大了货币当局干预外汇市场的压力,也加剧了企业资产负债表的货币错配。一旦人民币升值预期逆转,企业汇率风险陡升。

　　2015年8月11日以后,人民币贬值预期大幅上升。贬值预期的根源在于货币当局仍然在外汇市场大量干预,以至于市场不相信当前汇率处于市场力量驱使下的出清水平。由于前期积累的外币负债,再加上贬值环境下创造出了新的跨境套利模式,货币当局的外汇市场干预面临严重压力,以至于不得不再次严厉资本管制措施为外汇市场干预减轻压力。由此可见,在市场化汇率形成机制没有确立以前,过快开放资本项目不仅会招致套利资本冲击,威胁宏观经济稳定,而且资本项目开放措施自身最终也会因为货币当局日益增加的外汇市场干预压力而难以持续。

第八章　全面构建中国财税体制新格局

高培勇

(中国社会科学院财经战略研究院)

摘　要：立足于全面深化改革和经济发展新常态，当下正在进行中的财税体制改革具有许多大不相同于以往的新特点、新变化。我们应当完整而准确地把握这一轮财税体制改革的新特点和新变化，全面而适时地调整以往习以为常的理念、思维和做法，以与以往大不相同的理念、思维和做法，全面构建中国财税体制的新格局。在税制改革方面，要将目标锁定于建立与国家治理体系和治理能力现代化相匹配的现代税收制度。在预算管理改革方面，要将目标锁定于建立全面规范、公开透明的现代预算管理制度。在央地财政关系调整或财政管理体制改革方面，要将目标锁定于发挥中央和地方两个积极性。

一　中国财税体制改革的新阶段

当下正在推进中的这一轮财税体制改革，具有两个特别重要、大不相同于以往的时代背景：全面深化改革和经济发展新常态。正是在这样一种新的时代背景下，这一轮财税体制改革呈现出许多大不相同于以往的新特点、新变化。

(一) 致力于匹配国家治理现代化进程的财税改革

以往的财税体制改革，多是作为经济体制改革的组成部分、在经济体制改革的棋局上加以部署的。比如1994年的财税体制改革，即是基于建立社会主义市场经济体制的需要而启动的。对于那一轮的财税体制改革，无论是基本目标还是评估标准，我们一直采用的是"建立与社会主义市场经济体制相适应的财税体制基本框架"的表述。

全面深化改革与以往改革的最大不同之处在于，它不是某一个领域的改革，也不是某几个领域的改革，而是全面的改革、涉及所有领域的改革。故而，围绕全面深化改革而提出的目标，是站在国家治理总体角度、统领所有领域改革的总目标——发展和完善中国特色社会主义制度，推进国家治理体系和治理能力的现代化。在如此背景下、基于如此目标而部署的财税体制改革，自然要脱出以往在经济体制改革领域定位改革目标的局限，而作为国家治理体系的一个重要组成部分，立足于全面深化改革的大背景、服从于全面深化改革的总目标。即是说，财税体制改革的目标，应当且必须在全面深化改革的总目标统领下加以确定：追随全面深化改革总进程，对接全面深化改革总目标。换言之，新一轮财税体制改革的分目标同全面深化改革的总目标是一致的、重合的。

所以，在经济体制改革取得举世瞩目成就的基础上，将财税体制改革融入全面深化改革进程，以国家治理现代化为目标定位，从而在经济体制、政治体制、文化体制、社会体制、生态文明建设体制和党的建设制度等各个领域实现改革和改进的联动，形成改革的总体效果，是这一轮财税体制改革相对于以往财税体制改革的第一个重要变化和突出特点。

这意味着，我们不仅要将财税体制改革作为经济体制改革的重要内容，而且要将其作为国家治理体系的一个重要组成部分，从局部与全局的集成上谋划财税体制改革的具体内容和行动路线，推进国家治理体系和治理能力的现代化。也可以说，新一轮财税体制改革是一场关系国家治理体系和治理能力现代化的深刻变革。

（二）立足于发挥国家治理的基础性和支撑性作用的财税改革

以往的财税体制改革，多是将财政视为一个经济范畴，在将财税体制视作一种经济制度安排的基础上加以谋划的。比如1994年的财税体制改革，无论其规模多么巨大，涉及范围多么宽广，甚或其实际影响绝不限于经济领域，从总体上来说，其主观立意并未脱出财政作为一个经济范畴、财税体制作为一种经济制度安排的思维局限。

全面深化改革在将总目标定位于国家治理体系和治理能力现代化的

同时，不仅赋予了财政以"国家治理的基础和重要支柱"的全新定位，而且对财税体制的功能与作用给出了"优化资源配置、维护市场统一、促进社会公平、实现国家长治久安的制度保障"的全新阐释，从而第一次从根本上摆正了财政和财税体制的位置。既然财政是国家治理的基础和重要支柱，那么，它便不仅仅是一个经济范畴，而是一个事关国家治理体系和治理能力优劣的基础性的、支撑性的重要因素。既然财税体制的功能与作用是可以跨越经济领域的，那么，它便不是一种一般意义上的经济制度安排，而是一种可以牵动经济、政治、文化、社会、生态文明和党的建设等所有领域的综合性制度安排。

所以，站在国家治理的总体角度，在推进国家治理体系和治理能力现代化的棋局上，将财政作为国家治理的基础性和支撑性要素加以打造，并且，将财税体制作为全面覆盖国家治理领域的综合性制度安排加以构建，是这一轮财税体制改革相对于以往财税体制改革的第二个重要变化和突出特点。

这显然是一个富有重要启示意义的判断。

其一，作为一项极为宏大的工程，推进国家治理体系和治理能力的现代化，当然要从构筑其基础和支柱做起。全面深化改革可以也应当从财税体制改革破题，财税体制改革不仅要着眼于财税体制自身的完善，而且要立足于为全面深化改革"铺路搭桥"——以构筑作为国家治理的基础和重要支柱的一系列行动，为党和国家事业发展、为人民幸福安康、为社会和谐稳定、为国家长治久安提供一套更完备、更稳定、更管用、更有效的国家治理体系和治理能力。

其二，作为经济体制改革、政治体制改革、文化体制改革、社会体制改革、生态文明体制改革的一个交会点，在全面深化改革的总棋局中，财税体制改革事实上是一个重点工程，是可以且应当加以重点推进的，也是可以且应当作为突破口和主线索率先推进的。事实上，财税体制改革之所以成为围绕全面深化改革而系统部署的第一项或第一个领域的重大改革，之所以在全面深化改革进程中成为整个社会的聚焦点，其根本的原因就在于此。

（三）以建立现代财政制度标识的财税改革

以往的财税体制改革，多着眼于财税体制的属性特征，从建立与社会主义市场经济体制相适应的财税体制的立场出发来界定改革的基本取向。比如1998年之后，随着财税体制改革转入整体体制机制的构建阶段，我们之所以以"构建公共财政体制基本框架"来标识改革方向，其基本的依据无非在于，只有公共财政性质的财税体制而非其他别的什么方面性质的财税体制才是可以与社会主义市场经济体制相适应的。

这一轮财税体制改革则站在了人类历史发展的长河中，从全面认知现代财政文明的高度，破天荒的第一次以"建立现代财政制度"作为改革的基本取向。做这样的选择，显然有着一系列极为深刻的考虑。

第一，经过了30余年的发展进程，中国已经跃升为世界第二大经济体且正在逼近第一大经济体。在成为经济大国的基础上，如何在经济、政治、文化、社会、生态文明和党的建设等各个方面取得长足进步，从而以现代意义大国的形象和境界立足于今天的世界，不能不作为一种新的发展目标追求而进入我们的视野。

第二，经过了30余年的财税体制改革进程，中国已经初步建立了适应社会主义市场经济体制的公共财政体制基本框架。在公共财政建设取得突破性进展的基础上，如何进一步强化其时代特征——跟上人类文明的发展进程，打造现代国家财政制度的一般形态，不能不作为一个新的改革目标追求而提至我们的面前。

第三，在我国有关改革的官方话语体系内，迄今为止，以"现代"二字前缀某一领域制度安排的情形，只有"现代企业制度"一个先例。正如当年国有企业制度改革需要以现代化的企业制度作为参照系一样，当下的财税体制改革同样需要以现代化的财政制度为参照系，同样需要借鉴成熟市场经济国家财税体制的一般规则和基本做法。仿效当年建立现代企业制度的改革思维，以建立现代财政制度为基本取向深化财税体制改革，其意义肯定不亚于当年的国有企业制度改革。

第四，衡量一个国家的文明程度，除了诸如生产力发展水平、国民道德素养状况、社会和谐稳定程度等方面的指标外，包括财政治理体系和治理能力内容在内的国家治理体系和治理能力，也是其中的重要考量。故而，适应国家现代化的总进程，从建立现代化的财政制度入手推进国家治理体系和治理能力的现代化，建构现代文明国家形象、提升中国的国际地位，不仅是必要的，更是迫在眉睫的。

所以，从现代财政文明出发布局财税体制改革，在关注属性特征的基础上进一步强化其时代特征，是这一轮财税体制改革有别于以往财税体制改革的第三个重要变化和突出特点。

将"建立现代财政制度"同"推进国家治理体系和治理能力现代化"的全面深化改革总目标相对接，并用心体会此"现代"财政制度与彼"现代"国家治理之间的内在联系，还可以理出如下的逻辑线索：全面深化改革的总目标在于推进国家治理的现代化，实现国家治理现代化的基础和重要支柱是坚实而强大的国家财政，构筑坚实而强大的财政基础和财政支柱要依托于科学的财税体制，科学的财税体制又要建立在现代财政制度的基础之上。于是，"建立现代财政制度"→"科学的财税体制"→"国家治理的基础和重要支柱"→"国家治理体系和治理能力的现代化"，便成为可以勾画出的有关这一轮财税体制改革的十分明确而清晰的"路线图"。

这就要求我们，这一轮财税体制改革的主要着力点，要放在推进财政制度的现代化上。因而，我们不仅要总结人类社会财政制度的演变规律，而且要瞄准现代国家财政制度的一般形态，从历史与现实的结合上建设具有顺应历史规律、切合时代潮流、代表发展方向、匹配中国国情的现代财政制度。

（四）经济发展步入新常态下的财税改革

以往的财税体制改革，多与经济的高速增长相伴随。依托经济高速增长和财政收入高速增长交互作用所提供的巨大空间，财税体制改革可以在一个相对宽松的条件下展开，主要通过"增量调整"逼近或实现改革目标。1994年的财税体制改革也好，此后其他几次影响较大的财税体制改革也罢，都发生于中国经济的高增长期。

这一轮财税体制改革则没有如此的幸运，它是在中国经济增长发生转折性变化，从而经济发展步入"新常态"的背景下启动的。随着人口红利减少、劳动力成本上升，向大力发展服务业的调整又不可避免地导致社会劳动生产率增速以及经济整体增长速度的放缓，财政收入的增速已经大幅下降。正因为如此，在此背景下推进的财税体制改革，面临着与前大不相同的一系列新课题和新挑战。

首先，不仅财政收入增速随着经济增速的换挡而放缓，而且财政支出压力也在随着经济结构调整的"阵痛"而增大，从而财税体制改革不得不在一个财政收支形势相对严峻的条件下进行，"增量调整"的传统改革路径由此变窄。

其次，不仅财政政策的抉择要面对因消化前期刺激政策而产生的诸多方面掣肘因素，而且要面对经济下行压力而探索新的与经济增长"新常态"相适应的宏观调控机制和方式，从而财税体制改革不得不在一个宏观经济形势相对偏紧的状态下进行，突破以既得利益格局为主要代表的各种改革障碍变得愈加困难。

最后，不仅财税体制在经济增长发生转折性变化背景下的运行规律尚未充分把握，而且转变经济发展方式、保持经济持续健康发展又亟待财税体制改革提供新的改革"红利"，从而财税体制改革不得不在一个改革压力相对偏大的情势下进行，渐进完成改革任务、从容实现改革目标的传统改革格局难以再现。

这是这一轮财税体制改革有别于以往财税体制改革的第四个重要变化和突出特点。

它实际上提醒我们，随着经济发展步入"新常态"，财政收支也要经历一个走出特殊的发展时期而回归正常轨道的过程。当前所说的财政要"过紧日子"，即是从此要"过正常日子"。适应经济增长的这一转折性变化，在一个与过去30余年大不相同的经济增长结构基础上构建起与之相适应的财税体制新格局，应当成为这一轮财税体制改革的重要着力点。

上述这些特点和变化，实质是这一轮财税体制改革的灵魂所在，标志着中国财税体制改革进入了一个新的历史阶段。完整而准确地把握这一轮财税体制改革的新特点和新变化，全面而适时地调整以往习以为常的理念、思维和做法，以与以往大不相同的理念、思维和做法，全面构建中国财税体制的新格局。

二　税制改革：目标锁定于现代税收制度

作为这一轮财税体制改革的三方面内容之一，税制改革的目标被锁定于建立与国家治理体系和治理能力现代化相匹配的现代税收制度。这一变化，标志着中国税制改革进入了一个新的阶段。告别传统意义上的税制改革思维和操作而走上现代税收制度的构建之路，是这个新阶段提交给我们的全新课题。

在"稳定税负"的前提下，中共十八届三中全会对于税制改革做出了如下系统部署：

> 深化税收制度改革，完善地方税体系，逐步提高直接税比重。推进增值税改革，适当简化税率。调整消费税征收范围、环节、税率，把高耗能、高污染产品及部分高档消费品纳入征收范围。逐步建立综合与分类相结合的个人所得税制。加快房地产税立法并适时推进改革，加快资源税改革，推动环境保护费改税。

以此为基础，中共十八届五中全会又提出了"十三五"时期的税制改革方向：

> 建立税种科学、结构优化、法律健全、规范公平、征管高效的税收制度。

将上述的内容加以归纳、整合，可以将这一轮税制改革的基本线索做如下概括：

（一）逐步提高直接税比重

我国现行税制结构及其所决定的税收收入结构，具有两个突出特征，一是以间接课税为主体。2014年，来自增值税、营业税和消费税等间接税的收入占全部税收收入的比重超过70%。二是以企业来源为主体。2014年，来自企业缴纳的税收收入占到全部税收收入的90%以上。

如此的结构，带给我们的最突出矛盾，就是税负分配的不公平。一方面，占比达到70%以上的间接税，意味着我国现实的税收负担主要是以商品和服务的消费为标准来分配的。另一方面，占比达到90%以上的企业来源，意味着我国现实的税收负担主要是通过企业渠道转嫁给消费者的。

鉴于我国已经跻身世界第二大经济体，也鉴于我国社会发展水平的提升已经不能不将公平正义纳入税制结构设计的考量视野，更鉴于现实生活中的收入分配矛盾和贫富差距矛盾已经一再地挑战我国社会稳定发展大局,在稳定税负的前提下,通过逐步提高直接税比重对现行税制结构进行优化调整显然是必要的。

那么,究竟该怎样逐步提升直接税比重?

其一,逐步建立综合与分类相结合的个人所得税制。从现行对11个征税所得项目实行不同的计征办法分别征税逐步过渡到对大部分的征税所得项目实行统一的征税办法综合计税,对于个人所得税收入规模绝对是一种增税效应,而非减税效应。

其二,加快房地产税立法并适时推进改革。从现行对居民个人所拥有的房地产在存量环节基本不征税逐步过渡到对居民个人拥有的房地产在存量环节征税,即便会同时伴随有整合流转环节房地产税费的操作,也绝对属于一种增税而非减税措施。

其三,择机开征遗产和赠与税。作为财产税类的一种,遗产和赠与税是针对纳税人的财产转让行为征收的。从长远看,在现代税制体系中,它绝非可有可无,迟早要纳入议事日程。注意到遗产和赠与税亦是从无到有的操作,它的开征,自然也可归入增税之列。

毋庸赘言,无论房地产税,还是个人所得税,或是遗产和赠与税,其属性都属于直接税,且都属于以自然人为纳税人的直接税。这三个税种变化所带来的直接税收入的增加,显然具有逐步提高直接税比重之效。

(二) 逐步减少间接税比重

直接税比重的逐步提高,是要以"稳定税负"为约束条件的。所以,直接税比重的逐步提高应当也必须以间接税比重的逐步减少为前提,两者宜同步操作,彼此呼应。

迄今为止,围绕逐步减少间接税比重的最主要举措,就是"营改增"。通过"营改增"所实现的减少间接税效应,至少有三部曲:

第一,始自上海的所谓"1+6"(交通运输业+6个现代服务业)方案也好,目前正在全国推行的所谓"2+7"(交通运输业和邮政服务+6个现代服务业和广播影视服务)方案也罢,都是具有极大减税效应的改革。按照2014年的减税实际效果情况看,一年的减税额可达2000亿元左右。

第二,按照计划,"营改增"将在"2+7"的基础上继续扩展,在将"营改增"推广至全国所有行业之后,一年的减税规模可达到5000

亿元左右。

第三，在"营改增"全面完成之后，将进一步"推进增值税改革，适当简化税率"。通过简化税率，一方面求得税率级次的减少，另一方面也是更重要的，税率级次的简化肯定意味着税率的相应下调，从而进一步降低增值税税负水平。根据 2012 年的统计数字初步计算，增值税标准税率每下调一个百分点，将减税 2000 亿元。再加上寄生于增值税身上的城镇建设税、教育费附加和地方教育费附加，减税额度会达到 2200 亿元上下。倘若增值税标准税率下调 2 个百分点，那么，整个"营改增"和增值税改革实现的减税规模可能达到 9000 亿元左右。

以 9000 亿元左右的间接税减少计，直接税比重的增加便拥有了相应的空间，从而为开征房地产税和建立综合与分类相结合的个人所得税制为代表的旨在提高直接税比重的操作铺平道路。

（三）逐步完善地方税体系

我国尚未构建起一个像样的地方税体系。不仅具有地方税属性的税种偏少，收入规模不大，而且，在"营改增"的大潮中，以往作为地方几乎唯一的主体税种而存在、运行的营业税，也被纳入中央地方共享税——增值税——框架之内。为了发挥中央和地方两个积极性，以完善地方税体系实现健全地方财政体系的目标，已属势在必行之举。

完善地方税体系当然要从重建地方主体税种做起。这可以有长期和近期两种选择：

从长期看，房地产税是最适宜作为地方主体税种的选择。但是，鉴于对居民个人开征房地产税牵涉一系列既得利益格局的调整，税务机关的征管机制也需伴之以革命性的变化，再加上房地产税立法要有一个广泛讨论和征求意见的过程，因而，至少在近期，房地产税对于地方主体税种的重建来讲，可能是远水解不了近渴，只能作为长期选择，渐进地加以推进。

在近期，可以短时派上用场、充作地方主体税种的选择，可能是改革后的消费税。"通过调整消费税征收范围、环节、税率，把高耗能、高污染产品及部分高档消费品纳入征收范围"等一系列操作，不仅可以相应扩大消费税税基，从而增加消费税收入，而且，可以将消费税征收环节前移至零售阶段，从而使得消费税收入的地区间分布均等化。经过如此的调整，将目前作为中央税的消费税转作地方税，将可以大致抵充"营改增"之后留下的地方税收入亏空,保持中央和地方财力格局的大致稳定。

在重建地方税主体税种的基础上,还可以通过"加快资源税改革,推动环境保护费改税"等方面改革,作为助力完善地方税体系的操作。

（四）逐步转向现代税收征管机制

随着现行税制体系向现代税制体系的转换过程,现行税收征管机制也有一个向现代税收征管机制转换的任务。其转换的基本方向是:

其一,由主征间接税向拓展至间接税与直接税相兼容,将税收征管机制建立在同时对接间接税与直接税的基础上。

其二,由主征企业税拓展至法人税与自然人税相兼容,将税收征管机制建立在同时对接法人税与自然人税的基础上。

其三,由主征现金流税拓展至流量税与存量税相兼容,将税收征管机制建立在同时对接流量税与存量税的基础上。

在上述三个方向的转换中,最值得关注的,是面向自然人的税收征管服务体系和第三方涉税信息报告制度的构建。前者是我们久已存在的致命"软肋",绝对是一个不轻松的任务。只有聚焦这一"软肋",围绕自然人作为直接纳税人的要求,从法律框架、制度设计、资源配置等各个方面真正转换税收征管机制,方能实现税收征管机制与自然人直接税的对接。后者则系我们久未实现的目标,肯定是一个需调动各方面资源才可能见效的工作。只有瞄准这一目标,围绕与税收征管相关联的情报数据分享的需要,从权利与责任、法律与制度、执法与守法等各个方面规范相关主体的涉税行为,方能形成企业法人、自然人之间税收征管的均衡格局,确保税务机关依法有效实施征管。

令人欣慰的是,2015年年末推出的《深化国税、地税征管体制改革方案》（以下简称《方案》）,已将"顺应直接税比重逐步提高、自然人纳税人数量多、管理难的趋势,从法律框架、制度设计、征管方式、技术支撑、资源配置等方面构建以高收入者为重点的自然人税收管理体系"作为一个重要内容写入其中。这预示着,在中国,向现代税收征管机制转换的进程已经正式启动。

三 预算改革:目标锁定于建立现代预算制度

作为这一轮财税体制改革的三方面内容之一,预算管理制度改革的目标被锁定于建立全面规范、公开透明的现代预算管理制度。

在"全面规范和公开透明"的理念下,中共十八届三中全会对于预算管理改革做出了如下系统部署:

> 改进预算管理制度。实施全面规范、公开透明的预算制度。审核预算的重点由平衡状态、赤字规模向支出预算和政策拓展。清理规范重点支出同财政收支增幅或生产总值挂钩事项,一般不采取挂钩方式。建立跨年度预算平衡机制,建立权责发生制的政府综合财务报告制度,建立规范合理的中央和地方政府债务管理及风险预警机制。

以此为基础,中共十八届五中全会又提出了"十三五"时期的预算管理改革方向:

> 建立全面规范、公开透明预算制度,完善政府预算体系,实施跨年度预算平衡机制和中期财政规划管理。

将上述的内容加以归纳、整合,可以发现,这一轮预算改革的基本线索就是基于"公开、透明"的方向对政府收支预算格局做全面的调整。

(一) 一个老大难问题

一旦进入有关中国预算管理制度问题的讨论,便会触碰到一个相当棘手的"老大难"问题:中国的"财政收支"或称"预算收支"不等于"政府收支"。

之所以将其归为"老大难"问题。是因为,它至少可以追溯到20世纪90年代中后期。许多人都清晰地记得,1998年3月,朱镕基总理曾经将当时的政府收入格局描述为"费大于税"——来自非规范性的各种收费的收入多于来自规范性的税收收入。① 并且，操用了"民怨沸腾、不堪重负"的言辞加以严厉抨击。正是在这种背景下，中国启动了先是称为"费改税"、后来又改称为"税费改革"的一场声势浩大的改革。

人们应当更清晰地记得，以"费改税"和"税费改革"为基础，2003 年 10 月，为了从根本上解决"财政收支"不等于"政府收支"的问题，实现政府收支行为及其机制的规范化，中共十六届三中全会又正式提出了"实行全口径预算管理"的改革目标。从那以后，在十年多的时间里，先后推出了一系列调整、整合动作，逐步形成了公共财政预算、政府基金预算、社会保险预算和国有资本经营预算四类预算的现实格局。并且，作为 2011 年收获的财政工作新成绩之一，正式对外宣布，我国已经实现了"全面取消预算外资金，将所有政府性收入全部纳入预算管理"的目标（财政部新闻办公室，2011）。

但是，时至今日，脱出表面现象的局限而深入到其实质功效层面，所看到的结果是令人沮丧的：在当前的中国，财政收支仍旧不等于政府收支。在有关财政支出规模和宏观税负水平之类问题的分析中，我们仍旧不得不小心地区分财政收支和政府收支两个概念。在同外国同行的学术交往中，我们仍旧要花费不能算少的时间耐心地解释财政收支和政府收支两者之间含义的不同。

（二）外表光鲜下的非规范性现实

说到现实的政府收支格局，它主要由四类预算构成：一般公共预算、政府性基金预算、社会保险基金预算和国有资本经营预算。从表面上看，至少在 2015 年实行新预算法之后，几乎全部的政府收支都纳入了预算管理视野，游离于预算之外的政府收支也基本上不复存在，以此判断，所谓全口径预算管理的改革目标已经实现。然而，脱出表面现象的局限而深入到其实质层面，便会立刻发现，在现实的四类政府预算格局背后，仍旧潜藏着一系列久治不愈的非规范性"顽疾"：

第一，尽管有四类预算，并且四类预算都向人民代表大会报送，但人民代表大会能够同时行使审议、批准权限的只有公共财政预算收支。

---

① 按照 1996 年的统计数字，包括规范性和非规范性在内的全部政府收入相加，可以占到 GDP 的 30%。其中，税收收入的占比不过 1/3 多一点（高培勇，1997）。

除此之外的政府性基金预算收支、社会保险基金预算收支和国有资本经营预算收支，均不需经过人民代表大会的批准程序，充其量只能算作"备案"性的审议。注意到2014年一般公共预算收支仅占全部政府收支的60%多一点，人民代表大会对于政府预算的审批效力能够达到什么样子，可想而知。

第二，尽管四类预算收支都是公共性质的收支，都是从企业和居民那里获得，都应用之于企业和居民身上，但是，无论在预算的编制环节，还是在预算的执行环节，除了一般公共预算收支可在各级政府层面统筹安排之外，其余的三类预算收支均由不同的政府职能部门掌控，事实上属于相关政府职能部门的"私房钱"。即便将具有专款专用特点的社会保险基金预算收入排除在外，政府性基金预算收入和国有资本经营预算收入占全部政府收入的比重，在2014年也分别为23.97%和0.89%，两者合计24.86%。

第三，不能将所有的政府收支纳入统一的制度框架，人民代表大会对政府预算进行的审批就只能是"区别对待"式的。不能将全部的政府收支关进"统一"的制度笼子，本属于同一性质的各种政府收支的运作也就会"政出多门"。在此过程中，具有"私房钱"特点的政府收支被挪作他用甚至用于谋取相关政府职能部门既得利益项目的情形，并不鲜见。

第四，即便按照扣除国有土地出让收入之后的口径计算，2014年，全部政府收入占GDP的比重仍旧高居30%上下。尽管政府财力总额不能算少，尽管财力的性质完全相同，但由于分属规范性程度不同的预算，由此既造成了政府财力使用上的分散和浪费，也在财力紧张的表面现象下潜藏了政府收入不断扩张的动因，甚至为地方政府性债务规模的不断膨胀提供了"口实"。

由此可见，一旦以现代预算制度的标准审视现行预算管理的格局，种种久治不愈的非规范性"顽疾"便会一一浮出水面。即便在实行新预算的背景下，全部政府收入纳入预算管理也主要是形式上的。或者说，在很大程度上，不过是形式上的光鲜。

（三）先规范、后透明：预算管理改革的行动路线

认识到突破主要来自政府内部的既得利益格局的阻碍是预算管理改革的关键，注意到实现真正意义上的全口径预算管理是规范政府收支及

其机制的必由之路,在改革战略上,可以将先规范、后透明作为一个基本行动路线选择。也就是说,作为预算管理改革的基础工程,就是以全口径预算管理为基本目标,以将所有政府收支关进"统一"的制度笼子为重心,全面规范政府的收支行为及其机制。

不过,先规范、后透明也不是绝对的,并不意味着眼下可以将"透明预算"的目标搁置起来,只盯着全口径预算管理,一切等政府收支行为及其机制规范好了再说。实际上,规范和透明之间是互相联系、彼此作用的统一体。离开了规范的前提,固然透明难以实现。但脱离了透明的压力,规范亦难以有足够的动力。所以,在实际的操作中,又可以以透明倒逼规范,在两者的联动中,全面推进真正意义上的全口径预算管理目标的实现。

进一步的问题在于,真正意义上的全口径预算管理显然不是目前停留于形式上的全口径预算管理。那么,怎样做才可算作真正意义上的全口径预算管理?这其中有没有什么标准可以依循?

参照当今世界典型市场经济国家的一般做法,要使全口径预算管理落到实处,可以同时确立两个互为关联的"验收标准":

其一,各级人民代表大会在立法层面对同级政府所有收支的"全口径"控制。也就是说,所有政府收支都应当取得立法机构的授权,只有取得授权,政府的活动及其相应的收支才具备合法性。所有政府收支都必须纳入"公共"轨道,由立法机构按照统一的制度规范审查和批准。这是"全口径预算管理"最重要的意义。

其二,财税部门在行政层面对所有政府收支的"全口径"管理。这就是说,所有政府收支都应当由专司政府收支管理职能的财税部门统一管理起来,不存在游离于财税部门管理之外的政府收支。所有政府收支都必须纳入"公共"轨道,由财税部门按照统一的制度规范行使管理权和监督权。这是实现立法层面"全口径预算管理"的重要基础。

上述的讨论告诉我们,在中国,实现全口径预算管理绝非轻松之事,它注定要经历一个曲折而艰难的过程。只有下大决心、花大气力,才有可能真正逐步逼近并最终实现改革的目标。

四　央地财政关系调整：目标锁定于发挥两个积极性

作为这一轮财税体制改革的三方面内容之一，央地财政关系调整或称财政管理体制改革的目标被锁定于发挥中央和地方两个积极性。

在"有利于发挥两个积极性"的原则下，中共十八届三中全会对于央地财政关系调整做出了如下系统部署：

> 建立事权和支出责任相适应的制度。适度加强中央事权和支出责任，国防、外交、国家安全、关系全国统一市场规则和管理等作为中央事权；部分社会保障、跨区域重大项目建设维护等作为中央和地方共同事权，逐步理顺事权关系；区域性公共服务作为地方事权。中央和地方按照事权划分相应承担和分担支出责任。中央可通过安排转移支付将部分事权支出责任委托地方承担。对于跨区域且对其他地区影响较大的公共服务，中央通过转移支付承担一部分地方事权支出责任。保持现有中央和地方财力格局总体稳定，结合税制改革，考虑税种属性，进一步理顺中央和地方收入划分。

以此为基础，中共十八届五中全会又提出了"十三五"时期的央地财政关系调整方向：

> 建立事权和支出责任相适应的制度，适度加强中央事权和支出责任。调动各方面积极性，考虑税种属性，进一步理顺中央和地方收入划分。

将上述的内容加以归纳、整合，对比之下，可以发现，在由预算管理制度改革、税收制度改革和央地财政关系调整所组成的这一轮财税体制改革的三个方面内容中，当前最亟待精确发力和精准落地，同时也是最亟待扎扎实实落到实处的方面，当属央地财政关系的调整。

（一）财税体制改革亟待"协调推进"

之所以说央地财政关系的调整最亟待精确发力和精准落地，首先是因为，迄今的财税体制改革进程尚不够均衡，央地财政关系的调整相对滞后。

从中共十八届三中全会召开之日算起，在过去两年多的时间里，参照财税管理部门自身的表述，可对这一轮财税体制改革的进程做如下概括：

以新预算法从2015年1月1日起正式实施为标志，预算管理制度改革取得"实质性进展"；以"营改增"依计划全面推进为主线索，税制改革取得"重要进展"；围绕中央与地方财政关系的调整，财政体制改革研究取得"阶段性成果"。

可以发现，有别于预算改革、税制改革在改革实施层面取得的实际进展，旨在调整中央与地方财政关系的财政体制改革，尚处于"研究"层面。而且，进一步看，即便是驻足于研究层面的进展，取得的也是"阶段性"成果。即便是最近一段提及的"研究提出理顺中央与地方事权和支出责任划分的指导意见"议题，其实也是研究多年而未果的"研究计划"。

易于看出，三个方面的财税体制改革推进状态，是非均衡的。其中，央地财政关系调整的相对滞后，更是躲不开、绕不过的基本事实。

其次，进一步分析，央地财政关系的调整之所以相对滞后，同迄今围绕此议题的改革内容设计尚不够翔实、具体直接相关。

仔细地体味一下中共十八届三中全会和五中全会的相关表述，便可以看到，涉及预算领域的改革内容也好，涉及税制领域的改革内容也罢，既包括顶层设计和总体规划，也包括实施路径和具体举措。有些内容，甚至细化到所涉及预决算的编制方法和所涉及税种的构成要素层面。然而，涉及央地财政关系领域的改革内容，就远不如这般翔实。就央地财政关系调整的两个主要线索而言，无论是"进一步理顺中央和地方收入划分"还是"合理划分各级政府间事权与支出责任"，其内容都是相对抽象而笼统的，基本停留于顶层设计和总体规划层面。至于具体该如何去做，比如，究竟哪些税种划为中央税或中央分成比例多一些？究竟哪些税种划为地方税或地方分成比例多一些？究竟哪些公共服务项目属于区域性质、该明确为地方事权？究竟哪些公共服务项目属于跨区域性质、该明确为中央和地方共同事权？等等，则没有进一步提及。显而易见，无论从哪个方面讲，这些内容绝对不属于可有可无之类。

围绕央地财政关系调整的改革内容设计，既然未能如其他两个方面那样深入到实施路径和具体举措，它的相对滞后自然并不出人意料。

最后，还应当看到，这一轮财税体制改革的三个方面内容不是简单的并列关系，而是有机联系、相互贯通的统一体。任何一方面的改革若不能与其他两个方面步调一致，形成合力，则不仅会障碍改革的总体效应，而且难免拖曳整体改革，甚至陷整体改革于"跛脚"状态。

事实上，迄今为止，央地财政关系调整的相对滞后已经对本轮财税体制改革的整体进程产生了明显的"瓶颈"效应。作为税制改革中的一条主线索，"营改增"直接牵涉地方主体财源结构的重大变化。这种变化，当然要以央地财政关系的同步调整为前提。这种调整，也当然要建立在体制性安排而非权宜之计的基础之上。作为预算改革的一个基本目标，全面规范和公开透明直接牵涉以政府性基金预算为代表的非一般公共预算格局的重大变化。这种变化，当然要牵动中央财政和地方财政，尤其是中央和地方财政之间关系格局的调整。这种调整，当然属于重大利益分配，也当然要建立在体制性安排而非权宜之计的基础之上。应当承认，正是由于包括央地财政关系调整相对滞后在内的诸种因素的掣肘，"营改增"的全面推进已不得不放慢脚步，非一般公共预算的规范和透明进程也不得不在一定程度上打了折扣。

（二）"两个积极性"亟待落实到位

之所以说央地财政关系的调整亟待扎扎实实落到实处，是因为，当前中国的发展和改革情势，亟待旨在"有利于发挥中央和地方两个积极性"的央地财政关系调整落实到位。

与以往有所不同，前面说过，这一轮央地财政关系的调整被定位于"有利于发挥中央和地方两个积极性"。这一目标的确定，显然出自地方积极性尚不够充分、亟待调动的现实判断。

在国内外经济形势复杂多变、经济下行压力日渐加大的背景下，加快实施有利于稳增长的政策措施、促进经济持续健康发展无疑是当下中国的当务之急。历史的经验告诉我们，中国经济之所以能在过去30多年中走出一条持续高速增长的轨迹，在很大程度上依赖于地方之间你追我赶、竞相迸发的竞争力。在经济发展步入新常态的现实背景下，保持经济的中高速增长，仍然离不开地方的积极性。甚至可以说，在今天的中国，我们比以往任何时候都更需要地方的积极性。

问题在于，地方积极性的调动发挥须以相对稳定的央地财政关系为前提。将地方积极性和央地财政关系格局两个方面的变化轨迹联系起来，我们可以清楚地看到，以往地方发展经济的积极性，在很大程度上源于央地财政关系格局的合理调整和相对稳定。倘若没有旨在调动地方积极性的央地财政关系合理调整的推动，倘若离开了有利于发挥地方积极性的相对稳定的央地财政关系格局，且不说地方积极性的有效调动难以想象，中国经济的规模和质量也绝对达不到今天这样的程度。

认识到这一点非常重要。它提醒我们，央地财政关系调整的相对滞后是当前影响稳增长政策措施实施效果的重要因素。只有按照统一部署给地方及时交底，让地方及早服下围绕央地财政关系调整的"定心丸"，一系列稳增长政策措施才可能真正落实到位，才可能真正做到精准有效。

将视野拓展至全面深化改革的进程，还可以看到，本轮财税体制改革是作为全面深化改革的重点工程和基础工程来部署的。财税体制改革之所以成为重点工程和基础工程，无非是因为，全面深化改革是经济、政治、文化、社会、生态文明和党的建设等各个领域改革的联动。这其中，作为国家治理的基础和重要支柱，财税体制安排体现并承载着政府与市场、政府与社会、中央与地方等方面的基本关系，深刻影响着经济、政治、文化、社会、生态文明和党的建设等领域的体制格局。因而，在国家治理的总棋局中，它是一个最具"牛鼻子"效果的国家治理要素。

毋庸赘言，财税体制改革的推进状态和实际效应不仅取决于税制改革或预算改革，而且取决于包括税制改革、预算改革和央地财政关系调整三个方面内容在内的整体改革，尤其取决于作为中央与地方关系中最基本、最基础的层面——财政分配关系——的改革。倘若央地财政关系调整相对滞后的局面得不到及时扭转，本应发挥的"牛鼻子"效应便会异化为"拖后腿"效应。而且，其所涉及的，将不仅是本轮财税体制改革，更值得警惕的是，它还会由此扩展至以国家治理现代化为总目标的全面深化改革。

站在当前中国发展和改革的全局立场上，可以进一步断定，不仅稳增长，而且调结构；不仅促改革，而且防风险，以及包括保就业、惠民生等在内的其他一系列发展和改革目标的实现，都要依赖于中央和地方两个积极性，都要建立在发挥中央和地方两个积极性的基础上。这意味着，按照《方案》的要求，把央地财政关系调整落实到位，已经箭在弦上，刻不容缓。

（三）宜以"分税制"为凝聚共识的基础

央地财政关系的调整之所以相对滞后，其原因固然可从多方面归结，但最具标识意义的一条，显然在于围绕调整的具体操作方案尚未在中央和地方之间达成广泛共识。故而，突围央地财政关系调整的樊篱，应当由探求如何凝聚共识入手。

这一轮央地财政关系调整的目标既然定位于"有利于发挥中央和地方两个积极性"，那么，精确地瞄准这一目标而不是仅把它当作一个口号或标签，应当是我们讨论问题的出发点。

从历史上看，在1994年之前，中国的央地财政关系格局尽管几经变化，十分复杂，但总体上都是以"分钱制"为基础的。无论是早期的"总额分成"、"收入分类分成"，还是后来的"大包干"，所"分"或所"包"的，实质都是"钱"——财政收入。只是在1994年之后，方才有了根本性的改变——由"分钱"转向"分税"。自此，方才有了中央税、地方税以及中央地方共享税等一系列新概念。也正是由于打下了"分税制"这一相对稳定的央地财政分配关系的基础，中央和地方的积极性方才有了"比翼鸟"似的空前提升。因而，如果说中央和地方的积极性比较有效的调动始于1994年的分税制财政体制改革，那么，继续沿着分税制的道路走下去并使之趋于完善，而不是偏离这一方向甚至另辟新径，无疑是我们的当然选择。

不过，重要的问题在于，这里所说的分税制，是指改革之初所设定的本来意义的分税制，而非后来实际运行中走了样的分税制。

从1993年《国务院关于实行分税制财政管理体制的决定》中可以看到，改革之初所设定的分税制财政体制至少具有如下四层含义："按照中央与地方政府的事权划分，合理确定各级财政的支出范围；根据事权与财权相结合原则，将各种税统一划分为中央税、地方税和中央地方共享税，并建立中央税收和地方税收体系，分设中央与地方两套税务机构分别征管；科学核定地方收支数额，逐步实行比较规范的中央财政对地方的税收返还和转移支付制度；建立和健全分级预算制度，硬化各级预算约束"。显而易见，建立在上述本来意义基础上的央地财政关系，是契合有利于发挥中央和地方的积极性的目标的。

令人不无遗憾的是，由于种种主客观因素的制约，后来的分税制实践并未能将这一改革部署贯彻到底：中央和地方之间的事权和支出责任划分，始终未能明晰化、合理化；财权迟迟未能落实，作为分税制灵魂的"财权与事权相结合"原则被替换成"财力与事权相匹配"；税种划分范围变化，部分地方税甚至地方主体税种被转入中央地方共享税，本就有欠健全的地方税体系进一步弱化；转移支付制度的规划化进展迟缓，"跑部钱进"现象泛滥；地方财政收支管理权和收支平衡权长期"缺位"，分级财政管理在事实上带有"打酱油财政"的性质，如此等等。

对照分析的结果表明，现行央地财政关系格局所存在的所有矛盾和问题，其根本并非在于分税制本身，而在于对于分税制的执行不到位。或者说，问题出在分税制的"名"与"实"不相符上。这就意味着，由走了样的分税制回归本来意义的分税制，是最有利于调动中央和地方两个积极性的央地财政关系格局选择。进一步说，只有分税制而非其他别的什么体制安排，才是既合情又合理，从而可以具有相对稳定性的，才是可以在中央和地方之间凝聚共识的基础所在。

所以，当前我们面临的最重要任务，就是在分税制财政体制的旗帜下，将《方案》有关央地财政关系调整的顶层设计和总体规划具体化、精细化，接上地气，落到实处。

这一结论的引申意义是，围绕央地财政关系调整的具体操作方案，理应取得地方政府的广泛认同和积极配合，在中央和地方的有效互动中最终形成。否则，即便勉强拿出了方案，也难以扎实推进。或者，即便勉强实施了，也难免再次走样。

毫无疑问，这项任务异常艰巨。但是，我们别无选择。

参考文献

[1] 楼继伟：《财税改革的四大方向——第五轮中美战略与经济对话》，《中国税

务》2013 年第 9 期。

[2] 高培勇：《理解三中全会税制改革"路线图"》，《税务研究》2014 年第 1 期。

[3] 财政部：《关于 2013 年中央和地方预算执行情况与 2014 年中央和地方预算草案的报告》，《经济日报》2014 年 3 月 19 日。

[4] 财政部新闻办公室：《2011 年财政工作取得新成绩》，财政部网站，2011 年 12 月 25 日。

[5] 中共中央：《中共中央关于全面深化改革若干重大问题的决定》，人民出版社 2013 年版。

[6] 高培勇主编：《实行全口径预算管理》（中国财政政策报告 2008/2009），中国财政经济出版社 2009 年版。

[7] OECD (2004), The Legal Framework for Budget Systems: An International comparison, a special issue of the OECD Journal on Budgeting, Vol. 4, No. 3.

[8] 中央办公厅、国务院办公厅：《深化国税、地税征管体制改革方案》，《人民日报》2015 年 12 月 24 日。

[9] 国务院：《国务院关于实行分税制财政管理体制的决定》，《人民日报》1993 年 12 月 15 日。

[10] 高培勇：《将央地财政关系调整落到实处》，《光明日报》2015 年 12 月 23 日。

第九章　国有经济战略性调整

黄群慧

（中国社会科学院工业经济研究所）

摘　要：为了适应经济增速趋缓、结构趋优、动力转换的经济新常态，必须对国有经济布局进行重大调整。当前国有经济存在总量大但功能定位模糊、过于集中于重化工业、地方国企扩张较快、创新方向和效率还不能满足创新型国家的要求、面临国际"竞争性中立"的严峻挑战、自然垄断性行业有效竞争不够和竞争性行业产业集中度不高等问题，新常态下国有经济的布局结构战略性调整的目标，应该重"质"轻"量"，不再纠结于国有经济占整个国民经济的具体比例高低的"数量目标"，而应更加看重优化国有经济布局、促进国有经济更好地实现其功能定位和使命要求的"质量目标"。这具体需要基于功能定位分类推进国有经济战略性调整、基于国家战略性标准和公共服务性标准选择调整国有经济的产业布局、基于全面深化改革和优化市场结构双重目标来协同推进国有企业兼并重组。

一　问题的提出

改革开放以来，国有经济取得了巨大的发展，在保持我国经济高速增长、推进我国快速工业化进程、提高经济国际竞争力方面发挥了重要作用。1978—2013年的国有企业改革大体可以划分为"放权让利"、"制度创新"和"国资管理"三个大的阶段（黄群慧、余菁，2013），各个阶段中积极推进了众多重大改革措施，包括经济责任制、利税改革、承包经营制、建立现代企业制度、国有经济战略性调整和构建以国资委为核心的国有资产管理新体制等。其中国有经济战略性调整和建立现代企业制度两方面重大改革，对于国有经济取得今天的发展成就，发挥了重要作用。考虑到迄今为止我国国有企业在建立现代企业制度方面还有待进一步探索和完善，可以说国有经济战略性调整发挥了更大作用。20世纪90年代末，以收缩国有经济战线为核心的国有经济战略性调整，不仅改变了国有经济量大面广的局面，更为关键的是由于国有企业更多地集中到与工业化中期发展阶段相适应的重化工领域，从而整体上解决了国有企业如何脱困的问题。

当前我国经济正在步入速度趋缓、结构趋优的"新常态"，这意味着经济发展阶段发生了重大变化，从工业化中期步入后期（黄群慧，2014），在这个新阶段我国经济呈现出一系列趋势性变化，同时也面临着相应的风险。接下来一个直接的问题是，经过战略性改组、适应工业化中期阶段的国有经济布局和结构应该进行怎样的再次战略性调整，才能够适应步入工业化后期的环境变化，从而适应和引领"新常态"。这个问题无疑是重大的，不仅事关未来国有经济的发展，而且事关我国未来经济新常态下的工业化的实现。但迄今为止，有关新阶段的国有经济战略性调整的研究，除了一些观点和思考类的文献外，真正学术意义的研究文献还很少。与研究文献对国有经济战略性调整关注度不高相反，由中国南车和中国北车合并案例燃起资本市场对国有企业并购重组高度热情，资本市场对未来国企重组具有极大的预期。然而，在操作层面国企重组推进之前，应该先对经济新常态下国有经济战略调整指导原则、基本方向和整体筹划进行深入系统的研究。这也是本章的重要现实意义所在。

二 经济新常态对国有经济提出新要求

习近平主席在2014年11月10日指出，我国经济新常态基本表现为经济增速从高速转为中高速、经济结构优化、经济增长动力转化三大基本特征。2014年12月9日，党的中央经济工作会议进一步归纳了经济新常态在消费需求、投资需求、出口和国际收支、生产能力和产业组织方式、生产要素、市场竞争、资源环境约束、经济风险、资源配置模式和宏观调控方式九个方面的基本特征。这些特征表明经济新常态是我国一个新的经济发展阶段。从我国的工业化进程看，我们研究表明，这个新阶段意味着我国进入了工业化后期，也就是说工业化后期正是步入经济增长新常态的过程。在这个过程中，出现了一些大的趋势性变化，包括经济增长速度方面的经济增速放缓趋势，经济结构方面的经济服务化趋势和产业内部的结构高级化趋势，而在经济增长动力方面，供给方面的要素集约化趋势和去产能化趋势，以及由于这个过程还与国际上"再工业化"和第三次工业革命重合，出现了工业化与信息化、制造业与服务业深度融合的趋势（黄群慧，2015），也就是说，以前所熟悉的经济环境发生了巨大的变化。与此同时，我国国家层面也推出了"丝绸之路经济带"和"21世纪海上丝绸之路"、"中国制造2025"等大的国家发展新战略，需要国有企业承担新的使命。面对经济新常态的这些趋势性变化和国家发展新战略，对于国有经济而言，一方面，环境变化对国有企业提出了新挑战，国有企业要生存和发展必须迎接挑战、适应新的环境变化——"适应新常态"；另一方面，新的经济发展阶段国家将赋予国有企业新使命，进而也给国有企业提出了新要求——"引领新常态"。

（一）适应经济增速放缓的新常态，积极转变国有经济发展方式

2001—2011年，中国经济增长率年均为10.4%，而2012年、2013年和2014年的经济全年增速为7.7%、7.7%和7.4%，2015年第一季度和第二季度的经济增速都为7%。中国经济增长前沿课题组（2014）预测2016—2020年增长率预期为6.4%—7.8%；国务院发展研究中心"中长期增长"课题组预测2015—2025年平均增速为6.5%（刘世锦，2014）；中国社会科学院宏观经济运行与政策模拟实验室预测2016—2020年我国潜在经济增长率为5.7%—6.6%，2021—2030年潜在经济增长率为5.4%—6.3%（李扬、张晓晶，2015）。这意味着2012年以来的经济增速放缓是一个趋势性的变化，而不是一个周期性的短期下降、将来会"V"形反弹。对于这个趋势性变化，理论界分别给出了人口红利消失（蔡昉，2013）、结构性减速（中国经济增长前沿课题组，2013）等理论解释。在我们看来，这个趋势性变化是因为我国从2011年以后已经从工业化中期步入工业化后期，各国历史经验表明，工业化后期与工业化中期相比，一个重要的经济发展特征变化是在工业化中期由于依靠高投资、重化工业主导发展而支撑的经济高速增长将难以为继，工业化后期由于主导产业的转换、潜在经济增长率下降经济增速将会自然回落（黄群慧，2014）。

与我国快速工业化进程、投资驱动高速增长、粗放的经济增长方式相适应，一直以来我国国有经济发展方式以投资驱动的规模扩张为主导。在经济高速增长的大环境下，企业面临着众多的发展机会，模仿型排浪式消费需求和大规模的基础设施投资需求使得"跨越式发展"成为多数企业追求而且可以实现的发展战略目标。与民营企业的企业家机会导向驱动的"跨越式"发展方式不同，由于主客观条件使得国有企业更多地倾向选择投资驱动的"跨越式"发展方式，一是国家赋予国有企业承担国家安全、经济赶超等方面的国家使命，需要涉及国家安全行业、自然垄断行业、重要公共产品和服务行业、经济支柱和高新技术产业中的国有企业在规模上迅速扩张与大型国外跨国公司抗衡。二是地方政府出于税收和地方经济发展业绩的需要，对地方国有企业迅速规模扩张有很大的需求。三是由于政府官员的任期制和国有企业企业家的组织任命制，国有企业决策者有更强的依靠投资快速扩张的动机。长期实践下来，国有企业也就更习惯于这种投资驱动的"跨越式"发展方式。四是经过国有经济战略性重组，与我国快速工业化进程相适应，国有企业大多处于需要高投资的重化工业。五是在融资体制机制上，国有企业具有得到大规模投资的更多便利性。

随着我国经济阶段逐步步入经济新常态，经济增速从高速转为中高速，模仿型排浪式消费阶段基本结束，低成本比较优势不可持续，市场竞争从低成本转向差异化，要素规模驱动力减弱，经济增长将更多依靠人力资本质量和技术进步，国有企业所熟悉的投资驱动的"跨越式"发展方式已经无法适应环境新变化。在新的经济发展阶段，国有企业要在明确自己的国家使命和功能定位的前提下，通过不断创新，实现有营利的而非"高利的"、可持续的而非跨越式的发展。为此，需要积极推进对国有经济基于使命进行企业分类和功能定位、基于定位进行国有经济战略性重组、基于企业分类构造有利于创新的现代企业制度和治理机制等一系列重大改革任务和措施，进而促进国有经济从"投资驱动的跨越式发展方式"向"创新驱动的可持续发展方式"转变。

（二）适应经济结构优化升级的新要求，积极推进国有经济布局结构战略性调整

对于经济新常态而言，更为关键的特征是经济结构的优化升级。从三次产业间结构看，到 2013 年，服务业增加值占 GDP 比例达到了 46.1%，而工业增加值占比为 43.9%，服务业占比首次超过了工业，成为最大占比产业。无论是从中国的工业化进程看，还是从产业结构高级化趋势看，2013 年服务业产值比例首次超越工业产值比例，在一定程度上都是一个具有象征意义的转折点。而 2014 年服务业占比达到 48.2%，高出工业占比 5.6 个百分点。2015 年上半年服务业占比进一步提升到 49.5%，经济服务化趋势明显。从工业内部结构看，高加工度化和技术密集化趋势明显，技术密集型产业和战略性新兴产业发展迅速。在整体工业增速下滑的背景下，工业中的原材料行业、装备制造业和消费品行业中，装备制造业增长迅速，居三大行业之首。从具体行业看，高技术产业增速一直高于工业平均增速，节能环保、新一代信息技术产业、生物制药、新能源汽车等行业发展尤为迅速。以生物医药、人工智能等为代表的高技术产业的增加值过去两年持续保持在 10%—12% 的高速增长，比规模以上工业平均增速高将近 5 个百分点。与此同时，钢铁、电解铝、水泥、平板玻璃、造船等产业的产能过剩问题突出，传统经济与新兴经济呈现"冰火两重天"的增长格局，这更凸显了我国经济结构优化升级的必要性。

进入 21 世纪，与我国工业化中期阶段的工业化进程相适应，我国国有资本大多分布在重化工业。到 2012 年，我国工业和建筑业的国有资产占全国国有资产比重为 43.06%，而工业中煤炭、石油和石化、冶金、建材、电力、机械等重化工行业国有资产占全部国有资产比重为 78.44%（国务院发展研究中心企业研究所，2015）。应该说，对于工业化中期的中国发展而言，这些行业总体上关系到国计民生，具有重要的战略意义。但是也必须看到，这些行业中，诸如煤炭、冶金、建材，都属于产能过剩问题比较突出的行业。实际上，伴随着我国进入了工业化后期和新技术革命的推进，一方面这些行业中一些产业的国家战略意义已经减弱，另一方面这些产业年度需求峰值已经达到，未来需求逐步减少，这些行业的产能过剩已经是绝对过剩。如果国有资本继续主要分布在这些行业，一方面国有资本的国家使命和战略意义将越来越不突出，另一方面国有企业效益也将受到影响，国有资产保值增值、国有企业做大做强做优的目标也将越来越难以实现。因此，在工业化后期的经济发展新常态下，国有经济要适应经济结构优化转型升级的新要求，积极推进国有经济布局的战略性调整。

（三）适应经济增长动力转换的新要求，以全面深化国有企业改革推进创新驱动战略

进入工业化后期，决定经济增长的供给要素条件都发生了明显的变化。从劳动力要素看，到2010年以后，由人口年龄结构产生的"人口红利"逐步消失，2012年和2013年，中国15—59岁劳动年龄人口分别比上年减少了345万和244万，劳动参与率也在不断下降，已经从2005年的76%下降到2011年的70.8%；从资本要素看，工业资本边际产出率不断下降，2002年中国工业边际资本产出率为0.61，2012年则下降至0.28（江飞涛等，2014）。这意味着在工业化后期劳动力、资本等要素驱动乏力，更为根本的动力来自创新，这正是所谓"创新驱动战略"的本意。这种创新既包括一般意义的技术创新，还包括深化改革开放意义的制度创新。从技术创新意义上看，需要通过技术创新适应工业化和信息化融合发展的新趋势，促进传统产业不断升级和新兴产业的培育和发展，深化工业化进程，实现产业结构高级化，提高全要素生产率；从制度创新意义看，一方面通过制度创新可以破除阻碍我国现有生产要素充分供给的体制机制障碍，推进要素市场化进程，促进供给要素数量和供给要素效率的提升，另一方面制度创新可以破除我国技术创新的体制机制约束，提升我国技术创新效率，从而又促进工业化进程的深化，发挥深化工业化进程的推动力。这意味着经济新常态下我国经济发展的新的"源"动力更大程度上表现为制度创新。

全面深化国有企业改革构成了经济新常态下制度创新的重要内涵，成为经济新常态下经济发展的重要动力。一方面，按照十八届三中全会的要求，国有资本投资经营要服务于国家战略目标，具体包括提供公共服务、发展重要前瞻性战略性产业、保护生态环境、支持科技进步、保障国家安全，这要求国有企业必须相应地调整自己的经营战略方向，基于这些国家使命要求来确定未来的战略方向。通过经营战略调整和实施来实现支持科技进步、发展前瞻性战略性产业等使命，促使国有企业作为一种重要动力推动新常态下经济发展。另一方面，全面深化国有企业改革不仅有利于增加国有企业自身的活力，推动国有企业技术创新和市场竞争力，从而更好地实现做大做强做优国有经济进而推动整体经济增长的发展，而且有利于创造公平竞争环境、建立有效的竞争秩序，从而有利于非公有制经济和整体经济的发展。例如，混合所有制改革不仅有利于国有企业成为真正的市场主体，激发了市场活力，还有利于避免"竞争性中立"约束、促进"走出去"战略的有效实施，同时拓展了民营企业的成长空间。又如，自然垄断性行业的国有企业改革要进行业务战略调整，将国有资本更多地集中于自然垄断性的业务环节，而非整个行业链条，从而有利于提高整个行业的竞争程度和效率。再如，在过度竞争或者产能过剩的行业，国有企业要积极推进兼并重组战略，有利于一些行业建立合理的产业组织结构，形成有效率的产业集中度，提升了整个行业的效益。

总之，面对经济发展新常态这样经济环境重大变化，以及国家推出"一带一路"、"中国制造2025"等新的重大国家战略，国有经济发展战略必然要做出重大变革，这不仅要求企业内部业务发展战略与组织结构做出相应的变化，更为关键的是要在国有经济宏观层面上进行战略性调整，这既包括整体布局结构的调整，也包括产业组织结构的调整。如果说，从1996年以来以收缩国有经济战线为核心的国有经济战略性调整是第一次，这次在新常态下国有经济的战略性调整则是第二次，或者是再调整。新常态下国有经济战略性调整与第一次国有经济战略性调整的最为本质的区别是，国有经济结构调整是以更好地服务于新常态下国家经济发展战略为目标，而不是以收缩国有经济战线为目标。这意味着国有经济结构再调整，不仅仅是做好国有资本的"减法"，还要做好国有资本的"加法"，围绕新常态下国家使命和国家经济发展目标实现国有资本的有效流动。

三　现有国有经济布局结构与存在问题

虽然广义的国有经济是指以经济资源归国家所有为基础的一切经济活动和过程，可以理解为国家所有的全部行政事业性和经营性资产及在此基础上衍生出来的经济活动，但一般论述国有经济战略性调整的

"国有经济",是在狭义层面上使用的,主要是指经营性国有企业资产及其活动。

(一) 国有经济总量不断扩大,但国有经济功能定位不明确

经过 2003 年以后的"国资发展"阶段,从总体上看我国国有经济取得了长足的发展,如果按照中国国家资产负债表的估算数据,2011 年我国的国有经营性资产,也就是非金融企业国有总资产(含负债)为 70.3 万亿元(李扬等,2013);根据《中国企业发展报告 2015》(国务院发展研究中心企业研究所,2015)引自财政部和国资委的数据,2011 年、2012 年和 2013 年我国国有企业的合并报表总资产分别为 85.38 万亿元、100.23 万亿元和 104.1 万亿元,其中国有资本总量(国有实收资本及其享有的权益额)分别为 21.99 万亿元、25.18 万亿元、29.60 万亿元。同样根据财政部的数据,2003 年全国经营性国有资本 7.0 万亿元,而到 2014 年全国经营性国有资本达到 33.7 万亿元,年均增长超过 30%。同期国有企业数量从 146446 家上升到 160515 家,增加了 14069 家。如果以 2013 年国有企业合并报表资产 104.1 万亿元计算,我国国有企业资产和 GDP 的比例约为 1.8:1,而 2007 年 OECD 国家的该比值为 0.25:1,这意味着我国国有经济在国民经济中的作用远比 OECD 国家突出。国有经济的快速发展,与国资委成立以后,建立国有资产保值增值的激励约束机制相关,也和国有经济大多处于快速增长的行业布局相关。但是,国有资本的快速扩张,引起了"国进民退"、国有资本利用行政资源获取垄断地位、损害了市场公平和效率等一系列的非议。这反映出实际上,考核国有资产保值增值率并不是适合所有国有企业的,关键是要明确国有资本的功能定位是什么,进而考核国有资本是否实现了其定位要求,对于一些定位于公益性或者政策性目标的国有企业,并不需要考核其营利或者国有资本保值增值率。现实的情况是,由于我国并未对国有企业实施分类治理,没有对每家国有企业具体赋予其使命,许多国有企业的经营范围既包括市场化的业务,又包括政策性的业务,横跨竞争性领域和自然垄断性领域,结果造成国有企业会面临"营利性企业使命"与"公共性政策使命"诉求的冲突。一方面,国有企业作为企业要通过追求营利性来保证自己的不断发展壮大,这需要考核国有资产保值增值。另一方面,国有企业要弥补市场缺陷,定位为公共政策工具,服务公共目标,这要求牺牲营利。这两方面定位要求，使得当前国有企业陷入赚钱和不赚钱两难的尴尬境界——不赚钱无法完成国有资产保值增值、壮大国有经济的目标，赚了钱又被指责损害了市场公平和效率、牺牲了公共服务目标（黄群慧、余菁，2013）。由于国有经济布局总体覆盖了竞争性、自然垄断性和公共政策性等各类领域，而不同领域的国有企业的经营目标又没有明确区分，甚至一家国有企业的经营业务就覆盖了各类不同性质的领域，再加之国有企业领导人具有行政官员和职业企业家的双重角色，也就是说无论是国有企业，还是国有企业领导人，都存在混合定位或者定位不清的问题，这使得国有企业不能够成为一个真正的企业。因此，未来需要基于功能定位和使命要求调整现有的国有经济布局，对国有企业进行分类治理。

（二）国有经济主要分布于第二产业，但已经呈现向第三次产业调整的明显趋势

单从中央企业看，2013年中央企业分布在第一产业的资产总额占全部中央企业资产总额的0.2%，第二产业占64.5%，第三产业占35.3%（宋群，2014）。如果从全国国有企业看，在农林牧渔、工业、建筑业、地质勘探、交通运输、邮电通信、批发零售、房地产、信息技术服务、社会服务业、卫生体育服务业、教育文化、科研技术、机关社会及其他14个大行业中，2014年全国国有工业企业数量占比最大，为26.6%，2014年全国国有工业企业资本数量也最多，占比达到33.32%。如果简单将工业、建筑业等对等为第二产业，2014年国有企业资本约40%分布于第二产业。应该说，我国国有经济的产业结构与整体国民经济产业结构基本吻合。而且，总体上与我国的经济服务化的结构性变化趋势相适应，我国国有工业企业资本在全部国有企业资本占比自2007年逐年下降，在2007年国有工业资本占全部国有资本的比例还高达50.67%，7年间该比例下降了17.35个百分点，而同期在社会服务业的国有资本从9.05%上升到24.07%，上升了15.02个百分点。如图9－1所示，将上述14个行业简单划分为第一产业（农林牧渔）、第二产业（含工业、建筑）、第三产业（含交通运输、邮电通信、批发零售、房地产、信息技术服务、社会服务、卫生体育服务业、教育文化、科研技术等），可以看出，2005—2014年十年间国有资本在产业间占比变化，总体上呈现第一产业占比一直保持在1%左右，而第二产业占比下降、第三产业上升的趋势。

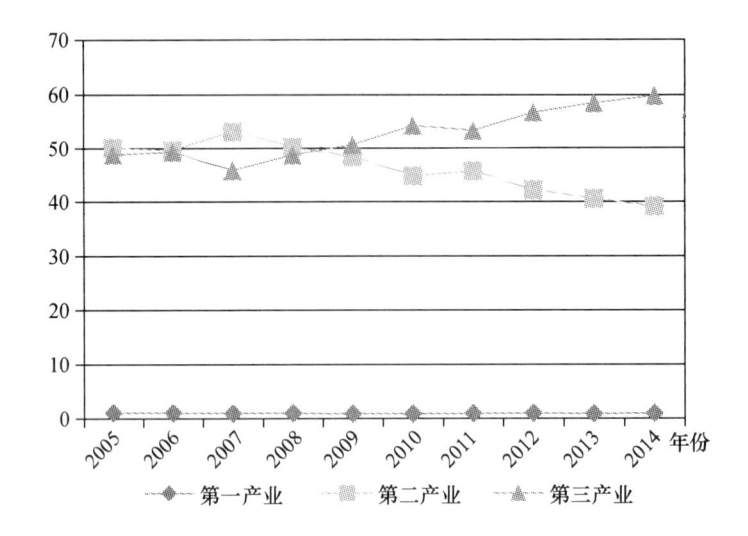

图 9-1 国有企业的国有资本三次产业分布变化（2005—2014 年）

资料来源：根据财政部国有企业财务决算报告有关数据计算。

（三）工业国有资本主要集中在重化工行业，战略性新兴产业分布不足

如果按照财政部的工业行业划分，将工业划分为石油和石化工业、电力工业、机械工业（含汽车工业）、冶金工业、煤炭工业、烟草工业、化学工业、军工工业、电子工业、建材工业、医药工业、纺织工业、食品工业、森林工业、市政公用工业、其他工业 16 个大行业，那么 2003 年以来工业国有资本主要集中在石油石化、电力、机械、冶金、煤炭等行业，这 5 个行业国有资本之和占整个工业行业国有资本的比例在 2003 年、2008 年、2013 年、2014 年分别为 66.03%、76.54%、73.31%、71.55%。其中石油石化和电力一直是占比最大的两个行业，基本占比在 45% 到 50% 之间，已有半壁江山；冶金行业的国有资本占比一直居第三位，2014 年让位于机械工业；煤炭工业国有资本占比在 2008 年曾居第四位，但在 2014 年已经居第六位，低于机械工业和市政公用工业。机械工业和市政公用工业国有资本占比近些年显著提高，已分别从 2008 年的 7.08% 和 3.05% 提高到 2014 年的 9.98% 和 7.54%，体现了产业结构高级化趋势和国有经济服务民生的功能定位。但是，总体而言，国有资本大多分布在传统产业，不少处于价值链的中低端环节，产能过剩与战略性新兴产业布局不足并存。一方面，中央企业有 2

亿吨过剩粗钢、约20%的氧化铝和约25%的水泥产能过剩；另一方面，有关节能环保、新兴信息产业、生物产业、新能源、新能源汽车、高端装备制造业和新材料等战略性新兴产业国有资本比重低，中央企业中这类企业仅占10.62%（宋群，2014）。根据中国工程科技发展战略研究院发表的《2015年中国战略性新兴产业发展报告》，截至2014年上半年，位于战略性新兴产业的上市公司中63.5%属于民营企业，13.6%为中央国有企业，13.2%为地方国有企业。这意味着从工业行业分布看，国有经济在体现国家经济发展战略方向方面还缺乏足够的引导作用。在过去的十多年中，由于中国正处于工业化中期阶段，重化工业处于大发展的时期，工业国有资本这种战略性布局是合理的，正是过去十余年的重化工业的景气周期以及主要靠重大投资项目拉动的经济增长模式，使得国有经济部门资产与收入的规模增长相当可观。但是，中国正步入经济新常态，过去十几年中形成的国有经济倚重重化工布局和规模扩张的发展方式，已经无法适应工业化后期的经济新常态的要求，产能过剩、经济效益差的问题日益突出，工业国有资本亟须从产能过剩领域退出转向战略性新兴产业，形成适合经济新常态下的工业国有资本行业布局结构如图9-2所示。

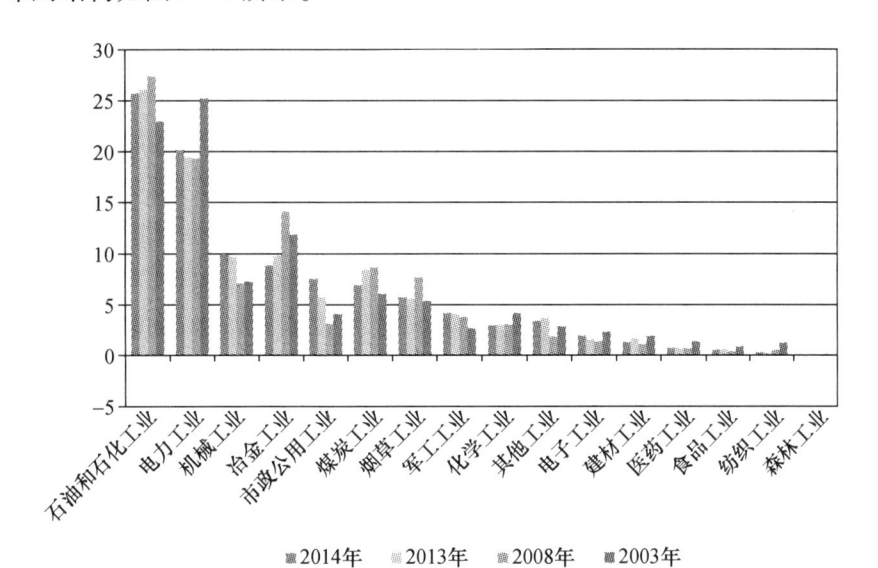

图9-2 工业行业国有资本分布结构

资料来源：根据财政部国有企业财务决算报告有关数据计算。

（四）地方国有企业资产总量不断增大，但效益低于中央企业

从隶属关系和区域分布看，地方企业国有资本占比近年来不断上升，大于中央企业国有资本占比，其中东部地区国有资本总量占比超过地方国有资本一半，但中西部地区国有资本占比呈不断上升趋势。根据财政部数据，截至2014年，我国地方国有企业106373户，远远高于中央企业户数，占全部国有企业总数的67.1%；地方国有企业国有资本总量为198911.8亿元，也高于中央企业的国有资本总量，占全部国有企业国有资本总量的54.8%。自2008年以来，地方国有企业的国有资本占比不断上升，从2008年的41.3%上升到2013年的57.7%，2014年有所下降。从具体各省情况看，各省国资国企规模差异巨大，各省国资国企规模和经济发展水平相关，2012年资产排在前面的分别是江苏、上海、广东、北京、重庆、浙江、天津、山东等，其国有资产总量都超过两万亿元（马淑萍、袁东明，2015）。2014年东部地区的国有企业数量和国有资本的总量都占全部的56%，中部和西部的国有企业数量分别为20.1%和23.4%、国有资本比重分别为18.0%和25.7%。从趋势上看，近些年中部和西部国有资本的占比呈现上升趋势，在2005年中部和西部国有资本占比只有11.6%和11.4%，这意味着中部和西部国有资本占比近几年提高了一倍左右。总体上看，地方国资国企的功能主要体现在三个方面：一是承担供水、供气、公共交通等公共服务功能。二是承担城市发展和基础设施建设的建设开发功能以及土地、资金等要素供给功能，如重庆市属国有企业30%的资产集中在公共基础设施领域，湖北省仅交通投资集团一家企业的资产就占省属经营性资产总量的50%以上。三是承担培育支柱产业、促进地方经济发展的功能。例如，上海市属经营性企业资产80%以上集中在战略性新兴产业、先进制造业、现代服务业等关键领域和地方优势产业，湖南省属企业资产的71%集中在机械制造和冶金产业，陕西、河南省属国有企业资产主要集中在能源化工、装备制造、有色金属等行业（黄群慧，2015）。相对于中央企业，地方国资的另外一个特征是总体回报较低，根据财政部《2013年国有企业财务决算报告》统计数据，虽然地方国有资产总额比中央国有资产总额多出6.9万亿元，但2013年中央国企创造的净利润为1.2万亿元，约为地方净利润的2倍。这说明地方国企在收益水平和盈利能力不如中央国企（项安波、石宁，2015）。另外，各地国有企业

在收益水平、盈利能力上存在明显差异。根据2014年中国统计年鉴，2013年全国国有及国有控股企业利润总额和总资产贡献率分别为15194.1亿元和11.9%，而各地区国有及国有控股企业的这两个指标差异大，利润总额前三位分别为陕西1371.1亿元、上海1313.9亿元、山东1214.0亿元，利润总额后三位分别为西藏0.91亿元、海南16.2亿元、青海37.6亿元；总资产贡献率前三位为黑龙江20.4%、上海18.2%、广东17.3%，总资产贡献率后三位为西藏1.1%、北京6.2%、山西7.3%。从隶属分布体现出地方国有资本迅速扩张和盈利能力差并存的特征，从区域分布上看这个特征在中西部表现得更为突出，正面的可能原因是近年来地方尤其是中西部地区城市基础设施发展和公共服务功能的改善，但也折射出近年来地方政府过度负债问题的风险在扩大，以及一些后发地区也开始在重化工行业布局，加剧了产能过剩问题。从中央和地方国有资本功能定位看，地方国有资本更加合理的定位是地区的公共服务功能，中央国有资本更加适合发挥国家经济发展战略的引导作用，要针对这个定位来对现有的国有资本隶属和区域布局进行战略性调整。

（五）中央企业海外资产不断扩张，但面临"竞争性中立"的挑战

从国际化布局看，国有企业中中央企业发挥了关键作用，但未来面临"一带一路"战略下的使命要求和国际"竞争性中立"的严峻挑战。根据商务部、国家统计局、国家外汇管理局2014年9月联合发布的《2013年度中国对外直接投资统计公报》，2012年年底和2013年年底，在非金融类对外直接投资存量中，国有企业分别占59.8%和55.2%。2013年非金融类对外直接投资存量已达5434亿美元。2013年，非金融类对外直接投资流量为927.4亿美元，其中国有企业占43.9%；有限责任公司占42.2%，股份有限公司占6.2%，股份合作企业占2.2%，私营企业占2%，外商投资企业占1.3%，其他占2.2%，从中可以看出国有企业是我国企业走出去的主力军。在国有企业中，中央企业发挥了更为关键的作用。例如，2005—2010年中央企业海外并购金额在全部企业并购金额中占比分别为83%、86%、80%、91%、76%、74%（易纲，2012）。截至2014年年底，共有107家中央企业在境外设立8515家分支机构，分布在全球150多个国家和地区，"十二五"以来中央企业境外资产从2.7万亿元增加到4.9万亿元（如果按照2013年中

央企业总资产48.6万亿元，中央企业的境外资产占比约为10%），年均增长16.4%；营业收入从2.9万亿元增加到4.6万亿元，年均增长12.2%；中央企业境外投资额约占我国非金融类对外直接投资总额的70%，对外承包工程营业额约占我国对外承包工程营业额的60%（张毅，2015）。尽管中央企业通过海外并购已开始了国际化进程，并开始参与国际产业分工与经营，但整体尚属于"走出去"的初级阶段，还缺乏对国际分工的深度参与，尤其是积极利用国际产业转移、加快产业全球布局的格局还没有真正形成。从未来国有资本海外布局的战略调整看，需要注意两方面的问题，一是要积极响应"一带一路"国家战略，积极拓展区域布局。迄今为止，我国国有企业走出去战略的海外区域布局主要还是中国香港、美国、澳大利亚、新加坡、英国等（不包括开曼群岛、英属维尔京群岛），按照2014年《中国统计年鉴》数据计算，2013年对外直接投资存量中国香港占比57%、美国占比3.3%、澳大利亚占比2.6%、新加坡占比2.3%、英国占比1.8%。从贸易看，2013年"一带一路"国家的进出口贸易总量占我国进出口总量的25%，中国进出口总量占"一带一路"国家进出口贸易总量的11.5%（程军，2015）。作为贯彻执行"一带一路"战略的主力军，国有企业任重而道远；二是国有企业在走出去的过程中，越来越受到美国倡导的"竞争性中立"规制的约束。美国在推动以TPP为核心的新的贸易与投资新秩序过程中，试图将国有企业界定为"深受政府影响"、"20%及以上的股权"，并试图对这些企业以"竞争性中立"规制对其国际化行为进行制约，包括通过"边境内措施"来规范政府对国企行为影响、通过严格报告和强制执行制度保证信息的全面及时披露、通过审查质询及制裁制度强化竞争性中立规制执行力等。我国国有企业未来需要未雨绸缪，既要通过各种手段影响TPP谈判过程利于我国国有企业走出去，又要积极推进混合所有制改革、避开走出去的障碍（冯雷、汤婧，2015）。

（六）国有企业创新资源和成果不断增加，但还不能满足创新型国家战略要求

从创新资产分布看，国有企业，尤其是中央企业集中了大量的优质创新资源，也取得了大量高水平研发成果，但创新方向和效率还不能够完全满足创新型国家建设、创新驱动发展战略的使命要求。从创新资源

看，截至 2011 年年底，中央企业拥有科技活动人员和研发人员 125 万人，其中两院院士 226 人；中央企业 R&D 经费支出总额快速增长，从 2007 年不足 1000 亿元增长到 2011 年的 2747.21 亿元，年均增长 29.4%；《国家中长期科学和技术发展规划纲要》确定的我国需要突破的 11 个重点领域，中央企业都有涉及；16 个国家科技重大专项，中央企业参与了 15 个；"863 计划"的参与率达到 29.5%，科技支撑计划参与率达到 23.3%，即使在基础研究领域"973 计划"中，参与率也达到 13.5%。从创新产出看，全国国有企业拥有自主知识产权专利 21.4 万项，其中中央企业 13.7 万项；2005—2011 年，中央企业共获得国家科技奖励 467 项，占国家科技奖励总数的 24.6%，其中获得国家科技进步特等奖 3 项，占特等奖 100%，一等奖 44 项，占 57.9%，国家技术发明一等奖 3 项，占 37.5%；在载人航天、绕月探测、特高压电网、支线客机、4G 标准、时速 350 公里高速动车、3000 米深水钻井平台、12000 米钻机、实验快堆、高牌号取向硅钢、百万吨级煤直接液化等领域和重大工程项目中，中央企业已经取得了一批具有自主知识产权和国际先进水平的创新成果（李政，2012）。但是，一项实证测度研究表明，到 2009 年中国工业行业中 58.8% 的行业已经达到或者接近 OECD 主要国家的水平，但有 11.8% 的工业行业还大幅度落后于 OECD 主要国家的水平，这些行业主要是两类，一类是世界领域创新活动频繁、以医药和光电设备制造业为代表的新型工业，包括医药制造，电气机械及器材制造业，通信设备、计算机及其他电子设备制造业，仪器仪表及文化、办公机械制造业；另一类是垄断性强的工业，包括石油加工、炼焦及核燃料加工业，煤炭采选业，石油天然气开采业，烟草制品业，电力、热力的生产和供应业，燃气生产和供应业，水的生产和供应业（陆铭、柳剑平、程时雄，2014）。这意味着，一方面要考虑加大创新资产在科技及高新技术研发方面的布局，加强在重要战略性新兴产业发展方面的技术投入，加强在相关业务上科技力量的配套布局；另一方面要深化国有企业改革，尤其是垄断行业的国有企业的改革，激发国有企业的创新活力，从而提高国有企业的创新效率，尽快缩小我国技术差距，为我国建设创新型国家、转变经济发展方式贡献力量。

（七）国有企业规模不断扩大，但产业组织结构还有待进一步优化

从产业组织视角看，国有企业户均国有资本规模不断扩大，但存在

自然垄断性行业有效竞争不够与竞争性行业产业集中度不高的问题。自国资委成立以来，国有企业的规模扩张迅速，基于财政部国有企业财务决算报告数据计算，2003年国有企业户均国有资本只有0.48亿元，到2014年，国有企业户均国有资本上升到2.1亿元。根据2014年《中国统计年鉴》计算，国有及国有控股工业企业户均总资产2003年为2.76亿元，到2013年上升到18.8亿元，而同期私营工业企业的户均总资产从0.22亿元上升到0.9亿元，无论是规模，还是规模的增速，国有企业都远远大于私营企业。2014年，国有大型企业、中型企业和小型企业的国有资本占比分别是44.5%、22.5%和33%，国有资本主要集中在大型企业中。虽然国有企业规模不断扩大，但是我国的竞争性行业，与国际上相比总体上行业集中度仍不高，影响了企业的效益水平。以钢铁行业为例，美国、日本、韩国钢铁产业代表了世界的最高水平，这三个国家钢铁产业的集中度都很高，2007年美、日、韩前4家钢铁企业市场占有率分别为68.7%、73.9%、88.87%，而我国前4家钢铁企业市场占有率只有35%；再如煤炭行业，目前我国前4大企业市场集中度仅占20%，前8家市场集中度也仅为28%，比较合理的比例应分别达到40%和60%（李荣融，2013）。又如，中国制造业市场结构与美国相比，2007年的数据显示还是呈现高度分散型特点，在中国480个制造业四位数行业中，寡占型产业（H≥1000）仅有60个，占全部行业数的12.50%，而在美国435个制造业行业中，寡占型产业有134个，占全部行业数的30.8%。与之相反，在中国制造业市场结构中，极端分散型产业（H＜100）有116个，占全部行业数的24.17%，高度分散型产业（100≤H＜200）有106个，占全部行业总数的22.08%，而美国这两种市场结构类型比重分别只占全部行业总数的7.58%和6.67%（郭树龙、李启航，2014）。另外，从世界500强视角看，中国世界500强企业的市场集中度水平与美、欧、日的世界500强企业相比仍存在较大的差距，按2010年各国世界500强企业营业收入占全球行业总产值的比重计算，美国和欧盟在炼油化工、制药、汽车等行业的全球垄断地位十分明显，其世界500强企业占全球行业总产值的比重高达1/4—1/3，中国目前只有炼油化工一个行业在2010年超过了世界行业总产值比重的10%，与欧美国家相比仍有较大差距（胡鞍钢等，2013）。经过多年国有经济战略性调整，在电力、电信、民航、石油天然气、邮政、铁路、市政公共事业等具有自然垄断性的行业中，国有企业占据了绝大多数。应该说，这总体上符合国有经济的功能定位，但是，并不是这些行业的所有环节都具有自然垄断性，一般认为，电力产业的输配电网，铁路行业的路轨网络，石油产业的输油管线，天然气行业的输气管线，电信行业的电信、电话和宽带网络，属于自然垄断的网络环节，而电力行业的发电、售电业务，铁路的运输业务，石油和天然气的勘探、销售业务，电信行业的移动电话、互联网、电视网络和增值业务等属于可竞争的非自然垄断环节。现在由于国有企业的经营业务涵盖整个行业的网络环节和非网络环节，从而在一定程度上遏制了有效竞争，影响了社会服务效率，社会上对这些行业的国企意见比较集中，而且也正是这些行业，腐败问题往往比较集中。实际上，这些行业的国有企业改革已经成为我国国企国资改革的焦点行业。

四 新常态下国有经济战略性调整的方向与措施

《中共中央关于制定国民经济和社会发展第十三个五年规划的建议提出》："健全国有资本合理流动机制，推进国有资本布局战略性调整，引导国有资本更多投向关系国家安全、国民经济命脉的重要行业和关键领域，坚定不移把国有企业做强做优做大，更好地服务于国家战略目标。"这意味着，继"九五"时期末期围绕国有企业脱困目标推进国有资本战略性调整后，"十三五"时期将围绕更好服务于国家战略目标实施新一轮的国有资本布局战略性调整。

"十三五"时期，国有经济的布局结构战略性调整的目标，应该重"质"轻"量"，不再纠结于国有经济占整个国民经济的具体比例高低的"数量目标"，[①] 而应更加看重优化国有经济布局、促进国有经济更

---

① 例如，有文献在研究国有经济战略性调整时，曾具体规划国有经济活动占 GDP 的比例从 2012 年的小于等于 40% 逐步降低到 2020 年小于等于 30%、2030 年小于等于 20%（陈东琪等，2015）。

好地实现其功能定位和使命要求的"质量目标"。通过国有经济战略性调整，新常态下的国有经济功能定位可以更加明确，更好地服务于国家战略与服务于民生目标，在创新型国家建设、"一带一路"、"中国制造2025"等国家战略中发挥关键作用；行业布局更为合理，国有资本绝大部分集中于提供公共服务、发展重要前瞻性战略性产业、保护生态环境、支持科技进步、保障国家安全等真正关系到国家安全、国民经济命脉的关键领域以及公益性行业的优势企业中，进一步增强国有企业在这些领域的控制力和影响力；明确不同类型国有企业之间、中央和地方国企之间的功能定位，使企业之间的层级布局结构关系更为科学；国有企业的规模和数量分布更加合理，形成兼有规模经济和竞争效率的市场结构；国有经济股权布局趋于优化，混合所有制经济蓬勃发展，国有经济活力更为凸显，形成国有经济与民营经济优势互补、融合发展的局面。

（一）基于国有企业功能定位分类积极推进国有经济战略性调整

党的十八届三中全会提出了深化国有经济改革的四方面重大任务，包括推进国有经济功能定位与战略性重组、深化混合所有制改革、建立以管资本为主的新国有资本管理体制以及完善现代企业制度，我们认为这些改革任务的前提是国有企业的分类改革（中国社会科学院工业经济研究所课题组，2013）。面对庞大的国有经济，需要明确其功能定位和使命要求，在此基础上将国有企业分为三种类型，即公共政策性、特定功能性和一般商业性。[①] 由于现有的国有企业大多是三类混合，或者说没有明确其具体定位，因此在界定其功能定位的基础上，短期需要通过推进战略性调整来实现其企业分类，长期则通过建立以"管资本"为主的管理体制，利用国有资本投资公司和国有资本运营公司这两类平台实现符合其相应功能定位要求的国有资本合理、有效的流动。具体这三类企业的划分和相应的国有经济战略性调整的方向可参见表9-1。

---

① 按照2015年8月24日发布的《中共中央国务院关于深化国有企业改革的指导意见》，公共政策性、特定功能性和一般商业性这三类企业可以分别对应公益类、商业二类和商业一类。

表 9-1　　基于功能定位和企业使命推进国有经济战略性调整

类型	功能定位与企业使命	治理特征	国有经济战略性调整的方向
公共政策性（公益类）	作为国家政策的一种工具，弥补市场经济的不足，是我国作为市场经济国家而要求国有企业承担的使命	产权形态一般为国有独资公司，在以"管资本"为主的新管理体制中，其国有资本持股代表一般是国有资本投资公司。监管时强调其公益性目标的实现程度，而非营利多少	短期调整方向是剥离这里企业已有的营利性业务，退出营利性市场领域，将经营活动专注公共政策目标的实现；长期调整方向是根据国家政策需要新增国有资本或者新设这类企业，也不排除政策执行情况退出国有资本或者撤销相应企业
一般商业性（商业一类）	作为市场经济的竞争主体，积极应对市场的激烈竞争，在竞争中通过追求营利来实现国有资产保值增值，是转轨市场经济国家的"培育市场主体"的使命要求	产权形态为国有资本参股的混合所有制企业，其国有资本持股代表一般是国有资本运营公司。运营完全按照《公司法》要求，监管时强调其营利性目标的实现程度，考核其国有资本保值增值	短期调整的方向是完全剥离具有垄断特性的业务，将退出的国有资本投向更符合公共服务和国家战略目标的企业；长期调整的方向是依托国有资本运营公司这一平台建立国有资本灵活流动机制，通过市场化手段增强企业活力和提高企业效率，完全依靠市场竞争实现国有资本的保值增值
特定功能性（商业二类）	事关国计民生、基础设施、国家经济发展战略实施、保障国家经济安全等功能，承担了赶超型国家追求经济赶超的使命	产权形态为国有资本控股的混合所有制企业，其国有资本持股代表一般是国有资本投资公司。总体运营按照《公司法》要求，但要有单独的行业法规约束，监管时强调营利性目标和成长性目标结合	短期调整方向是分拆十分明显的公共政策性业务和一般非战略性的竞争性业务，将其业务集中于特定功能领域；长期调整方向是主动退出那些竞争格局趋于成熟、战略重要性趋于下降的产业领域和环节，不断努力在提供公共服务、保障国家安全和符合国家战略要求的各种新兴产业领域发挥更大的功能作用

资料来源：作者自撰。

（二）基于国家战略性和公共服务性标准科学调整国有经济产业布局

基于国有经济的基本功能定位服务于国家战略和公共民生的共识，经济新常态下我国国有经济产业布局结构的战略性调整的方向是重点发展国家战略性强和公共民生服务性强的产业。新常态下我国推出"一带一路"、"中国制造2025"等国家战略，同时随着现代化进程的推进，我国公共民生服务水平有了更高的要求，这要求将以前分布于产能过剩的重化工领域的国有资本，调整到与"中国制造2025"相关的高端与新兴制造业、与国家"一带一路"战略相关的产业、与完善中心城市服务功能相关的产业等领域中。这构成了未来我国国有经济战略性调整的重要内涵。如表9－2所示，按照国家战略意义和公共服务意义的两方面标准，具体分析了各产业在新常态下的地位变化，相应给出了国有资本在这些领域的布局变化，表明了国有经济产业布局的战略性调整的方向。

　　这里还应该强调说明四点。第一，随着经济服务化的趋势，未来工业在国民经济中的占比逐步下降，国有资本总体的调整方向是占比将会减少，但是工业的国家战略意义并不会降低，主要体现在创新型国家建设方面。同样我们期望国有资本发挥前瞻性、战略性的引导作用也主要体现在创新方面。无论是战略性新兴产业，还是"中国制造2025"的十大领域，国有资本进入都是期望能够发挥创新带动作用。虽然国有企业的创新作用一直存在争议，但是从我国创新资源分布看，也只有国有企业尤其是大型央企才能真正担负起国家创新体系中重大自主创新生态系统的核心企业的重任。问题的关键是要形成科学的国企创新战略。国有企业要将更多的创新资源集中于重大自主创新生态系统的构建，通过整合创新资源引导创新方向，形成创新辐射源，培育具有前瞻性的重大共性技术平台和寻求突破重大核心技术、前端技术以及战略性新兴产业的先导技术，从而有效发挥国有企业在调整经济结构、产业转型中的带头和引领作用。从国家创新战略角度看，国有企业应当在三类重大共性技术平台建设中发挥主导作用，一是战略共性技术，这类共性技术是处于竞争前阶段的、具有广泛应用领域和前景的技术，这类共性技术有可能在一个或多个行业中得以广泛应用，如信息、生物、新材料等领域的基础研究及应用基础研究所形成的技术。二是关键共性技术，这是指关系到某一行业技术发展和技术升级的关键技术。三是基础共性技术，这能够为某一领域技术发展或竞争技术开发作支撑的，例如测量、测试和标准等技术（黄群慧，2013）。第二，同样是国有资本布局，中央企业和地方企业的国有资本布局的重点是不同的，中央企业国有资本布局重点体现为实现国家战略意图和全国性公共服务网络，而地方企业的国有

表9-2　　　　新常态下国有经济产业布局战略性调整方向

产业	国家战略意义变化	民生服务意义变化	国有资本调整方向
农林牧渔业	→	→	↓
工业	→	→	↓
以重化工业为主导的传统工业（煤炭、石油开采和石化、冶金、建材、电力、化学、机械、森林、食品、纺织、医药、电子、烟草等）	↓	→	↓
战略性新兴产业（节能环保、新一代信息技术、生物、高端装备制造、新能源、新材料和新能源汽车等）	↑	→	↑
"中国制造2025"的十大领域（新一代信息产业、高档数控机床与机器人、海洋工程装备及高技术船舶、先进轨道交通、节能与新能源汽车、电力装备、农机装备、新材料、生物医药及高性能医疗器械等）	↑	→	↑
军工工业	↑	→	↑
市政公用工业	→	↑	↑
建筑业	↓	→	↑
地质勘探及水利业	↑	→	↑
交通运输业	→	→	↓
仓储业	→	→	↓
邮电通信业	→	→	↓
批发和零售、餐饮业	→	→	↓
房地产业	↓	→	↓
信息技术服务	↑	→	↑
社会服务	→	↑	↑
卫生体育福利	→	↑	↑
教育文化广播	↑	↑	↑
科学研究和技术	↑	↑	↑
其他	→	→	↓

注："↓"表示该行业的国家战略意义下降，或者民生服务意义下降，或者国有资本可逐步减少；"→"表示该行业国家战略意义未发生变化，或民生服务意义未发生变化，或国有资本大致不变；"↑"表示该行业的国家战略意义上升，或者民生服务意义上升，或者国有资本可逐步增加。

资本布局重点应该主要体现为地方城市公共服务、城市基础设施建设等领域。由于地方国资总量大于中央国资总量，因此未来地方国资的改革具有十分重要的战略意义，尤其是地方国资平台公司的改革，对防范我国经济风险、促进我国经济健康发展具有重要意义。第三，在那些国家战略意义和公共民生服务意义不突出的产业领域，国有资本原则上应该沿着逐步收缩的方向进行调整。即使是国有资本有所增加的产业领域，国有资本也主要应该以混合所有制方式进入，例如公用事业工程也应该大力推进 PPP 方式，要尽量避免以国有独资方式进入。第四，与表 9-2 中所列国有资本布局领域不同，"一带一路"战略所要求的是国有企业海外业务区域布局的调整。因为"一带一路"沿线国家众多，国有企业需要针对各国情况差异寻求技术合作、产能合作、资源合作等，这些合作就不限于表 9-2 中所列的国有资本增加的产业领域。在"一带一路"战略下，国有经济战略性布局的重大调整表现为海外区域布局战略调整，要求国有企业"走出去"战略的重点更多地向"一带一路"沿线国家转移。

（三）基于全面深化改革和优化市场结构双重目标协同推进国有企业并购重组

并购重组，是实施国有经济战略性调整的重要手段。2014 年年底，依托"一带一路"的国家战略，两大铁路设备制造巨头中国南车集团公司与中国北方机车车辆工业集团公司正式合并为中国中车集团公司，2015 年 5 月，中国电力投资集团公司与国家核电技术公司正式合并国家电力投资集团公司，党的十八届三中全会以后新时期中央企业的大规模并购重组拉开帷幕。虽然这两次并购重组在资本市场引起极大的关注，但是，自国资委 2003 年成立以来，央企这类并购重组并不鲜见，通过并购重组，已经将 196 家中央企业减少到现在的 111 家，而且从国资委成立以后，就有报道说国资委也曾提出将中央企业数量缩小到 30—50 家的改革目标，只是迄今为止并没有实现。我们认为，这个目标是符合未来新常态下中央企业高效运营监管的实际的，应该积极推进中央企业的并购重组。但是，我们认为，通过国有企业并购重组调整国有经济布局，需要考虑到全面深化改革的需要，也要考虑到建立有效的市场结构的需要，基于这两方面需要协调推进国有企业并购重组。从新时期全面深化国有经济改革需要看，一方面要通过重组解决自然垄断性行业的垄断问题，旨在优化相关业务配置和遏制垄断，形成自然垄断性行业的主业突出、网络开放、竞争有效的经营格局；另一方面要有利于建立以"管资本"为主的国有经济管理体制，通过并购重组按党的十八届三中全会的要求组建国有资本投资公司和新建国有资本运营公司。从优化市场结构需要看，国有企业在特定行业内的企业数量既不是越少越好也不是越多越好，否则不是造成垄断就是造成国有企业过度竞争，国有企业兼并重组要有利于形成兼有规模经济和竞争效率的市场结构，有利于化解产能过剩问题。基于这样的考虑，我们认为应该从以下几个方面推进国有企业并购重组。

第一，选择市场竞争程度相对高、产业集中度较低、产能过剩问题突出的行业，包括资源类行业、钢铁、汽车、装备制造、对外工程承包等，在这类领域通过并购重组，减少企业数量，扩大企业规模，突破地方或部门势力造成的市场割据局面，促进形成全国统一市场，有效提高产业集中度、优化产能配置和促进过剩产能消化。需要强调的是，由于这类领域产能过剩突出、经济效益比较差，所以推进这类产业的并购重组应该是当前国有经济战略性调整的重点和当务之急。

第二，在具有自然垄断性的领域，区分自然垄断的网络环节和可竞争的非网络环节性质，根据行业特点整体规划、分步实施，通过企业重组、可竞争性业务的分拆和强化产业管制等"多管齐下"的政策手段，推动可竞争性市场结构构建和公平竞争制度建设，使垄断性行业国有经济成为社会主义市场经济体制更具活力的组成部分，改革和发展成果更好地惠及国民经济其他产业和广大人民群众。如果说，第一次国有经济战略性调整将国企业务集中到具有自然垄断性行业上，那么，新常态下的再调整则要将国企业务集中到自然垄断性环节上。具体而言，要研究将电信基础设施、长距离输油输气管网、电网从企业剥离出来，组建独立网络运营企业的方式的可行性。在可行性的基础上，可以考虑：①石油行业一方面要通过兼并重组、注入资本金等政策将中海油、中化集团整合成一家新的国家石油公司，另一方面要深化中石油和中石化内部重组，按开采及管道输油、炼油、设备安装制造、销售等环节组建若干专业化公司，开采及管道输油环节由这三家公司独资或者控股，其他环节引入民营企业组建混合所有制公司。②电网行业要在分离网络环节和非网络环节业务的基础上，实现国家电网公司和南方电网公司网络环节的合并，输配分离后，国家电网公司和区域电网公司经营输电网，配电网划归省电网公司，售电及设备制造等业务放开，发展混合所有制经济。③运输业中的民航业重点培育几家区域性航空运输企业，解决航空支线垄断程度过高的问题，把航油、航材、航信三家企业改造成由各航空运输企业参股的股权多元化的股份有限公司。同时，铁路也要按区域组建若干家铁路运营公司。④电信行业按照基础电信业务（基站、固化网）和增值服务业务分别组建专业化公司，基础电信业务有中国移动、中国电信和中国联通三大公司控股，增值服务业务放开，发展混合所有制企业。

第三，积极推进"管资本"为主的国有资本管理体制的建设，应通过行政性重组和依托资本市场的并购重组相结合的手段，改建或者新建国有资本投资运营公司，将分散于众多各行业、各企业的国有资产的产权归为这些国有资本投资运营公司持有。我们认为，无论是竞争性行业，还是垄断性行业，其国有企业并购重组都应该与建立国有资本投资运营公司相结合。对于竞争行业的国有企业的重组，应该通过组建国有资本运营公司的方式推进，重组后的国有企业产权由国有资本运营公司持有；对于垄断性行业的重组，应该通过改建国有资本投资公司方式推进，重组后的国有企业产权由国有资本投资公司持有。当前推进的中央企业重组，没有与党的十八届三中全会提出建立国有资本投资运营公司的要求相结合，属于单方面推进，将来还会面临再次重组的可能性。这里需要指出的是，在地方层面组建国有资本投资运营公司，要特别注意应同时切断原地方的融资型平台公司与政府的融资功能的联系，使平台公司向市场化和实体化转型。

第四，对国资委监管系统之外的中央企业的重组，也应该有所考虑。除国资委监管的百余家企业和财政部、汇金公司监管的20余家企业外，近百个中央部门仍拥有近万家国有企业，它们将来也应被纳入国资统一监管的范畴，成为参与改革重组的重要主体，从而建立起"三层三类全覆盖"国有资本管理新体制（黄群慧等，2015）。

五　结语

经济新常态下推进国有经济战略性调整，是一项重大的改革系统工程，需要科学规划、稳妥推进、协同配套。本章给出了有关经济新常态下国有经济战略性调整的方向和措施的一些建议，但在具体推进过程中还要制定具体的战略调整规划以及相应的政策法规，提出具体配套措施。尤其是推进国有经济战略性调整，可能会出现各种风险，包括国有资产流失、职工权益受损、社会冲突和群体事件等，需要提前防范。

参考文献

[1] 陈东琪、臧跃茹、刘立峰、刘泉红、姚淑梅：《国有经济布局战略性调整的方向和改革举措研究》，《宏观经济研究》2015年第1期。

[2] 程军：《构建金融发展大动脉、助推"一带一路"经贸大发展》，《世界经济调研》2015年第14期。

[3] 冯雷、汤婧：《大力发展混合所有制应对"竞争中立"规制》，《全球化》2015年第4期。

[4] 郭树龙、李启航：《中国制造业市场集中度动态变化及其影响因素研究》，《经济学家》2014年第3期。

[5] 胡鞍钢、魏星、高宇宁：《中国国有企业竞争力评价（2003—2011）：世界500强的视角》，《清华大学学报》（哲学社会科学版）2013年第1期。

[6] 黄群慧、余菁：《新时期新思路：国有企业分类改革与治理》，《中国工业经济》2013年第11期。

[7] 黄群慧：《工业化后期中国经济趋势性变化与风险》，《中国经济学人》2015年第1期。

[8] 黄群慧：《中央企业在国家自主创新体系中的功能定位研究》，《中国社会科学院研究生院学报》2013年第3期。

[9] 黄群慧：《地方国企国资改革的进展、问题与方向》，《中州学刊》2015年第5期。

[10] 黄群慧、余菁、贺俊：《构建国有经济管理新体制初探》，《天津社会科学》2015年第1期。

[11] 李磊：《地方国资国企改革方案扫描》，《现代国企研究》2015年第1期。
[12] 李荣融：《问题不是垄断，是行业集中度太低》，《市场观察》2013年第6期。
[13] 李扬、张晓晶：《新常态：经济发展的逻辑与前景》，《经济研究》2015年第5期。
[14] 李扬等：《中国国家资产负债表2013》，中国社会科学出版社2013年版。
[15] 李政：《中央企业自主创新报告2012》，中国经济出版社2013年版。
[16] 陆铭、柳剑平、程时雄：《中国与OECD主要国家工业行业技术差距的动态测度》，《世界经济》2014年第9期。
[17] 马淑萍、袁东明：《地方国有资本管理的探索与启示》，《中国经济时报》2015年2月13日。
[18] 宋群：《深化中央企业布局和结构调整研究》，《全球化》2014年第7期。
[19] 项安波、石宁：《鼓励地方因地制宜地探索国资管理模式》，《中国经济时报》2015年3月29日。
[20] 易纲：《中国企业走出去的机遇、风险与政策支持》，《中国市场》2012年第12期。
[21] 张毅：《加快"一带一路"建设，推动国际产能合作》，《国资报告》2015年第7期。
[22] 中国工程科技发展战略研究院：《2015年中国战略性新兴产业发展报告》，科学出版社2015年版。
[23] 中国社会科学院工业经济研究所课题组：《论新时期全面深化国有经济改革的重大任务》，《中国工业经济》2013年第9期。

第十章　城乡一体化格局及推进战略

魏后凯

(中国社会科学院农村发展研究所)

摘　要：在中国经济进入以"增速减缓、结构优化、动力多元、质量提升"为基本特征的新常态阶段后，未来城乡一体化格局将呈现出新的趋势，即城镇化增速和市民化意愿下降、城乡差距将进入持续缩小时期、要素从单向流动转向双向互动、从城市偏向转向农村偏向政策。新常态是一把"双刃剑"，既给城乡一体化发展提供了良好机遇，也将使推进城乡一体化面临严峻挑战。这种挑战包括农民增收和市民化难度加大、"农村病"综合治理刻不容缓、资源配置亟待实现城乡均衡、城乡二元体制亟须加快并轨。在新常态下，推进城乡一体化需要采取系统集成的"一揽子"方案，而不能采取零敲碎打的办法。当前重点是全面深化城乡综合配套改革，构建城乡统一的户籍登记制度、土地管理制度、就业管理制度、社会保障制度以及公共服务体系和社会治理体系，促进城乡要素自由流动、平等交换和公共资源均衡配置，实现城乡居民生活质量的等值化，使城乡居民能够享受等值的生活水准和生活品质。

当前，中国经济发展已经进入了新常态。在新常态下中国城乡一体化格局将出现新的特点和趋势，并面临新的机遇与挑战。可以说，目前中国城乡一体化已经进入适应新常态的新阶段。在这一新的发展阶段，推进城乡一体化需要有新的思路、新的机制和新的举措。特别是如何促进城乡要素自由流动、平等交换和均衡配置，构建一个适应新常态的新型城乡关系和可持续的城乡一体化长效机制，推动形成以城带乡、城乡一体、良性互动、共同繁荣的发展新格局，使农村与城市居民共享现代化成果，实现权利同等、生活同质、利益同享、生态同建、环境同治、城乡同荣的一体化目标，将是新时期推进城乡一体化的关键和重点所在。

一 新常态下中国城乡一体化格局与趋势

自改革开放以来，中国经济获得了 30 多年的持续高速增长，创造了"中国的奇迹"（林毅夫等，1999）。1979—2011 年，中国实现 GDP 年均增长 9.9%，其中 1991—2011 年年均增长 10.4%，呈现出高速增长的态势。伴随着中国经济的持续高速增长，中国经济综合实力明显增强，发展水平显著提高，人民生活条件大幅改善。从发展水平看，2010 年中国人均 GDP 达到 4434 美元，越过了世界银行划分上、中等收入经济的门槛；2014 年则达到 7595 美元，表明中国已经稳步迈入上、中等收入经济行列。[①] 从工业化阶段看，按照钱纳里等（1989）将工业化划分为初期、中期和后期的三个阶段的方法，目前中国已经整体进入工业化后期阶段（黄群慧，2014），今后重点是推进产业转型升级，全面提升工业化质量。从城镇化阶段看，2011 年中国城镇化率超过 50%，2014 年达到 54.8%，已经稳定进入城镇化中期快速推进的减速阶段，未来中国城镇化的重点是全面提升城镇化质量（魏后凯，2011）。

伴随着经济总量的不断扩大和发展阶段的转变，从 2012 年起，中国经济开始进入以"增速减缓、结构优化、动力多元、质量提升"为基本特征的新常态。这种新常态是中国经济发展进入新阶段后的必然结果，它符合世界经济发展的一般规律性。中国经济新常态的主要特征是"从高速增长转为中高速增长"，"经济结构不断优化升级"，"从要素驱动、投资驱动转向创新驱动"（习近平，2014）。作为新常态的首要特征，增速减缓主要是一种结构性减速（李扬，2015）。在新常态下，2012—2014 年中国经济平均增速已从过去的 10% 以上下降到 7.6%。

[①] 按照世界银行的划分标准，下、中等收入与上、中等收入经济的分界线，2010 年为人均国民总收入（GNI）3975 美元，2012 年为 4086 美元（World Bank，2011，2013）。

城乡一体化既是经济社会发展到一定阶段的产物，也是解决"三农"问题的根本途径。在中国经济进入新常态后，推进城乡一体化将成为"稳增长、调结构、转方式、提质量"的重要战略途径。同时，新常态下中国城乡一体化格局将呈现出新的趋势和特点。具体说来，这种新格局主要体现在以下几个方面：

（一）城镇化增速和市民化意愿下降

自2011年中国城镇化率越过50%的拐点之后，城镇化推进的速度已经逐步减缓，呈现出减速的趋势。2001—2005年，中国城镇化率年均提高1.35%，2006—2010年年均提高1.39%；而2011—2014年已下降到1.21%。尤其是经济较发达的东部地区，城镇化速度由2006—2010年的1.58%下降到2011—2014年的0.98%。预计在2030年之前，中国城镇化速度将进一步下降到0.8%—1.0%。据预测，2011—2020年中国城镇化速度为1.04%，2021—2030年为0.81%（魏后凯，2014a）；而据联合国的预测，2011—2020年为1.18%，2021—2030年为0.77%（United Nations，2014）。很明显，推进速度下降、全面提升质量将是未来中国城镇化的新常态。值得注意的是，近年来随着城乡一体化的快速推进，农业转移人口市民化意愿也开始呈现下降趋势。据有关统计部门调查，自2014年以来，除常州、郑州等地区外，许多地区农业转移人口市民化意愿较低，通常只有30%—50%。比如，在所调查的农民工中，广东中山只有41.5%希望落户城镇，哈尔滨为40.8%，烟台为41.1%，涪陵为34.5%，鄂尔多斯为51.6%，广安为45.6%，陕西为46.2%（见表10-1）。在悬殊的城乡福利差异吸引下，过去农民强烈希望进城，却因城乡二元户籍、社会保障等体制和政策障碍而进不来；现在全国各地除少数特大城市外，大多取消了农业户口和非农业户口的区分，实行城乡统一的户籍登记制度，尤其是中小城市大多放开了户籍，积极倡导农民进城落户，但农民却不太愿意进城，市民化意愿不高。所以会出现这种转变，主要是由于中央明确赋予农民更多的财产权以及农村公共服务水平的提高，农民的选择机会多了，观念也在发生变化。

表 10 – 1　　　　　　　2014 年各地农民工市民化意愿调查

调查单位	调查地点	样本数（人）	进城意愿（%）
国家统计局中山调查队	中山市	82	41.5
国家统计局常州调查队	常州市市区	152	82.9
国家统计局哈尔滨调查队	哈尔滨市八区、六县（市）	341	40.8
国家统计局烟台调查队	烟台市5区	90	41.1
国家统计局郑州调查队	郑州市	120	75.0
国家统计局涪陵调查队	涪陵市新城区和26个乡镇街道	84	34.5
国家统计局鄂尔多斯调查队	鄂尔多斯市一区、三旗	186	51.6
陕西省统计局	户县、耀州、陇县、临渭、华阴、蒲城、宝塔、略阳、西乡、绥德、洛南等县区	1100	46.2
广安市统计局城乡调查队	广安市六区（市、县）	500	45.6

资料来源：根据统计部门发布的相关数据整理。

（二）城乡差距将进入持续缩小时期

随着经济发展和城镇化的推进，国内城乡收入差距通常会经历从扩大到缩小的倒"U"形转变（董敏、郭飞，2011；余秀艳，2013）。譬如，美国城乡居民收入比从19世纪初的1.7扩大到1930年的3.0，1970年又下降到1.4；日本从1950年的1.19扩大到1960年的1.44，1975年又下降到0.91；韩国则从1960年的0.997扩大到1970年的1.49，1980年又下降到0.96（余秀艳，2013）。自改革开放以来，中国城乡居民收入差距出现了1984—1994年和1998—2003年两次大的提升，在经历一段时期的基本稳定后，2009年之后开始出现稳定下降的趋势。从2009年到2014年，中国城镇居民人均可支配收入与农民人均纯收入之比从3.33下降到2.92，平均每年下降0.08。与1979—1983年和1995—1997年两次下降相比，这次城乡收入差距下降的幅度有所减少。之所以会出现这种情况，主要是由于农业生产成本不断提高以及农产品价格日益接近"天花板"，农民增收主要依靠工资性收入和转移性收入的增加，随着城镇化和市民化的加快，其难度将越来越大。目前，中国城乡收入差距水平仍然处于高位，远高于改革开放以来1983年的最低水平，更远高于各发达国家的水平。即使按人均可支配收入计算，2014年城乡居民收入比也高达2.75。然而，可以肯定的是，随着中国经济进入新常态，近年来这种城乡收入差距的缩小现象将是一种长期的稳定趋势，而非像前两次那样只是一种短期波动。也就是说，目前中国已经进入城乡差距持续缩小的时期，越过了城乡差距倒"U"形变化的拐点。

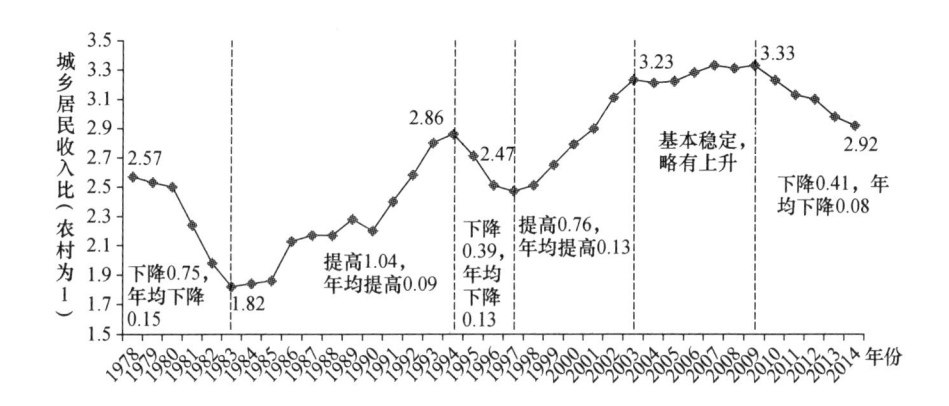

图10-1 改革开放以来中国城乡居民收入差距变动趋势

资料来源：根据《中国统计摘要》（2015）和2013—2014年全国统计公报整理。

（三）要素从单向流动转向双向互动

城乡关系从二元分割转向一体化是经济社会发展的必然结果。在城乡一体化格局下，城乡发展需要遵循平等、开放、融合、共享的理念，实现城乡要素自由流动、平等交换和均衡配置。长期以来，受传统二元体制和城市偏向政策的影响，中国城乡要素流动是单向的，即农村人口、资源和资金等要素不断向城市集聚，而城市人口被禁止向农村迁移，城市公共资源向农村延伸、城市人才和资本向农村流动也处于较低水平。近年来，在各地推进城乡一体化的实践中，城市公共资源和公共服务向农村延伸的步伐明显加快，人才、资本和技术下乡也取得了较大进展。特别是在北京等发达城市、地区，目前资本下乡、技术下乡和人才下乡均已达到一定水平，正处于双向城乡一体化初期阶段（罗来军等，2014）。北京等地的经验预示了中国未来城乡一体化的方向。2014年，中国人均GDP已超过7500美元，城镇化率超过50%，其中天津、北京、上海人均GRP超过1.5万美元，城镇化率超过80%；江苏、浙江、辽宁、福建、广东人均 GRP 超过 1 万美元，城镇化率超过 60%。这表明当前中国尤其是沿海发达地区已经具备推动双向城乡一体化的条件，城乡要素双向流动将成为中国城乡一体化发展的新常态。在新常态下，乡城人口迁移速度将趋于减缓，城市资本、技术、人才下乡的进程将加快，最大的难点将是在深化农村产权制度改革的前提下允许城市居民按照自己的意愿选择到农村居住和生活。

（四）从城市偏向转向农村偏向政策

从工业化战略看，随着工业化水平的提高，各国政策大多经历了从"农业支持工业、农村服务城市"的城市偏向到"工业反哺农业、城市支持农村"的农村偏向转变。从代表性国家或地区的经验看，如果采用名义支持率（NRA）和相对支持率（RRA）两个指标，实现这种政策转变的时点分别在人均 GDP 为 1850 美元和 1958 美元时（李明等，2014）。各国把社会养老保险制度从城市向农村延伸，大都是在工业化中期阶段向成熟阶段过渡的时期（杨翠迎、庹国柱，1997）。早在 2004 年，中央就提出中国已经进入"以工补农、以城带乡"的发展阶段，并逐年加大了对农业、农村的投入。但是，从机会均等和均衡配置的角度看，目前中国的公共政策仍然是一种城市偏向的政策，农村居民所获得的机会和人均占有的公共资源仍远低于城市居民。这种城市偏向既是一种大城市偏向，也是一种行政中心偏向（魏后凯，2014b）。其结果是，那些远离大城市和高等级行政中心的小城镇和农村地区，发展机会和公共设施投入少，公共服务严重落后，处于被剥夺、被挤压的状况。如果以 2013 年村庄人均市政公用设施建设投资为 1，乡为 2.0 倍，建制镇为 3.8 倍，县城为 10.7 倍，城市则为 16.1 倍。正是由于这种投入的差异，导致城乡居民点市政公用设施水平相差悬殊，甚至是天壤之别。目前，中国建制镇、乡、村庄燃气普及率、污水处理率、生活垃圾处理率都极低，公共设施和公共服务十分落后。在新常态下，城乡居民能否享受均等化的基本公共服务和等值化的生活质量，将成为结构优化和质量提升的关键所在。要实现这种公共资源的均衡配置，需要政府在投入和政策支持上改变过去长期实行的城市偏向做法，实行农村偏向的政策，将更多的公共资源投向广大镇村和农村地区。

表 10-2　　　　　　　　2013 年市政公用设施建设情况

	用水普及率（%）	燃气普及率（%）	污水处理率（%）	生活垃圾处理率（%）	人均市政公用设施投资[c] 金额（元）	以村庄为1
城市	97.56	94.25	89.34	95.09	3774.4	16.1
县城	88.14	70.91	78.47	—	2511.1	10.7
建制镇	81.73	46.44	18.9[a]	—	878.0	3.8
乡	68.24	19.50	5.1[a]	—	465.8	2.0
村庄	59.57	19.76	9.1[a]	36.6[b]	233.9	1.0

注：a 是对生活污水进行处理的建制镇、乡、行政村的比例；b 是对生活垃圾进行处理的行政村的比例；c 是按城市城区人口、县城人口、建制镇和乡建成区户籍人口、村庄户籍人口加上暂住人口计算。

资料来源：根据《中国城乡建设统计年鉴》（2013）整理。

二　新常态下推进城乡一体化面临的挑战

新常态意味着发展阶段的转变，是中国经济发展的必然阶段。新常态发展阶段将是全面推进城乡一体化的阶段。在新常态下，无论是结构优化还是质量提升，都要求各级政府统筹城乡发展，把更多的机会和公共资源投向农业、农民和农村，构建从根本上解决"三农"问题的长效机制，推动形成"以城带乡、城乡一体"的新型城乡关系和一体化格局；而对创新驱动的追求将推动人才、资本、技术下乡的进程，由此提升农村公共服务水平，增强农业竞争力和农村可持续发展能力，最终形成农业增效、农民增收、农村繁荣的新型发展格局。但是，应该看到，新常态是一把"双刃剑"，既给城乡一体化发展提供了良好机遇，也将使推进城乡一体化面临严峻挑战。这种挑战与长期积累的各种问题和矛盾相互交织在一起，呈现出综合、复杂、多维的特点。

（一）农民增收和市民化难度加大

农民增收是缩小城乡收入差距的关键。2010—2013 年，中国农村居民人均纯收入年均增长 10.6%，2014 年农村居民人均可支配收入比上年增长 9.2%，均比城镇居民高 2.4 个百分点。但从农民增收的构成看，2014 年农村居民人均可支配收入中有 39.6% 来自工资性收入，17.9% 来自转移净收入，来自经营净收入占 40.4%。这表明近年来农民增收主要依靠非农产业,而农业对农民增收的贡献在不断下降。在新常态下,进入城镇务工的农民工较大部分将逐步转变为市民,成为城镇居民的一部分,这样工资性收入和转移净收入对农民增收的贡献将会大幅下降,农民增收将更多依靠经营性收入和财产性收入。从农民家庭经营性收入看,随着工资、租金、农资等要素成本的不断上涨,以及近年来农产品价格"天花板"效应凸显,农产品涨价和盈利的空间都日益受到限制。在这种情况下,农民增收的难度将日益加大,其潜力主要集中在两个方面:一是依靠发展现代农业来提高农业生产率和竞争力;二是通过加快农村产权制度改革,赋予农民更多财产权利,不断增加农民财产性收入。

同时,新常态下农民工市民化和融入城市的难度也将逐步加大。一方面,当前需要市民化的农民工规模大,市民化程度低、成本高、难度大。按常住人口城镇化率与户籍人口城镇化率的差额计算,目前中国常住在城镇的农业转移人口约有 2.34 亿,其市民化程度只有 40% 左右(魏后凯、苏红键,2013)。据估算,这些农业转移人口实现市民化的人均公共成本平均约为 13 万元,其中需要在短期内集中投入的约为 2.6 万元(单菁菁,2013)。另一方面,在新常态发展阶段,经济增速减缓将使就业压力加大,并对农民工就业产生重要影响。很明显,农民工就业难题破解和全面融入城市将是一个长期的艰巨过程。

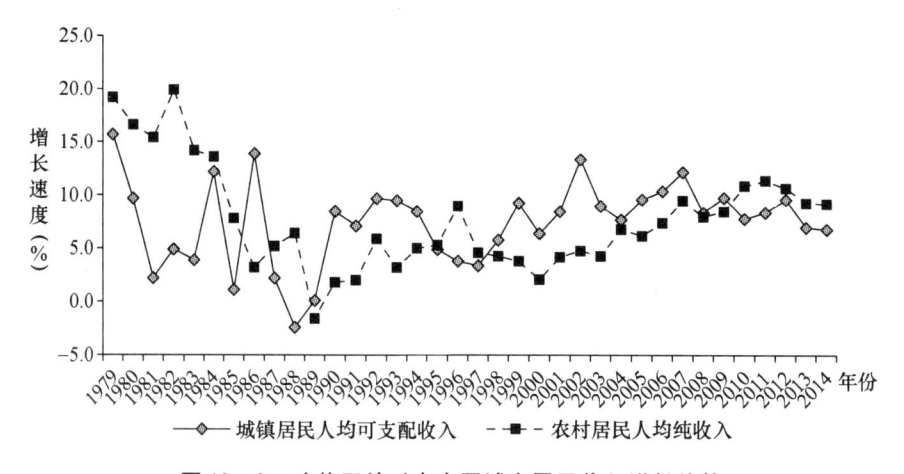

图 10-2 改革开放以来中国城乡居民收入增长趋势

注:2014 年农村居民为人均可支配收入增长速度。

资料来源:根据《中国统计摘要》(2015) 和 2013—2014 年全国统计公报整理。

(二)"农村病"综合治理刻不容缓

近年来,随着城镇化的快速推进,农村人口老龄化、村庄"空心化"、劳动力质量退化、农村"三留守"和环境污染等问题日渐突出,形成了"农村病"。①农村人口老龄化。由于大量青壮年劳动力到城市打工和安家落户,一些老人留守在农村,导致农村人口老龄化现象严重。2013年,中国乡村60岁以上老龄人口比重为17.1%,65岁以上老龄人口比重为11.2%,分别比城市高4.3个和2.8个百分点。②村庄"空心化"。随着城镇化的快速推进,农村人口大批向城镇迁移,使许多村庄人去房空,形成"空心村"。在四川,许多地方农村房屋闲置率已接近40%(杨遂全等,2015)。③劳动力质量退化。大量青壮年劳动力外出务工经商,留在农村的大多是老人、妇女和儿童,农村劳动力质量退化严重,中国的农业正在成为"老人农业"。④农村"三留守"问题。目前中国农村有近5000万留守老人、近5000万留守妇女,有留守儿童6102.55万人,占农村全部儿童的37.7%。"三留守"问题已经成为当前农村突出的社会问题。如留守老人缺乏关爱、缺乏生活照料和精神慰藉、失能无靠等问题突出;留守儿童更容易遭到歧视和意外伤害,他们经常感到烦躁、孤独、闷闷不乐等,比非留守儿童存在更多的心理问题。⑤环境污染问题。由于环卫设施严重落后,生活垃圾和污水处理率极低,加上过量使用化肥、农药和大量使用农用地膜,造成农村环境污染日趋严重。如何加强对"农村病"的综合治理,促进城市与农村共同繁荣,已经成为新常态下推进城乡一体化面临的严峻挑战。

表10-3　　　　　2013年全国城镇与乡村老龄人口比重　　　　单位:%

老龄人口	全国	城市	镇	乡村
60岁以上	14.9	12.8	13.3	17.1
65岁以上	9.7	8.4	8.5	11.2

资料来源:根据《中国人口和就业统计年鉴》(2014)计算整理。

(三)资源配置亟待实现城乡均衡

实现城乡公共资源的均衡配置,是推进城乡一体化的核心内容。近年来,随着新农村建设和城乡一体化的快速推进,各级财政加大了农村公用设施和公共服务投入,农村公共投资增速明显高于城市。然而,从人均占有资源看，由于原有基数较低，目前农村地区人均公共投资仍然低于城市，有的甚至相差很大。比如，在医疗卫生方面，目前中国医疗卫生资源的80%左右集中在城市，尤其是先进医疗卫生技术、设备和优秀人才高度集中在城市大医院，而农村医疗卫生设施落后，医疗技术人才缺乏，且普遍存在年龄老化、专业水平低的情况。自2007年以来，农村人均卫生费用获得了快速增长，其相当于城市人均卫生费用的比例显著提高，但2013年该比例也只有39.4%。在社会保障方面，虽然目前农村常住人口比重仍接近一半，但国家对农村社会保障的投入只有城市的1/8，农民人均占有国家社会保障投资仅有城镇居民的1/30（刘畅，2011）。2010年，农村社会救助人均转移支付只有452.92元，仅相当于城市的8.9%，二者相差11倍多（朱常柏，2012）。因此，要实现城乡公共资源的均衡配置，今后仍有很长的路要走。在新常态下，公共资源配置需要继续坚持向农村倾斜，依靠增量调整，促进存量相对均衡。这里所讲的城乡公共资源均衡配置只是一种相对均衡而不是绝对均衡。一方面，随着城镇化的快速推进，农村常住人口将逐渐减少，农村基础设施和公共服务建设需要考虑到人口迁移因素，公共服务设施布局要与未来城乡人口分布格局相适应；另一方面，有相当部分农村人口虽然居住在农村，但却在城市进行公共服务消费，尤其是教育文化、医疗卫生等方面的公共服务。

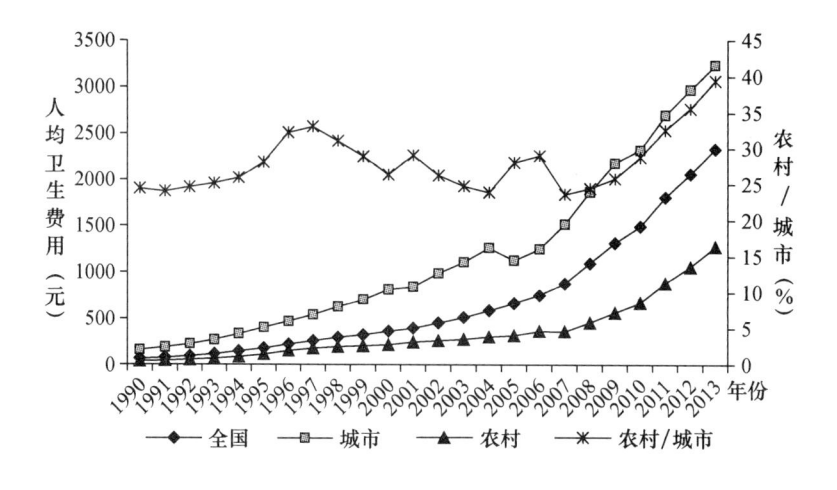

图10-3 中国城市与农村人均卫生费用比较

资料来源：根据《中国卫生和计划生育统计年鉴》（2013）绘制。

（四）城乡二元体制急需加快并轨

城乡二元结构是制约城乡一体化的主要障碍。虽然近年来各级政府在破解城乡二元结构方面做出了很大努力，但迄今为止，在城乡土地、公共服务、社会保障、社会治理等诸多领域，城乡分割的二元体制依然根深蒂固。在土地管理方面，城市土地所有权归国家所有，由国家或城市进行集中统一管理，农村土地所有权归集体所有，使用权和经营权归农民所有，由集体经济组织或村民委员会经营、管理。这种城乡二元的土地管理制度，导致了城乡土地市场的分割和地政管理的分治，严重影响了城乡一体化进程。特别是，由于农村集体建设用地还不能直接入市交易，需要通过政府征地才能变为城镇建设用地，因而容易引发社会矛盾。在社会保障方面，城乡居民社会保障双轨运行、差距较大，城乡接轨和跨区域转移接续的任务仍十分艰巨。以最低生活保障为例，在城乡有别的社会救助制度和政策下，农村社会救助标准、水平和资金投入普遍低于城市，而且缺乏制度化。2013年，城市低保平均标准仍然是农村的1.41倍，平均支出水平是农村的1.75倍（见表10-2）。在新常态下，推进城乡一体化不仅需要实现城乡各项体制的全面并轨，变城乡二元分治为城乡并轨同治；而且要解决区域间转移接续问题，加快全国统筹的力度，推进全国基本公共服务均等化和社会保障一体化进程。显然，由于地区间发展差异较大，要实现城乡和全国并轨，需要中央加大对农村和落后地区的转移支付力度。而随着中国经济由高速增长转变为中高速增长，财政收入增长速度也将逐步放慢，在这种情况下中央和落后地区将面临较大的财政压力。

表10-4　　　　中国城乡最低生活保障平均标准和平均支出水平

单位：元/人·月

指标	年份	2006	2007	2008	2009	2010	2011	2012	2013
最低生活保障平均标准	城市	169.6	182.4	205.3	227.8	251.2	287.6	330.1	373.3
	农村	70.9	70.0	82.3	100.8	117.0	143.2	172.3	264.2
	城乡比	2.39	2.61	2.49	2.26	2.15	2.01	1.92	1.41

续表

指标\年份		2006	2007	2008	2009	2010	2011	2012	2013
最低生活保障平均支出水平	城市	83.6	102.7	143.7	172.0	189.0	240.3	239.1	2433.9
	农村	34.5	38.8	50.4	68.0	74.0	106.1	104.0	1393.5
	城乡比	2.42	2.65	2.85	2.53	2.55	2.26	2.30	1.75

资料来源：根据《中国民政统计年鉴》（2014）计算整理。

三 新常态下推进城乡一体化的总体战略

城乡一体化是一个综合性问题，涉及内容十分广泛。在新常态下，推进城乡一体化需要采取系统集成的"一揽子"方案，而不能采取零敲碎打的办法。当前重点是全面深化城乡综合配套改革，建立完善城乡统一的户籍登记制度、土地管理制度、就业管理制度、社会保障制度以及公共服务体系和社会治理体系，促进城乡要素自由流动、平等交换和公共资源均衡配置，实现城乡居民生活质量的等值化，使城乡居民能够享受等值的生活水准和生活品质。可以说，建立城乡统一的四项制度和两大体系，是推进城乡一体化的根本保障。

（一）建立城乡统一的户籍登记制度

城乡二元户籍制度是造成城乡二元结构的重要制度基础。近年来，按照中央、国务院的统一部署，全国各地加快了户籍制度改革的步伐，相继取消了农业户口和非农业户口划分，并不同程度地放宽了农村人口落户城镇政策，绝大部分省份都建立了居住证制度和城乡统一的户口登记制度。但总的看来，当前户籍制度改革仍停留在放开户籍层面，并未触及深层次的社会福利制度改革，各项配套制度改革严重滞后。在新常态下，必须进一步深化户籍制度改革，建立完善城乡统一的户籍登记制度，为消除城乡二元结构、促进城乡一体化提供制度保障。

1. 明确户籍制度改革的终极目标

推进户籍制度改革，就是要打破城乡分割，按照常住居住地登记户口，实行城乡统一的户籍登记制度，同时剥离户籍中内含的各种福利，还原户籍的本来面目。户籍制度改革的关键是户籍内含各种权利和福利制度的综合配套改革，户籍制度改革只是"标"，而其内含各种权利和福利制度的改革才是"本"。户籍制度改革必须标本兼治、长短结合，其目标不是消除户籍制度，而是剥离户籍内含的各种权利和福利，取消城乡居民的身份差别，建立城乡统一的户籍登记制度，实现公民身份和权利的平等。

当前，国家已经明确提出，"到2020年，基本建立与全面建成小康社会相适应，有效支撑社会管理和公共服务，依法保障公民权利，以人为本、科学高效、规范有序的新型户籍制度"，这就为"十三五"期间推进户籍制度改革指明了方向。然而，现有的户籍制度改革方案仍把着力点放在户口迁移政策的调整方面，并按照建制镇和小城市、中等城市、大城市、特大城市的次序，实行从宽到严的差别化落户政策。这种新型户籍制度虽然以经常居住地登记户口为基本形式，但仍然把合法稳定住所和合法稳定职业作为户口迁移的基本条件。显然，这种做法沿袭了现有的"放宽落户条件"的思路，并非户籍制度改革的终极目标，而只能是一种中短期的过渡性目标。从长远来看，户籍制度改革的最终目标只能是按照常住居住地登记户口这一唯一标准，实行城乡统一的户籍登记制度。

2. 分阶段稳步推进户籍制度改革

从目前的情况看，中国的户籍制度改革应采取双轨制的办法。所谓双轨制，就是一方面按照现有的"放宽落户条件"的思路，实行存量优先、分类推进，逐步解决有条件（如有合法稳定住所和合法稳定职业）的常住农业转移人口落户城镇的问题；另一方面，通过剥离现有户籍中内含的各种福利，逐步建立均等化的基本公共服务制度以及城乡统一的社会保障、就业管理、土地管理制度和社会治理体系，以常住人口登记为依据，实现基本公共服务常住人口全覆盖。前者实质上是一种户籍政策调整，后者才是真正意义上的户籍制度改革。因此，从根本上来讲，户籍制度改革最终能否成功，关键在于能否建立均等化的基本公共服务制度和城乡一体的体制机制。一旦这种城乡一体的体制机制形成，"放宽落户条件"的改革思路也就失去了意义。在这种情况下，两条改革路径将最终接轨。

推进户籍制度改革是一项长期的艰巨任务,必须长短结合,明确各阶段的目标、任务和具体措施,制订切实可行的实施方案,分阶段稳步推进。从全国来看,力争在 2025 年前,以常住人口登记为依据,逐步建立城乡统一的户籍登记制度、城乡一体的体制机制和均等化的基本公共服务制度,实现城乡发展一体化。

近期,分类剥离现有户籍制度中内含的各种福利,在全国推行居住证制度,对城镇常住外来人口统一发放居住证,持证人可享受本地基本公共服务和部分公共福利,如政治权利、劳动权益、就业培训、义务教育、基本社会保障等,切实保障农业转移人口的基本权益,基本实现基本公共服务城镇常住人口全覆盖。同时,对符合一定条件的农业转移人口,如有固定住所和稳定收入来源、就业或居住达到一定年限等的人口,应优先给予落户。

中期,通过强化综合配套改革,完全剥离户籍内含的各种权利和福利,逐步建立城乡统一的户籍登记制度、社会保障制度和均等化的基本公共服务制度,到 2020 年基本实现基本公共服务城乡常住人口全覆盖。城乡居民实现在常住居住地依照当地标准,行使公民的各项基本权利,享受各项公共服务和福利,包括选举权、被选举权和公共福利享有权等。

远期,进一步深化综合配套改革,力争经过 10—15 年的努力,推动形成全国统一的社会保障制度和均等化的基本公共服务制度,在全国范围内实现社会保障一体化和基本公共服务常住人口全覆盖,确保农业转移人口在政治、经济、社会和文化等领域全面融入城市,公平地分享改革发展成果,平等参与民主政治。

(二) 建立城乡统一的土地管理制度

长期以来,中国实行的是城乡二元的土地管理制度。加快推进城乡一体化,必须打破这种二元管理体制,从根本上消除土地制度障碍,建立城乡统一的土地管理制度,严格、规范土地管理秩序。

1. 健全土地统一登记制度

实行统一的土地权属登记,以法定形式明确土地使用权的归属和土地使用的用途,是建立城乡统一的土地管理制度的基础。当前,要针对土地分级多头管理的状况,尽快修订《土地管理法》及相关法律,建立健全城乡土地统一登记制度。首先,要明确土地行政主管部门为唯一的土地权属登记机构，对城乡土地进行统一确权、登记和颁证。其次，要统一土地登记标准。无论是城镇国有土地还是农村集体土地，无论是耕地、林地、草地还是非农建设用地，都要纳入统一的土地登记体系，发放统一的土地登记簿和权利证书，建立城乡统一的土地登记信息系统。最后，以土地为核心，把目前分散在各部门的土地、房屋、草原、林地和海域等不动产统筹起来，建立不动产统一登记制度。

2. 实行城乡地政统一管理

在地政管理方面，目前中国对城镇和农村土地采用不同的管理方式和手段，实行城乡分治。因此，打破城乡分治的局面，实行城乡地政统一管理势在必行。一是加强地籍调查。结合土地调查，以"权属合法、界址清楚、面积准确"为原则，以农村地籍调查，尤其是农村集体土地所有权和建设用地使用权地籍调查为重点，全面摸清城乡每一宗土地的利用类型、面积、权属、界址等状况。二是建立统一的地籍信息中心。在地籍调查的基础上，整合各部门相关资源以及城乡土地图形数据和属性数据，建立城乡统一、全国联网的地籍信息中心，向全社会开放，实现资源共享。三是建立统一的土地统计制度。由土地行政主管部门和统计部门负责，建立城乡统一的土地分类标准、统计口径和指标体系，统一发布土地数据，改变目前统计数字不实、不准的状况。四是对城乡地政实行统一管理。土地的地政管理权限不能分散，更不能以城乡差别、权属性质和土地上附着物的不同作为"分治"的依据。城乡地政业务应依法由土地行政主管部门实行统一管理，国有的森林、草地和农业用地也只能由土地行政主管部门代表国务院颁发土地使用证，只是其土地使用的类型不同而已。

3. 建立城乡统一的土地市场

第一，要统一城乡建设用地制度。尽快抓紧修订《土地管理法》、《物权法》、《担保法》、《城市房地产管理法》等相关法律，对阻碍农村集体经营性建设用地同等入市的条文进行修改，加快建立统一、规范的建设用地制度。对《宪法》第十条关于"城市的土地属于国家所有"的规定，也应根据新形势进行修订。第二，坚持同等入市、同权同价。允许农村集体经营性建设用地在符合规划和用途管制的前提下，可以与国有建设用地以平等的地位进入市场，享有与国有建设用地相同的权能，在一级市场中可以出让、租赁、入股，在二级市场中可以租赁、转让、抵押等（姜大明，2013）。"小产权房"因不符合规划和用途管制，目前建设、销售和购买均不受法律保护，应尽快研究制定分类政策措施，提出"小产权房"的具体处置办法。第三，规范农村集体经营性建设用地流转。在吸收广东、浙江等地经验的基础上，尽快制定出台《农村集体经营性建设用地流转条例》，对农村集体经营性建设用地流转的前置条件、交易方式和程序、土地收益、法律责任等进行统一规范。要将农村集体经营性建设用地交易纳入统一的交易平台，并采取招标、拍卖、挂牌方式进行交易。第四，切实保障农民宅基地用益物权。宅基地属于非经营性建设用地，目前暂未纳入"同等入市"的范围。但从长远看，应通过试点积累经验，将农民宅基地逐步纳入城乡统一的建设用地市场。第四，建立城乡统一的土地交易平台。在确权登记发证的基础上，将农民承包地、集体建设用地、宅基地、林地使用权等纳入统一的土地交易平台，规范交易程序，促进农村集体土地合理有序流转。

（三）建立城乡统一的就业管理制度

建立城乡统一的劳动力市场和就业管理制度，是促进城乡一体化的重要保障。近年来，在中央的统一部署下，各地城乡就业一体化取得了显著成效，农民工就业歧视问题已得到初步解决。但是，劳动力市场的城乡分割状况至今仍未根本消除，城乡就业不平等问题依然突出。为此，必须深化劳动就业制度改革，促进城乡区域间劳动力自由流动，彻底消除对农民工的各种就业限制和歧视，以促进城乡平等充分就业为目标，建立城乡统一的就业失业登记制度和均等的公共就业创业服务体系，推动形成平等竞争、规范有序、城乡一体的劳动力市场。

1. 消除影响城乡平等就业的一切障碍

长期以来，城乡分割的二元户籍制度和劳动力市场，造成了严重的城乡就业歧视。最为突出的是对农民工的就业歧视问题。这种歧视主要表现在两个方面：一是就业机会不平等。直至今日，一些地方对农民工就业的行业和工种仍设有准入限制，一些岗位往往以户籍作为准入条件。二是就业待遇不平等。主要表现为农民工劳动报酬权、休息休假权、劳动保护权、社团待遇不平等，非法强迫劳动时有发生，就业补贴存在差别，社会保障程度较低。与城镇国有单位职工相比，劳动时间长，工资待遇低，各项福利保障缺失，相关权利无法保证，这是农民工面临的普遍问题。为此，要进一步深化体制改革，彻底消除影响城乡平等就业的一切障碍，尤其是对农民工的各种就业限制。各单位要面向城乡劳动者统一招聘，禁止各种形式的对农民工的就业歧视，赋予和保障农民工同等的就业权益，依法保障农民工同工同酬和同等福利待遇，建立完善城乡平等的一体化就业政策体系，包括就业机会、创业支持、职业培训、劳动保护和就业管理等方面的政策。

2. 建立城乡统一的就业失业登记制度

自 20 世纪 80 年代初以来，中国实行的一直是城镇就业失业登记制度，而没有把农村劳动力纳入就业失业登记范畴。各级政府的就业援助和就业服务政策也主要针对城镇劳动者制定实施。这种城乡二元的就业管理制度，将农村有就业能力和就业要求但没能就业的劳动者排除在外，既是对农村劳动者的歧视，也难以真实反映全社会的就业失业状况，不利于宏观调控和社会稳定。迄今为止，有关部门仍只发布城镇新增就业人数和城镇登记失业率数据。由于未包括进城务工的农村劳动力，加上并非所有城镇失业人员都愿意去登记，所以城镇登记失业率数据往往偏低，不能较好地反映社会总体失业状况（杨宜勇、顾严，2011）。为此，应借鉴江苏、山东青岛、四川成都等地的经验，尽快在全国范围内推广建立城乡统一的就业失业登记制度，将农村劳动力统一纳入就业失业登记范围，统一发放《就业失业登记证》，定期发布城乡统一的社会登记失业率。在条件成熟时，要采用调查失业率指标取代登记失业率指标。

3. 完善城乡均等的公共就业创业服务体系

当前，应坚持城乡一体、公平公正的原则，以农村地区为重点，以公共服务平台建设为突破口，统筹城乡就业、创业，建立城乡均等的公共就业、创业服务体系。首先，要对劳务市场、人才市场等各类劳动力市场进行整合，将城乡分割、行业分割、部门分割的劳动力市场统一起来，构建城乡统一、公平开放、规范有序的公共就业服务体系。其次，打破城乡界限，在求职登记、职业介绍、就业指导、就业训练、创业支持等公共就业、创业服务方面，对城乡劳动者同等对待，实行统一的标准。要加大资金投入力度，加强对农业转移人口的职业培训，并将其纳入国民教育培训体系。最后，要将失地农民、农村失业和就业困难人员等统一纳入就业扶持和就业援助范围，各种社会保险补贴、失业保险金、创业补贴等就业援助政策和就业困难人员认定，要实现城乡全覆盖和无缝对接。

（四）建立城乡统一的社会保障制度

近年来，虽然中国城乡居民基本养老保险和基本医疗保险总体实现了全覆盖，以养老、医疗、低保为重点的基本社会保障体系框架基本建成（胡晓义，2012），但还存在着统筹层次不高、城乡发展不平衡、转接机制不完善、农村保障水平低等诸多问题，长期形成的社会保障城乡分割状况尚未根本改变。当前，应坚持广覆盖、保基本、多层次、可持续的方针，以增强公平性和适应流动性为重点，着力完善机制，扩大覆盖面，提高保障水平和统筹层次，分阶段逐步建立"全民覆盖、普惠共享、城乡一体、均等服务"的基本社会保障体系，最终实现人人享有基本社会保障目标。

1. 建立城乡统一的基本医疗保险制度

目前，中国已经实现了社会医疗保险制度上的全覆盖。但是，制度全覆盖并不代表城乡居民都参加了医疗保险，而且现行制度城乡二元、群体分割，呈现出"碎片化"的特征。三项基本医疗保险制度参保人群不同，管理机构有别，筹资方式、保障水平、运作模式、报销比例等也各异，城乡互不衔接。城镇职工基本医疗保险和城镇居民基本医疗保险由人力资源和社会保障部门主管，而新型农村合作医疗保险由卫生计生部门管理。这种"碎片化"状况，既带来了城乡居民之间和不同群体之间的不公平，还造成了居民重复参保、财政重复投入、管理上互相掣肘等问题。为此，必须加大力度整合资源，统筹城乡医疗保障，建立城乡统一的基本医疗保险制度，使城乡居民享受均等化的基本医疗保障服务。总体上看，大体可以分三步走：第一步，逐步取消各级机关、事业单位职工公费医疗，将机关、事业单位职工和农民工全部纳入职工基本医疗保险，建立统一的城镇职工基本医疗保险制度。第二步，整合城镇居民基本医疗保险制度和新型农村合作医疗保险制度，建立统一的城乡居民基本医疗保险制度。第三步，整合城乡居民基本医疗保险制度和城镇职工基本医疗保险制度，建立城乡统一的基本医疗保险制度，实现城乡居民在制度上的公平和公共资源上的共享。

2. 建立城乡统一的基本养老保险制度

目前中国基本养老保险制度城乡分割，不同群体保险待遇相差悬殊，各种保险统筹层次差别大，政府财政负担沉重，不可持续的风险加大。特别是，在参保方式、筹资和缴费模式、资金来源、统筹层次、待遇水平、享受资格条件等方面，城乡养老保险制度都存在巨大差距（邵文娟、刘晓梅，2013）。从公平公正的角度看，整合各类养老保险项目，建立城乡统一的基本养老保险制度将是今后改革的大方向。自2013年以来，国家已将新型农村社会养老保险和城镇居民社会养老保险合并，并明确在2020年前全面建成公平、统一、规范的城乡居民基本养老保险制度。新合并的城乡居民基本养老保险基金筹集采取个人缴、集体助、政府补的方式，中央财政按基础养老金标准，对中西部地区给予全额补助，对东部地区给予50%的补助。从长远发展看，还必须打破职业界限，突破"养老双轨制"，加快机关事业单位基本养老保险制度改革，构建由机关事业单位、城镇职工和城乡居民三项保险构成的基本养老保险体系，并在此基础上再适时整合三项保险制度，最终建立全国统筹、城乡统一的基本养老保险制度，使全体人民公平地享有基本养老保障。

3. 完善城乡统一的社会救助制度

加快推进基本社会保障服务均等化，就必须按照均等化的要求，打破城乡界限和制度壁垒，尽快建立完善城乡统一的社会救助制度。首先，统一城乡社会救助政策。除了少数具有城乡特色的救助项目，如农村五保供养、城市流浪乞讨人员救助等，城市与农村应按照统一的制度框架，实行统一的标准和政策，建立涵盖基本生活、医疗、教育、住房、就业、法律等救助在内的社会救助体系，为城乡困难群众提供均等化的社会救助服务。尤其要加快建立城乡统一的最低生活保障制度和医疗救助制度。其次，统一城乡社会救助对象。要按照统一的标准，并考虑到城乡的特殊性，统一确定城乡社会救助的对象。要进一步完善临时救助制度，将常住非户籍人口和外来务工人员等流动人口统一纳入社会救助范围。最后，加大对农村的支持力度。中央和各级地方财政要加大对农村社会救助的投入力度，进一步落实和完善农村医疗救助、教育救助、就业救助、住房救助、法律救助等，不断提高农村社会救助标准和水平，促进城乡社会救助资源配置均衡化。

（五）建立城乡统一的公共服务体系

城乡公共服务一体化是统筹城乡发展的内在要求，也是促进城乡协调发展的重要保障。现阶段，推进城乡公共服务一体化，重点是加快农村公共服务体系建设，推动城市公共服务向农村延伸，实现城乡基本公共服务均等化，逐步缩小城乡公共服务水平差距。当前必须以城乡公共服务资源均衡配置为方向，加快推进城乡基本公共服务均等化，逐步形成城乡一体、可持续、公平的公共服务体系。

1. 加快城镇基础设施向农村延伸

加快推进城乡基础设施一体化，重点和难点都在农村地区。促进城镇基础设施向农村延伸，建立完善农村基础设施建设投入长效机制，是推进城乡基础设施一体化的关键环节。在统筹城乡发展的过程中，一定要把新型城镇化与新农村建设有机结合起来，按照城乡基础设施联网对接、共建共享的思路，加快推进城镇交通、信息、供电、供排水、供气、供热、环卫、消防等基础设施向农村延伸、向农村覆盖，加强市、镇、村之间道路和市政公用基础设施无缝对接，逐步形成城乡一体的基础设施网络。

在交通方面，要按照"路、站、运一体化"的思路，大力加强农村公路和客运站点建设，分期分批逐步完善中心城区至县、县至乡镇、乡镇至建制村三级客运网，实行统一站点、统一排班、统一票价、统一车辆标识、统一结算，构建通乡达村、干线相通的公路网络和完善便捷、城乡一体的客运网络；同时，不断提高城市公交的覆盖面，优化线路和站点布局，逐步将公交延伸到郊区和周边乡镇、村庄，促进城乡公交一体化。

在信息方面，重点是推进城乡邮政、通信和信息服务设施一体化。要调整优化农村邮政网点布局，促进乡镇邮政普遍服务网点全覆盖，按照统一标准、统一标识、统一设施稳步推进"村邮站"建设，加快城乡邮政一体化步伐，构建覆盖城乡、惠及全民、水平适度、可持续发展的邮政普遍服务公共体系；要将电信基础设施纳入城乡建设规划，加快电信管网、基站等设施建设，推动光纤通信、无线通信网络向农村延伸，实现城乡无缝全覆盖，提高通信质量和水平；加快农村信息服务设施建设，完善乡镇、村网站和信息服务中心，推动城市各种信息资源和信息服务向农村延伸，构建城乡一体的信息服务体系。

在市政公用设施方面，要重点推进城乡供电、供水、供气、供热、环卫等一体化。在供电方面，要统筹城乡电网规划，加快农村电网改造升级，积极推进农网标准化建设，不断提高农网供电能力和供电质量，实现城乡供电一体化和服务无差别。在供水方面，按照"统一调配、统一供给、统一核算、统一核价、统筹营亏"的思路，以中心城市和县城为依托，加快乡镇供水管网建设，实现城乡"联网、联供、联营、联管"，推动形成城乡供水"同源、同网、同质、同价"的一体化格局。在有条件的地区，还应积极推进城乡供气、供热等一体化。此外，还应按照一体化的理念，推动城市环卫、消防等基础设施和公共服务向农村延伸。

2. 构建城乡一体的公共服务体系

推进城乡基本公共服务均等化，是构建城乡一体化公共服务体系的核心。基本公共服务均等化是指全体公民都能公平可及地获得大致均等的基本公共服务，其核心是机会均等。这里所指的均等化，主要包括城乡之间、地区之间和居民之间均等化三个方面。其中，城乡基本公共服务均等化是最为核心的内容。目前，国家已经提出到2020年"基本公共服务均等化总体实现"的目标。国际经验表明，实现城乡基本公共服务均等化是一个长期的过程（樊丽明、郭健，2012）。从中国的实际出发，要实现高水平、可持续的基本公共服务均等化目标，大体可以分三步走：第一步是到2015年基本实现城镇基本公共服务均等化，把城镇常住的农业转移人口覆盖在内；第二步是到2020年基本实现城乡基本公共服务均等化，把农村人口全部覆盖在内；第三步是到2030年在全国范围内实现高水平、可持续的基本公共服务均等化目标。

以城乡基本公共服务均等化为核心构建城乡一体公共服务体系的具体措施：第一，要加大政府投入力度。各级政府不仅要加大公共服务的财政投入，而且公共财政资源应向农村倾斜。要充分发挥财政资金的导向和杠杆作用，积极引导民间资本参与城乡公共服务建设。第二，改变过去以GDP论英雄的做法，尽快将公共服务体系建设全面纳入政府考核指标体系。要建立综合评价指标体系，加强对各地基本公共服务水平和进程的监测评价，并根据评价结果提出改进措施。第三，推进城市公共服务向农村延伸，促进城乡公共服务接轨和一体化。尤其要加快推进城市文化、体育、教育、医疗卫生、环卫等公共服务向农村延伸和覆盖，推动城乡社会保障政策和制度全面接轨。第四，整合城乡公共服务资源。根据城乡人口的变动趋势，有效整合城乡资源，调整优化设施布局，将分散的单一服务整合为集中的综合服务，实现公共服务供给的规模化，提升城乡公共服务供给效率和水平。

（六）建立城乡统一的社会治理体系

长期以来，中国实行的是城乡分治的管理体制。所谓城乡分治，就是按照城乡人口或城乡地域标准，在人口登记管理、规划建设、公共服务、社会保障、财政体制、行政管理等方面实行二元治理。这种城乡分治既是当今中国"三农"问题的重要根源，也是阻碍中国经济社会持续健康发展和城乡一体化的关键因素。促进城乡发展一体化，必须打破这种城乡分治的二元体制，清除各种制度壁垒，建立城乡统一的行政管理制度，从城乡分治转变为城乡同治，推动形成公平公正、规范有序、高效便民、城乡一体的新型治理格局。

1. 从城乡分治转变为城乡同治

近年来，为有效推进城乡统筹工作，协调各部门之间的关系，许多地方相继成立了城乡统筹发展办公室。但统筹城乡发展涉及方方面面，并不是单个部门能够解决的。从长远发展看，应将城乡统筹的理念融入经济社会发展各个领域和全过程，把城乡统筹的职能融入各级部门的常规职能中，形成既管城又管乡的长效机制，实现覆盖城乡的全域规划、全域服务、全域管理，促使行政管理从城乡分治到城乡同治转变。要改变过去"重城轻乡"的传统观念，打破"城乡分治"、"镇村分治"的体制障碍，按照全域规划、全域管理、城乡同治的思路，把各级政府部门的管理职能由城镇向农村延伸和覆盖，尤其要把规划、土地、交通、通信、科教、文化、环卫、防疫、城管、水务、安全、消防等经济社会管理和公共服务职能由城镇向农村延伸，实行统一规划、建设、保护和管理，制定覆盖城乡的统一政策，推动形成权责一致、分工合理、决策科学、执行顺畅、监督有力的城乡一体的行政管理体制。在推进城乡发展一体化过程中，今后新出台的政策，除与土地承包、集体经济、农业生产、城镇建设等直接相关的外，均应取消城镇与农村的区分，实行统一标准、统一政策、统一管理、统一服务。

2. 建立城乡一体的社区治理体系

城乡社区作为一个基层自治组织，在社会治理体系中发挥着基础作用。长期以来，受城市偏向政策的影响，中国城市社区建设成效较为显著，而农村社区建设严重滞后。当前，农村社区普遍存在经费投入不足、公共设施落后、专业人员缺乏、管理体制不顺等问题。在促进城乡发展一体化中，必须抛弃过去那种"重城轻乡"的思想，调整城市偏向的社区政策，着力统筹城乡社区发展，建立城乡一体的社区治理体系，加快城乡社区管理服务一体化进程。现阶段，重点是加强农村新型社区建设，促进农村社区化管理。在推进农村社区建设中，要尊重农民意愿，不能强迫农民上楼，搞大拆大建。有条件的地区，可按照地域相近、规模适度、有利于整合公共资源的原则，因地制宜、积极稳妥推进"撤村建居"，分类分批建立农村新型社区，稳步推进街道、镇村体制向社区体制转变。要借鉴城市社区的管理模式和服务理念，加强农村社区规划建设，加大公共服务设施投入力度，建立完善社区服务中心和"一站式"服务大厅，不断增强社区服务功能，逐步把社区服务延伸到自然村落，切实提高农村社区综合服务能力和水平。全面推行城乡社区网格化服务管理，推动社会管理权力下放、资金下拨、人员下沉、服务下移，实现"定人、定位、定责、定时"的精细化管理。

参考文献

[1] 习近平：《谋求持久发展共筑亚太梦想》，《人民日报》2014年11月10日第2版。

[2] 刘畅：《收入分配视角下的城乡一体化社会保障体系》，《宏观经济管理》2011年第2期。

[3] 朱常柏：《包容性增长与社会救助城乡二元特征的一体化——基于机会平等的视角》，《求索》2012年第12期。

[4] 余秀艳：《城市化与城乡收入差距关系——倒"U"型规律及其对中国的适用性分析》，《社会科学家》2013年第10期。

[5] 李扬：《中国经济新常态不同于全球经济新常态》，《人民日报》2015年3月12日第7版。

[6] 李明、邵挺、刘守英：《城乡一体化的国际经验及其对中国的启示》，《中国农村经济》2014年第6期。

[7] 杨宜勇、顾严：《建议在"十二五"规划纲要中采用城镇调查失业率为约束性指标》，《中国发展观察》2011年第3期。

[8] 杨遂全、张锰霖、钱力：《城乡一体化背景下农村闲置房屋的出路》，《农村经济》2015年第1期。

[9] 杨翠迎、庹国柱：《建立农民社会养老年金保险计划的经济社会条件的实证分析》，《中国农村观察》1997年第5期。

[10] 邵文娟、刘晓梅：《我国城乡居民社会养老保险制度体系的整合研究》，《长春大学学报》2013年第11期。

[11] 单菁菁：《农民工市民化的成本及其分担机制》，载潘家华、魏后凯主编《中国城市发展报告No.6——农业转移人口的市民化》，社会科学文献出版社2013年版。

[12] 林毅夫、蔡昉、李周：《中国的奇迹：发展战略与经济改革》，上海人民出版社1999年版。

[13] 罗来军、罗雨泽、罗涛：《中国双向城乡一体化验证性研究——基于北京市怀柔区的调查数据》，《管理世界》2014年第11期。

[14] 姜大明：《建立城乡统一的建设用地市场》，《人民日报》2013年12月19日。

[15] 胡晓义：《加快推进社会保障城乡统筹》，《社会保障研究》2012年第1期。

[16] 钱纳里、鲁宾逊、赛尔奎因：《工业化和经济增长的比较研究》，上海三联书店1989年版。

[17] 黄群慧：《新常态、工业化后期与工业增长新动力》，《中国工业经济》2014年第10期。

[18] 董敏、郭飞：《城市化进程中城乡收入差距的"倒U型"趋势与对策》，《当代经济研究》2011年第8期。

[19] 樊丽明、郭健：《城乡基本公共服务均等化的国际比较：进程与经验》，《中央财经大学学报》2012年第7期。

[20] 魏后凯：《我国城镇化战略调整思路》，《中国经贸导刊》2011年第7期。

[21] 魏后凯：《走中国特色的新型城镇化道路》，社会科学文献出版社2014年版。

[22] 魏后凯：《中国城市行政等级与规模增长》，《尘世与环境研究》2014年第1期。

[23] 魏后凯、苏红键：《中国农业转移人口市民化进程研究》，《中国人口科学》2013年第5期。

[24] United Nations, *World Urbanization Prospects*: The 2014 Revision, New York, 2014.

[25] World Bank, *World Development Report 2012*: Gender Equalityand Development. Washington, DC: World Bank, 2011.

[26] World Bank, *World Development Report 2014*: Risk and Opportunity—Managing Risk for Development. Washington, DC: World Bank, 2013.

第十一章　深化服务业改革的挑战与对策

夏杰长

（中国社会科学院财经战略研究院）

摘　要：体制机制是影响服务业发展的最重要因素之一。我国服务业体制机制改革长期滞后于农业和工业领域的改革，服务业体制机制僵化直接制约了我国服务业快速健康有序发展。全面深化服务业体制改革，对于推进服务业大发展、为服务业可持续发展提供强大的内生动力、形成服务经济为主导的经济新常态，有着重要的意义。服务业体制改革是一项系统工程，既需要重点突破，又需要整体推进，并为深化服务业改革创造配套条件。

一　加快形成服务业主导的经济结构新常态

当前，我国正处于经济增长速度换挡期、结构调整期和改革开放攻坚期"三期叠加"特殊阶段，我们将告别过去习惯的10%以上的高速增长时代，也将对增长速度、经济结构和增长动力重新审视。在此背景下，习近平总书记提出了"新常态"思维，并且强调"要加快发展服务业，把服务业培育成现代产业体系的重要支柱"。新常态是对我国当前所处发展阶段的科学判断和规律认识，也代表着宏观经济调控的新趋势。加快形成服务业主导的经济结构，把服务业培育为我国的支柱产业，是当前主动适应新常态的重大战略举措。

(一) 经济新常态背景下的服务业

发达国家工业化经验表明，经济结构在迈过了第二、第三产业的交叉点后，将迎来服务业的蓬勃发展期。而中国在2013年跨过第二、第三产业的交叉点之后，这一趋势已经体现得越发明显，服务业正在成为我国国民经济的支柱产业。

1. 服务业成为新常态下我国经济增长的新动力

《中华人民共和国2014年国民经济和社会发展统计公报》有关数据显示，2014年，我国第三产业增加值的增速为8.1%，第三产业增加值的增速快于第二产业的7.3%和第一产业的4.1%，是三次产业中唯一高出全国GDP 7.4%增长速度0.7个百分点的产业。从三次产业贡献率看，2014年第三产业的贡献率为52.81%，高于第二产业的42.11%和第一产业的5.08%。第三产业对GDP的拉动达3.9个百分点，高于第二产业的3.1个百分点和第一产业的0.4个百分点。中国经济正在由工业主导向服务业主导加快转变之中，服务业将成为新常态下中国经济增长的新动力。

2. 服务业增加值比重快速提升

根据国家统计局的初步核算，2014年服务业增加值30.7万亿元，同比增长8.1%。按现价计算，服务业增加值占国内生产总值比重达到48.2%，比2013年提高1.3个百分点，比第二产业的比重高5.6个百分点，提前完成"十二五"规划确定的47%的预期目标已成定局。2015年第一季度，服务业增加值占比更是创纪录地达到51%，服务业已经成为国民经济的"半壁江山"。

3. 服务业固定资产投资快速发展

2014年固定资产投资（不含农户）502005亿元，比2013年名义增长15.7%（扣除价格因素实际增长15.1%）。分产业看，第一产业投资11983亿元，比2013年增长33.9%；第二产业投资208107亿元，增长13.2%；第三产业投资281915亿元，增长16.8%。在三次产业中，服务业固定资产投资增速是最快的，反映了投资者对服务业的偏好。

4. 利用外资进入名副其实的"服务经济时代"

2014年，制造业实际使用外资金额2452.5亿元人民币（399.4亿美元），同比下降12.3%，在全国总量中的比重为33.4%；服务业实际使用外资金额4068.1亿元人民币（645.2亿美元），同比增长12.5%，在总量中的比重为53.9%。全国设立非金融外商投资企业23778家，比2013年增长4.4%，其中设立非金融服务业外商投资企业达13925家，增速为11.12%，占全部设立的非金融外商投资企业的比重达58.56%，这意味着我国吸引外资以制造业为主的格局向以服务业为主转变，利用外资进入名副其实的"服务经济时代"。

5. 服务贸易规模迅速扩大，走出去步伐明显加快

2014年我国进出口总额4.3万亿美元，剔除不可比因素，全年进出口增长6.1%，其中出口增长8.7%，进口增长3.3%。2014年服务贸易全年服务进出口总额超过6043亿美元，增长12.6%以上，其中出口2222亿美元，增长7.6%，进口3821亿美元，增长15.8%，服务贸易逆差进一步扩大，达1599亿美元，服务贸易逆差增长35%。"十二五"以来，服务贸易在对外贸易中的比重持续攀升，2011年、2012年、2013年、2014年占比分别为10.3%、10.8%、11.5%和12.3%。服务外包保持高速发展，2014年，我国承接国际服务外包合同金额和执行金额分别为718.3亿美元和559.2亿美元，同比分别增长15.1%和23.1%。对外直接投资首次突破千亿美元，达到1029亿美元，增长14.1%，其中，服务业投资增长27.1%，占比达到64.6%。

6. 服务业吸纳就业能力进一步增强

2011年，我国服务业劳动就业占比超过农业成为第一大就业部门，当年全国7.6亿从业人员中，有35.7%的在服务业就业，而农业就业人员占比为34.8%。服务业首次超过农业而成为中国的就业主渠道。近些年，我国经济增长速度呈阶梯式下降，但城镇登记失业率并没有随经济增长速度下降而提升，这在很大程度上得益于服务业的较快增长。服务业的劳动就业弹性系数远高于工业，正是服务业的较快增长，吸纳了工业、农业转移出来的劳动力以及主要的新增劳动力。2014年服务业就业继续保持良好态势，服务业劳动就业占比达到了40.6%，也提前完成"十二五"规划的目标。

7. 服务业新业态、新模式不断涌现

在科技进步和消费示范作用的推动下，我国服务业新业态、新模式不断涌现。比如，基于大数据、云计算、物联网的服务应用和创新日益活跃；创意设计、系统流程服务、远程诊断、设备生命周期管理服务等

新业态发展迅速,为制造业转型升级提供了有力支撑;生态旅游、远程教育、休闲养老、数字家庭、智慧社区等新的服务模式快速发展,消费渠道进一步拓宽,服务消费快速增长,正成为寻常百姓的消费热点,有力地带动了消费需求,为扩大内需发挥了积极作用。

(二) 以服务业为主导的新常态是经济社会发展的必然结果

我国经济已经进入转型发展的新阶段,服务业成为国民经济的主导产业不偶然的,更不是昙花一现,而是全球化、市场化、城镇化、信息化的必然结果。

1. *经济全球化引发的产业梯度转移和资本流动创造了服务业发展新机遇*

全球化为发达国家和发展中国家提供了按照各自比较优势发展的平台,是世界经济增长的红利。作为承接制造业转移的发展中国家,在一定时期肯定以第二产业为主。但伴随着工业化进程,以及世界产业梯度转移和资本流动格局的变化,我国服务业发展迎来了新的机遇。随着人口红利的逐渐消失、劳动力成本和公司成本不断上升,我国曾经的制造业国际代工的优势正在减弱,境外资本更看好我国服务业巨大的市场潜力,随着我国服务业对外开放力度加大,境外资本和服务要素进入国内市场日益便利,在这种背景下,开放引致服务业大发展和效率提升也就是必然的结果。

2. *市场经济改革取向激发了服务业增长和效率提升*

服务业无形的特点以及越来越多服务网上交易,决定了服务交易更具"信息不对称"和"道德风险"的可能性。如何构建起一个有效的制度环境,对服务业就显得尤为重要。良好的制度环境,比如诚信体系、有效的知识产权保护制度、充分的市场竞争、公平透明的交易,是服务业大发展的基本前提条件。随着党的十八大明确提出发挥市场机制决定性作用的改革取向,我国市场经济体系建设不断完善,市场经济体制机制更加成熟,服务业垄断与管制正在逐渐破解,服务业开放力度越来越大,极大地激发服务业企业的活力和动力,促进了服务业主体的有效竞争,提升了服务业生产率和有效供给。

3. *新型城镇化为服务业大发展创造了巨大空间*

作为服务业生长的理想空间,城市既承载着人口集聚和各种要素集聚以及由此带来的巨大服务需求和规模效应,又通过人口与要素的集聚而提高服务业效率和品质。我国正在积极有序地推进新型城镇化，意味着各种要素在空间上更加集聚，人口规模和密度也随之显著提升，各类产业园区也将在城市或城镇集聚，随之而来的就是对生活性服务业、公共服务业、生产性服务业需求的明显增加，从而为服务业大发展创造了市场空间。此外，城镇居民收入水平更高，对生活品质更加讲究，生活方式更加时尚，城镇居民的人力资本也显著高于农村居民，无论是对服务业需求，还是创造服务供给的能力，都明显强于农村居民，是服务业发展的主要推动者。

4. 新一代信息技术创造了服务的"无限可能"

我们正处在信息化时代，以移动互联网、云计算、大数据、物联网为代表的新一代信息技术，与经济社会各领域、各行业的跨界融合和深度应用，已经成为全球新一轮科技革命和产业变革的核心内容。互联网作为经济社会发展的基础设施和创新要素、通过融合创新不断迸发释放出化学反应和放大效应，如同百年前的电力革命、正深刻改变着传统的消费方式、商业模式和贸易方式。比如，改变了传统产业的形态，使得信息的生产、处理、储存和传递在经济活动中逐渐占据中心地位，而这些经济活动通常都归属于服务部门，从而使得服务"无处不在"，让服务变得"无限可能"。又如，信息化让许多原来不可贸易的产品或服务变得可贸易，从而增强了服务交易的可能性，加快了服务贸易的发展。

二 我国服务业改革面临的主要挑战

（一）体制机制僵化，市场化程度不高

按照最一般的理解，制度是一个社会普遍接受的游戏规则，是为决定和约束人们的相互关系而设定的"契约"。美国著名的制度经济学家道格拉斯·C.诺斯通过对经济增长现象的思考和对美国经济增长的实证分析，提出了制度因素对经济增长的巨大影响，他甚至认为："即便在技术没有发生变化的情况下，通过制度创新也可以提高生产效率，实现经济增长。"从这个意义上讲，制度是影响经济增长、交易成本和经济效率的最重要因素。健全的市场机制与规范的市场秩序是发展现代服务业的基本条件。农业和制造业提供的看得见摸得着的有形商品，而服

务经济中交易的主要对象通常表现为一项权利而不是实物，它更加依赖知识、创新、人力资本、声誉、品牌等高级生产要素和无形资产，所以服务业发展需要更加完善的市场机制和制度。除了餐饮、商贸批零、旅游等传统服务业，我国许多现代服务业领域的体制机制和政策安排，比如准入机制、服务标准、行政监管、定价机制还是有着较浓厚的计划经济色彩，市场机制的决定性作用远没有发挥出来。

造成我国服务业体制机制僵化且市场化程度相对不高的原因是多方面的，但行政审批环节过多且多头管理是其最主要的原因。比如，对服务业前置审批项目，各地方的法规规章名目繁多。这些法律、法规和规章、文件如果不能随着现代服务业新业态、新问题、新形势的变化而及时修订或废止退出，就会成为现代服务业发展与改革的重要障碍因素。再加上由于上下级之间沟通问题、部门之间利益问题，各政府部门之间的政策条例、管理办法也有诸多不衔接和不配套之处，给服务业企业正常运行带来很多干扰。如此过多过滥的行政审批、僵化低效的管理，已经成为服务业发展和改革的最大障碍之一。简政放权，还权于市场，是服务业领域下一步改革的重要议题。

（二）工业企业"服务内置化"现象比较严重，社会分工程度较低，制约了服务业需求

市场经济的一个重要特征就是强调分工与交易。分工是技术进步、效率提高和经济增长的重要条件。受计划经济思想的影响，我国工业企业组织大多是"大而全、小而全"，大量的服务业或服务环节被内置在工业企业内部，为数不少的工业企业依然处于自我封闭、自我服务、自我循环阶段，依旧采用传统的生产模式，即由工业企业内部提供其所需的服务生产和服务产品。工业企业外包服务不多且涉及面窄，即便有一些服务外包，也主要以产品生产为主，多是单一功能或是生产经营的某个环节，而与产品制造相关的物流、规划咨询、研发设计、金融租赁、商务服务、采购营销、人力资源等生产性服务业占全部支出的比重偏小。这样的结果，使得大量本应市场化、产业化、社会化服务的生产性服务业变成了工业企业自我提供的服务，既严重压抑了生产性服务业的市场需求，也降低了服务业效率和供应质量，因为工业企业毕竟不是专业的服务供应商，做服务业不是其擅长的事情。

（三）服务业的政府规制不到位

关于政府规制，现有文献中一般认为政府应当提供一个有效、综合的政策保证，从而促进服务业发展，西方经济学家一般倾向于对服务业放松管制。尼克利特和斯卡尔皮塔（2003）通过模拟研究和跨国比较指出政府规制对于服务业的影响巨大。特别是对于ICT服务部门如批发、金融、保险和商业服务的规制可能损害新经济的外部性，对生产力的增长造成负的外部性。布兰特（2003）认为，不合适的限制性归置损害了企业的动力，特别是限制服务部门的增长。布兰特认为，各国政府在制定服务部门规制时，应当在经济增长的框架中考虑问题。例如，金融、通信以及交通运输服务已经成为商品生产的主要投入要素，这些要素构成了产品成本的绝大部分，服务投入效率成为影响公司竞争力的重要因素，又如教育、培训以及医疗卫生服务更是成为整个经济增长率提高的关键原因，而具体的服务政策导向将会直接影响这些部门的生产率水平，因此各国政府部门在制定产业政策应结合本国实际情况相机而择。

由于服务业提供的无形产品，供求双方信息不对称比较严重，有效合理的规制对服务业的发展尤其重要。需要进行微观规制的产业绝大部分都集中在服务业，例如公共运输业、电信服务业等。此外，还有一些服务行业其产品性质具有严重的信息不对称，例如医疗服务业、教育服务业等。这些行业也需要政府部门进行微观规制。但是，从现有的政策架构看，政府在对服务业进行微观规制缺乏一个基本的理念与明晰的政策思路，规制的对象和方法都出现了偏差，其结果导致很多需要政府规制的服务业不但没有健康发展，反而出现了严重短缺、价格快速上涨、服务质量低下。

（四）产业组织结构不合理、企业治理结构不完善

从我国服务业的产业组织结构来看，要么是准入门槛偏低，政府干预严重，造成无序竞争，经营混乱；要么是独家垄断，效率低下。以会计服务业为例，根据中国注册会计师协会行业管理信息系统最新显示数据，截至2012年，全国共有会计师事务所8128家，注册会计师99085人，非执业会员98089人。目前，中注协个人会员人数近20万人，全国具有注册会计师资质的人员超过25万人，但收入达千万元以上的只占少数。与此相对应的还有，我国注册会计师职业服务市场的资格种类

多达 20 余种，难以形成综合服务。再加上政府对市场介入过度，干扰了市场的正常竞争秩序，使得我国会计服务市场优胜劣汰的机制难以形成，服务质量普遍低下，市场无序竞争，经营乱象环生。由于大家都在抢市场，行业自律难以形成，丑闻也层出不穷。同样的问题在律师、广告等服务业中也存在。另外，目前有不少专业服务机构虽然名义上脱离了政府，但实际上还依附于政府部门，没有形成有效的内部治理结构，竞争力较弱，在日趋激烈的专业服务国际竞争中处于不利地位。例如，上海现有 24 家规模较大的展览公司，大多没有建立现代企业制度，机制不灵活，责、权、利划分不明晰，办展的国际化和专业化程度不高，企业治理结构不完善，使服务业发展缺乏活力。

三 深化服务业改革的对策建议

"十二五"时期以来，我国服务业的发展得到政府的高度重视，出台了大量支持服务业发展的政策措施，颁布一系列的指导意见、管理办法等政策文件。如高技术服务业发展的政策体系和统计体系进一步完善，2011 年 12 月国务院办公厅出台了《关于加快发展高技术服务业的指导意见》，进一步细化有关高技术服务业发展的政策措施。科技服务业发展得到国家高度重视，2014 年 10 月，国务院印发了《关于加快科技服务业发展的若干意见》（以下简称《意见》），部署培育和壮大科技服务市场主体，创新科技服务模式，延展科技创新服务链，促进科技服务业专业化、网络化、规模化、国际化发展，为建设创新型国家、打造中国经济升级版提供重要保障。这是国务院首次对科技服务业发展作出的全面部署。此外，国务院还颁布了一系列有关服务业发展的文件，如《国务院关于加快发展生产性服务业促进产业结构调整升级的指导意见》、《国务院关于加快发展体育产业促进体育消费若干意见》和《国务院关于加快发展养老服务业的若干意见》等政策。这些有关推动服务业发展和改革的政策措施，事实上已经发挥了重要的作用。但是，我们也要清醒地看到，我国服务业发展总体水平还不高，亟待改革的领域还很多，在"十三五"时期，建议从以下几个方面着力，全面深化服务业改革，从而推动我国服务业又好又快发展：

（一）打破服务业的垄断，积极促进服务业公平自由竞争

服务业内部行业繁多，各个行业性质千差万别。有些服务行业（如电信）具有自然垄断性质，还有些服务行业具有外部性（如教育业）等。但从总体趋势看，就是逐渐消除进入壁垒，基本实现进入退出的自由化。在一些目前行政垄断严重的行业，如电信、金融、保险、铁路运输、航空运输、广播电视、出版传媒等垄断性行业中，除个别涉及国家安全和必须由国家垄断经营的领域外，都必须大刀阔斧地改革。目前的改革举措主要在于允许原有国有企业"分拆"之后的企业之间开展竞争。这显然只是浅层次的改革，改革的重点是放宽服务业市场准入，引进竞争机制，允许进入和允许竞争并重，尤其是要准许新的市场主体进入。激活民间企业投资，允许非国有市场主体进入本行业是政府改革行政垄断行业的重要举措。只有民间资本广泛参与市场竞争，才能提高效率，改善服务，增进国民福利。对一些短期内完全开放进入有难度的行业，也要采取切实措施，尽可能实行"政企分开、政资分开、政事分开"。在非自然垄断性业务部门要积极引入市场机制，解除过多过滥的行政监管，开展公平竞争，提高服务效率。即使是在目前行政垄断不严重的行业中，也不应设置过多的准入障碍，以促进在位企业提高效率。

党的十八大报告在所有制理论上的重大突破是提出保障不同所有制主体，依法"平等使用生产要素，公平参与市场竞争，同等受到法律保护"的"三个平等"为核心内容的不同市场主体公平竞争理论。这一点体现在服务业发展政策方面的核心内容是：

一是放宽市场准入。国家"十二五"服务业规划明确指出："凡国家法律法规未明令禁入的服务业领域，全部向外资、社会资本开放，并实行内外资、内外地企业同等待遇，各类投资者均可以独资、合资、合作等方式进入。各类服务业企业在登记注册时，除国家法律法规规定外，各部门一律不得设置或变相设置前置性审批事项。"因此，要积极推动建立一个开放有效的服务经济市场准入制度，逐步减少市场准入制度中的行政垄断，促进服务经济的良性竞争和发展。这一原则应该是我国服务业准入机制改革的基本指导思想，必须有力贯彻实施。长期以来，我们对服务业市场准入设置了种种障碍。一个重要的原因是对市场准入的基本理论缺乏深入研究甚至有些误解。现有的对服务业准入高门槛或实施行政垄断的理论基础是"国家经济安全"或者"国家安全"。

而事实证明，在政府制定的过程中，对"国家经济安全"或者"国家安全"缺乏基本的定义，其内涵与外延都非常模糊，导致了该概念的滥用，服务业垄断被无限放大。因此，在进行推进服务业自由化的过程中，需要加强对基本理论的研究，对"国家安全"与"国家经济安全"等关键与核心概念给出明确的定义，并确定其内涵与外延，且随着经济发展对其进行动态修改。

二是尽可能取消所有制限制。目前，在许多垄断行业中，国有资本"一家独大"的现象比较普遍，非国有资本所占比重有限，这种严重不对称的格局导致了在市场竞争方面，国有资本较之非国有经济企业具有压倒性的"竞争优势"，而这种竞争优势并非市场能力差异所带来的，主要是其高度垄断所致。所以，在非基本公共服务领域，要尽可能打破垄断、取消所有制限制，除了引入外资外，也要为民营企业等多种市场主体创造公平竞争的环境，提供平等竞争的机会，形成政府投资、民间投资、利用外资等多元化投融资机制，并逐渐提高非公有制经济在服务业中的比重。

三是逐步放开非基本公共服务领域，充分发挥市场配置资源作用。严格界定基本公共服务和产业化、社会化服务，扭转事业单位承办产业化、社会化服务的格局，从而壮大服务业的市场需求。还要加强研究适合新型服务业态和新兴服务产业发展的市场管理办法，以顺应新兴服务业大发展的基本要求。

四是实施有效的激励机制。目前，我国的医院、学校、金融、通信、交通等服务业人浮于事、效率低下的现象较为普遍，但只要理顺激励机制，调动供应主体的积极性，生产率进步的空间巨大，服务供应潜力也很大。

（二）力推服务业与制造业、农业融合发展，在融合互动中促进产业升级

我国制造业目前正受到双重挤压，即高端制造业有回流发达国家趋势，劳动密集型制造业有向劳动成本、商务成本更低的发展中国家转移现象。农业领域的低效率、低附加值、生产经营方式落后的问题没有本质改变。如何推动制造业产业升级，实现农业现代化，提升产业综合竞争力，攀升全球价值链，是一项长期而艰巨的任务。现代产业界限日益模糊，工业服务化、服务产品化、产业融合是产业发展重要特征与趋势。我们正在致力于推动"中国制造2025"战略和农业现代化的宏伟目标，必须破除传统的生产方式，为产业融合创造良好的发展环境，用跨界融合的理念发展现代制造业和现代农业，即在制造业和农业两大产业中嵌入知识含量较高的生产性服务业，实现生产性服务业与制造业融合互动发展、生产性服务业与农业的有机融合。

第一，推进生产性服务业与制造业融合互动发展，发挥生产性服务业对制造业升级转型的作用，建议从以下四个方面着手：一是鼓励制造业分离发展服务业。国际国内经验表明，推动生产性服务环节专业化、社会化发展与做强做专做精制造业密切相关。这样做，既借此释放了服务市场需求、培育了专业化的服务供应商，又让制造业企业专注于自己的"主业"，是"一举两得"的选择。二是推动制造业延伸产业链，在最终产品中增加更多的服务元素，实现服务化经营，从而增加制造业盈利的空间，改变制造业盈利能力连续下降的趋势。三是改变过去制造业"重物质要素、轻服务要素"投入的传统做法，更加注重投入"研发设计、软件信息、质量控制、现代物流、供应链管理、检验检测、融资租赁、节能环保解决方案"知识密集型服务要素，在制造业的身体插上"聪明的大脑"，助推"中国制造"走向"中国智造"。四是改革工业化与信息化融合方式。过去强调较多的是在工业制造环节运用信息技术，但这有着明显的局限。我们不仅要重视制造生产过程的信息化、智能化，更要把信息化渗透于生产价值链全过程，并实现网络立体式深度融合，将研发设计、加工制造、营销服务产前、产中和产后三大产业环节整合在共同的网络化信息平台中，并以此为基础打造若干智能制造产业集群，依托这个平台推动服务与制造全价值链深度融合，使生产性服务业成为支撑"工业4.0"、落实"中国制造2025"的重要推力。

第二，推进现代服务业与农业的融合发展。建议重点要抓好以下五个方面工作：一是推进农业科技信息服务发展。科技信息服务与农业深度融合是传统农业走向现代农业的根本出路。鼓励高校、科研机构与农业产业化龙头企业建立农业科技联盟，积极打造农业科技服务云平台。高效且全覆盖的农业信息化服务是实现农业现代化的重要条件。利用现代互联网、移动互联网、物联网等技术手段，通过全程闭环式运作，初步建立食品安全领域分级标准，重点突出"食品安全检测，食品安全检测包括安全食品检测、绿色食品检测、有机食品检测和功能食品检测"四个层面，打造食品安全领域的全球标杆与品牌形象。高度重视互联网与传统农业的结合迸发出了前所未有的巨大能量，让农民、农业从互联网的普及利用中提升开拓市场的能力。二是创新农产品市场流通体系。农村电商已经成为盘活农村资源、搞好农产品流通、服务"三农"、提高农村收入水平的重要支撑，因此要把发展农村电商放到重要的位置。鲜活农产品物流是目前农产品流通体系的短板，因而要重点发展鲜活农产品物流，加快实施冷链物流标准化，逐步解决鲜活农产品"最后一公里""瓶颈"问题。三是健全农机技术推广和社会化服务体系。建立农机化信息服务平台，组建"上下联通、资源共享"的农机化信息服务网络，开展示范推广、农机作业、技术培训、销售维修、信息咨询和中介等多领域、专业化、社会化服务，逐步形成以市场为导向，以服务为手段，融示范、推广、服务为一体的多元化的新型农机化服务机制。四是完善农业标准化服务体系。坚持以确保产品质量安全为核心，用标准化的理念和规程规范指导生产、加工、流通全过程，重点要建设标准化信息和农产品质量安全信息服务网络平台，实现标准信息资源透明共享。建立"按标生产"、"凭标流通"，强化标明产成品的产地、质量、标准的等级标识制度，以推动完善各基层农产品质量安全检验检测站点为抓手，全面建立起农产品质量安全检测体系和追溯体系。五是完善各类公共服务平台。农村服务业具有较强的公共公益性，服务对象量大面广，且处于市场相对弱势地位的农民和农业企业。通过构建人才服务网络平台、科技资讯平台、信息服务平台、装备服务平台等公共服务平台，集成和整合资源，降低农民或农业企业获取和利用这些资源的成本，增强他们愿意使用现代服务要素偏好，促进传统农业向现代农业转变。

（三）扩大服务业开放，提高服务业开放水平

中国政府在加入 WTO 时，对服务贸易的 12 个领域做了 9 项承诺，在 160 多个分领域中承诺了 104 项，接近发达国家的平均水平（108个）。随着服务业对外开放水平的不断提升，我国服务业利用外资水平也在不断提升，服务业成为利用外资的第一大部门，2015 年第二季度，吸引的外资有 67% 投向了服务业，外资对服务业的偏好可见一斑。

在改革战略上，应选择以对外开放倒逼国内现代生产者服务业改革的主要思路。中国第一轮开放主要是商品市场领域的开放和制造业的开

放，以开放倒逼改革所取得的成就也主要体现在中国成为世界制造中心上。接下来，我们应该加大服务业开放步伐，实现从制造业大国走向服务业大国的战略转型。需要指出的是，服务业的开放应该是对内对外同步开放，不能"厚外薄内"。综观我国服务业发展、改革和开放的历程，服务业对外开放大家都很积极，引进外资效果也普遍成为衡量地方领导的政绩之一，但是服务业对内开放则比较薄弱。对内开放程度低的一个重要原因就是重要的服务业基本被国有经济垄断经营，服务要素不能够在不同所有制之间自由流动。所有制垄断的症结在于对民营资本的歧视政策，不愿意"肥水流入他人田"，许多高利润服务企业基本不允许民营资本进入，即便允许进入也设置了很高的门槛。

区域垄断是对内开放不足的另一个原因。我国目前的中央与地方财政关系没有很好的理顺，既有财政体制引发的地方保护主义现象比较严重，不让非本地服务要素或资源进入，服务业要素自然就不能在地区间自由流动。打破地域限制，鼓励地区间服务要素自由流动，在更广阔的区域优化服务业要素资源的配置，提高服务要素效率，增强地区间竞争程度，鼓励各地区在服务业要素流动中寻找自己的比较优势，形成各自的特色服务业，是下一步服务业改革和开放不可或缺的重要内容。

（四）改革服务业投资体制，优化服务业投资结构，提升投资效率

自1993年开始，服务业投资占全部投资的比重就已超过了50%，远高于同期服务业增加值的占比。服务业在整体上并没有表现出"投入少、产出高、见效快"的特征。从发展趋势看，在20世纪80年代，为了使服务增加值增长1元，需要投入3元左右的资本。然而从90年代开始，这个数据增加到了5元以上，这说明从动态上看，服务业越来越具有资本密集的特征。从服务业投资内部结构特征看，交通运输仓储邮政业、房地产业都具有非常高的投资，占服务业全部投资的60%以上。从投资主体来看，服务业投资仍然主要以国有投资为主。服务业14个大类行业中，除批发和零售业、住宿和餐饮业、房地产业、租赁和商务服务业、居民服务业和其他服务业5个行业外，其他9个行业国有投资均占50%以上，其中交通运输仓储和邮政业、水利环境和公共设施管理业、教育3个行业国有投资占80%以上。

一是要对现有的投资审批体制进行改革。我国现有的投资审批体制，仍对服务业有着较多的限制。例如，对铁路、高速公路、快递、房地产等诸多服务行业的投资方面，仍存在着大量的政府审批现象。现有的投资审批体制是一种对市场投资决策的扭曲，因为投资审批者并不对投资结果不负责任，而审批的标准、原则、程序等又不够透明。这也是造成服务业投资效率低下的重要原因。从未来发展看，应对现有的投资审批体制进行全面清理，除了政府投资的项目之外，民间投资项目的审批应该全部予以取消。

二是要大力鼓励服务业的民间投资。在破除垄断的基础上，要使用金融、土地、财政等多种政策手段，积极引导民间资本投入到服务业中。

三是通过税收等多方面的政策，鼓励投资方式的多样化。在服务业投资中，除了由建设单位直接投资进行基本建设和技术改造之外，还应鼓励采用项目融资、股权投资、项目并购、租赁投资、BOT等国际上比较广泛采用的多种投资方式。尤其是要对这些新型投资方式的税收政策进行整合，使各种投资方式的税负大体均衡。

四是积极推进和完善现代服务业领域"营改增"的试点工作，鼓励更多的社会资本投向现代服务业。2012年，上海、北京等地相继进行了部分现代服务业"营业税改征增值税"的试点工作。总体上看，这项改革是有利于促进专业化分工和促进现代服务业发展的，从试点推广情况看，也是有利于减轻现代服务业企业的负担的。但是，也有些服务业企业的负担不降反升。"营改增"试点中部分行业税负不减反增是有其特定原因的，因为按照目前的增值税条例，绝大多数服务业企业的可抵扣进项税额较少。在制造业企业生产过程物质资料所占的比重较大，但在服务业企业中大量的经营活动做依靠的并不是物的消耗，而是非物质性的"知识"和"劳务"产品，即主要依靠人力资本和无形资产为中间投入。因此，建议尽快将无形资产、人力资本等非物质投入纳入增值税的进项税额抵扣范围，从而切实减轻现代服务业企业的税收负担，以吸引更多的社会资本投向现代服务业。

五是增加服务领域的公共性基础性投入，实施有利于服务业发展的财税政策。政府对服务业不宜再在竞争性领域增加投入，而是要侧重支持公共基础设施、市场诚信体系、标准体系建设以及公共服务平台等服务业发展薄弱环节建设。通过合理的税收政策鼓励制造业与服务业的高度专业分工，从分工合作中寻求制造业和服务业的"双赢"。对研发设计、检验检测认证、节能环保等科技型、创新型生产性服务业企业，应实施税收激励政策，允许其按照高新技术企业的待遇享受15%的企业所得税优惠税率。

六是构建多层次、多元化融资服务体系，完善支撑服务业发展的金融政策体系。鼓励发展天使投资、创业投资，支持融资性担保机构发展。通过多层次资本市场体系建设，满足不同类型服务业的融资需求。拓宽机构对现代服务业企业贷款抵押、质押及担保的种类和范围，加大金融创新对生产性服务业的支持力度。借鉴一些发达国家的经验，设立"服务业特别基金"，为符合国家产业政策的小型微型服务企业发展提供资金支持，破解融资"瓶颈"。

（五）破除土地垄断，降低服务业的投资成本

服务业用地成本高是不争的事实。服务业门类众多，行业千差万别，把服务业用地都归为商业用地，从而采取高地价的做法是不尽公平的。比如，物流、研发等生产性服务业，既具有营利性，也具有一定公共平台性质，是典型的准公共品。如果采取土地歧视政策，这些服务业企业难以承受，只能艰难度日，勉强运行。此外，由于受"重工业，轻服务业"的传统思维影响，许多地方政府在安排土地用途时，几乎都将工业用地需求置于优先地位，从而导致服务业用地需求严重不足。当前，建设用地实行统一国有供给制，以及工业用地与服务业用地价格之间的巨大差异，都提高了服务业的投资成本，限制了服务业的投资发展。具体措施包括试点土地创新开发模式，降低投资成本。对部分服务业用地试点年租金制；试点集体土地或划拨土地原所有权人合作开发持有型物业；土地资产证券化等。在符合城市规划、土地利用总体规划前提下，充分利用集体建设用地流转政策，鼓励现代服务业项目利用集体建设用地进行开发建设。支持以划拨方式取得土地的单位利用工厂厂房、仓储用房、传统商业街存量房产、土地资源兴办信息服务、研发设计、文化创意等现代服务业，土地用途和使用权人可暂不变更。

（六）通过开放市场、强化监管，促进服务消费

扩大居民服务消费需求，拉动内需增长，既是我国经济结构中长期战略调整的需要，也是应对国际金融危机促进经济平稳较快增长的重要举措，更是改善民生、提高人民生活水平的必然选择。服务消费是一种体验式的即时消费，从供需关系看，如果缺乏相应的服务供给，服务消费难以满足，服务消费将得到压制。从质量评价看，消费者在享受服务之前，对服务质量及服务的具体效果缺乏足够的信息，因此，打造一个适宜于服务消费的社会环境非常重要。

一是要开放市场，提升供给水平，满足老百姓的服务需求。例如，在民用航空、出版传媒、金融服务、医疗卫生、教育文化等方面，通过引入新的竞争者，提供适合于百姓需求的服务产品，提升服务消费水平，具有重要意义与价值。

二是要建立系统化的市场监管体系。在信息不对称的电子商务市场、家政服务、钟点工市场、医疗保健市场、美容市场等方面，需要强化市场监管，尽可能做到供应者和消费者的信息对称，为服务消费提供信誉保证，培育起服务消费这个潜在市场。

（七）提升服务业微观规制水平

在市场经济条件下，鼓励自由竞争和加强市场监管都是不可或缺的。在服务业市场化的目标下，政府对服务业微观市场并非放任不管。相反，服务市场化将使政府承担更多的责任，尤其是在市场监管方面，需要政府提供更多的系统化支持。

一是区分政府的监管责任与提供责任。在市场经济背景下，政府是公共服务的最主要提供者。但是，并非所有的公共服务均由政府或国有企业提供。这里的关键问题是区分政府的监管责任与提供责任。对于国防、政府服务等，政府负有义不容辞的提供责任。而对于其他具有公益性的服务业，如邮政、义务教育、科研、公共文化等，虽然需要由政府来提供，但这种提供也有两种方式，一种是政府直接投资设立事业单位，并由这些事业单位直接向社会提供公共服务业，这种模式的典型就是义务教育。在我国，义务教育均由政府投资设立学校，并提供运营经费，然后由学校直接向社会提供免费义务教育服务。另一种是政府向非营利性甚至是营利性机构购买相应的服务后，再将这些服务提供给社会。从未来的改革方向看，后一种方式应该成为政府提供服务的发展方向。

二是树立正确的监管理念。政府对服务业进行微观规制过程中，要区分市场监管、行政垄断与国有化等基本的理念。对于存在严重信息不对称、自然垄断等特殊情况的服务行业，需要政府加强监管。但是，这种监管既不是简单地进行行政垄断，也不是单纯的国有化，而是以市场化的手段，对服务质量、服务提供方式等进行监督。即使为了避免资源浪费而进行行政垄断的行业，也要保持可竞争状态，尤其是要给予民营资本平等进入这些部门的机会。

三是建立公平与透明的监管体制。从政府的视角看，大部分服务业是负有监管责任的。即政府对服务提供者的资质、服务提供质量、服务价格、服务提供时间等直接进行监管，并同时对市场准入问题进行监管。这样做一方面是为了避免服务提供者利用信息不对称或垄断地位提高服务价格、降低服务质量、排斥其他服务者进入；另一方面是为了避免资源的浪费。这种监管体制要做到以下几点：通过透明化、法制化的监管，对所有企业一律平等对待，适用同一标准，不能因某一种特殊身份而对某一些企业特殊政策，对另一些企业进行歧视；在市场准入方面，应该对所有市场主体开放；对存在严重信息不对称的服务业，要建立统一的质量标准；对需要政府定价的服务行业，其定价过程要加大竞争性（如引入投标机制确定价格）、透明度。

四是强化打击不正当竞争行为，促进企业树立品牌意识，提高服务质量。在这方面，解决一些行业的"政企不分"问题可能也是一个关键。比如，在一些发挥市场中介功能的行业中，为了确保经济鉴证中介真正成为独立、公正的鉴证服务市场主体，政府就应该彻底割断政府主管部门与经济鉴证中介事务所的任何隶属关系和挂靠关系，或者其他利益输送关系。再比如，在金融行业，政府应从金融安全、建立健全金融服务市场、防止发生系统性金融风险等目标出发，切实加强对金融机构的监管，而不是简单地处罚金融违规行为。

五是确保服务公平。很多服务行业提供的服务，在现代社会被认为是实现社会公平的基本要求。也就是说，出于社会伦理价值观的要求，所有社会成员无论是否具备支付能力，都应当能够享有这种服务。典型的例子如基础教育、基本医疗卫生服务；甚至在一些人看来，基础电信服务、基本的交通服务等具有公共福利性质。在国有企业经营这些服务（如邮政服务、基础电信服务、公共交通服务）时，政府可以通过行政命令的方式，实现普遍服务。在市场化的背景下，政府应建立完善的普遍服务机制，使这些服务可公平获得。包括：对企业的退出加以规制，即为了满足普遍服务的需要，要求在位企业不得放弃其部分亏损地区的经营；建立普遍服务基金；通过财政与税收手段保证普遍服务的提供等。

（八）培养服务业创新团队，为服务业发展提供人才支持

人才特别是创新型人才，是服务业发展的关键，服务业最主要的"投入"就是人力资本。培养、引进高素质的现代服务业人才是政府义不容辞的责任。从资金投入和改革人才培养模式等方面着手，支持服务业创新团队培养，鼓励服务创新，包容创新失败。按照"不求所有，但求所用"的原则，积极推进技术入股、管理人员持股、股票期权激励等新型分配方式，建立创新型人才柔性流动机制，鼓励更多的高端人才向服务业领域聚集，为服务业发展提供强大的智力支撑。

参考文献

[1] [美] 道格拉斯·C. 诺斯：《制度、制度变迁与经济绩效》（中译本），格致出版社、上海人民出版社 2011 年版。

[2] 李勇坚、夏杰长：《服务业是节约投资的产业吗？——基于总量与 ICOR 的研究》，《中国社会科学院研究生院学报》2011 年第 5 期。

[3] 刘志彪：《全面深化改革对服务业发展的牵引作用》，《北京工商大学学报》2014 年第 2 期。

[4] 夏杰长、管永昊：《"营改增"之际的困境摆脱及其下一步》，《改革》2013 年第 6 期。

[5] 夏杰长、尚铁力：《西方现代服务经济研究综述》，《国外社会科学》2006 年第 3 期。

[6] 夏杰长：《打破垄断和完善规制：深化现代服务业改革的关键所在》，《北京工商大学学报》2013 年第 5 期。

[7] 夏杰长：《利用外资进入"服务经济时代"》，《经济参考报》2015 年 5 月 4 日。

[8] 周振华主编：《服务经济发展与制度环境》，格致出版社、上海人民出版社 2011 年版。

第十二章　推进劳动力市场制度建设

王美艳　贾朋　蔡昉

（中国社会科学院人口与劳动经济研究所；中国社会科学院人口与劳动经济研究所；中国社会科学院）

摘　要：在经济社会转型时期，劳动力市场参与者的利益诉求越来越多元化，各种矛盾已进入凸显期和多发期。应该看到的是，当前出现的劳资关系新趋势，并不是情况的恶化，而是人们对收入提高预期变化的结果。因应这一变化，政府的职责是加快劳动力市场制度建设。从国际经验来看，发达国家劳资关系从冲突到相对和谐，并不是因为劳资对立的性质发生了变化，而是因为在劳动力供求关系发生根本性变化的发展阶段上，通过加强劳动力市场制度建设，形成了协调劳资关系的有效机制，包括劳动立法的加快出台、最低工资制度的建立、工会作用的增强、三方协商机制的形成等；而那些跨越了中等收入陷阱的国家和地区，则是在劳资摩擦加剧的时期，不无痛苦地，甚至有时是被迫地建立起了相对完整的劳动力市场制度，形成了解决劳资争议和对立的制度框架。当前，中国政府应该从直接干预经济，更多地转向提供更好的公共服务，完善社会保护机制。这个发展阶段正是比较完整的社会保护机制形成的机会，即以政府和社会为主体，通过发育富有效率的劳动力市场，降低人们面对的就业风险，提高居民保护自身收入和生活水平的能力，进一步降低贫困发生率和减少脆弱性。

当前，中国经济发展进入新常态。在经济社会转型时期，劳动力市场参与者的利益诉求越来越多元化，各种矛盾已进入凸显期和多发期

（周晓光、王美艳，2015）。一个健全的劳动力市场制度，不仅有利于构建和谐的劳动关系，也有利于保持经济持续稳定增长、不断扩大就业。

然而，一个功能完备和成熟的劳动力市场，不是一夜之间就形成的；由一系列制度体系和规则构成的劳动力市场机制，也不是一成不变的。因此，劳动力市场几乎永远处在成长、转型和发育状态中。在所有从原来的计划经济向市场经济转轨的国家，使劳动力市场得以发挥作用的主要机制，都有待于通过改革而重新构建。

选择符合国情的劳动力市场规制十分重要。在向市场经济转型的过程中，一国往往面临着如何选择不同的劳动力市场规制手段的问题。是否能够扩大就业，是进行制度选择和制度评判的重要标准。20世纪70年代以来，和美国相比，欧洲许多国家由于执行了一系列更容易导致劳动力市场僵化的规制措施，使其就业增长速度远远低于美国。

与此同时，正如许多经济学家所指出的，在劳动力市场规制中，并不存在单一的制度原则，市场经济允许并且创造多样化（Freeman，1998）。对于中国来说，既有在二元经济发展过程中，劳动力市场从无到有，从低级到高级的发育任务，也有在计划经济向市场经济转轨过程中，劳动力资源的配置向市场机制的轨道转变的任务。因此，在中国，劳动力市场发育是一项格外艰巨的制度变革和发展任务。在劳动力市场制度建设从无到有的过程中，中国应该充分借鉴国际经验，选择适合国情的规制措施，确保对劳动力市场的管理有效，同时又不致降低劳动力市场的灵活性和竞争性。

2015年3月21日发布的《中共中央、国务院关于构建和谐劳动关系的意见》，对于中国的劳动力市场制度建设提出了新的要求。本章对中国的劳动力市场制度进行概述，并指出可能的改革方向。

一 劳动力市场规制与立法

随着劳动力无限供给特征的逐渐消失，劳动关系中一个所谓"供求法则"将逐渐替代城乡关系中的"数量悖论"，即劳动力供求之间的关系决定着劳动者与用工者之间的谈判地位，以及在政府立法和政策决定中的相对影响力（Olson，1985；Anderson，1995）。撇开政府或企业是否天生具有善待劳动者的良好愿望不说，西方国家政府立法更加倾向于保护劳动者的权益，工会组织得到更高的地位，在雇佣关系和工资决定中发挥更大的作用，雇主为了竞争稳定和高素质的雇员而开始改善雇佣条件，以及劳动者有了较大的选择空间，从而较少受制于"饥饿的锁链"，大多是从劳动力供求关系发生变化的时候开始的。由此来看，中国目前面临着一个劳动力市场制度形成和完善的大好时机。

不过，劳动力供求关系转变并不意味着劳动者通过在劳动力市场上的讨价还价，可以使劳动关系自然而然地得到改善。无疑，劳动力市场供求关系转变，是工会组织和工资集体谈判机制获得发展的良好机会。但是，在劳动者从整体上逐渐获得更强的谈判地位的过程中，在大型企业和垄断行业企业就业的职工，因其所在企业具有较强的市场力量，而有更强的动机和激励先行组织起来，形成对于资方的抗衡力量，获得自身的劳动力市场地位（约翰·肯尼斯·加尔布雷思，2006）。然而，对于那些中小企业来说，因其自身缺乏市场力量，或者一些企业本身就不具有自生能力，因而没有能力与劳动者分享企业成长的成果，无力满足职工的利益诉求（林毅夫，2004），这时，政府进行劳动力市场规制就成为不可替代的安排，具有格外充分的必要性和迫切性。

在劳动力丰富从而劳动力市场供大于求的条件下，劳动者在雇佣关系中经常处于不利的地位，易于受到不平等对待，雇主违反劳动立法侵害劳动者利益的现象时常发生，劳动者的工作条件和待遇也不尽如人意。虽然在微观的层次上，雇主侵害劳动者利益可能在一定程度上给其带来经济利益，但是，在社会层面上，劳动者如果长期受到不平等对待，除了其利益受损，伤害经济发展之外，还会导致劳动者群体的不满情绪，并且这种不满会从直接针对雇主转移到针对社会，危及整个社会的稳定。

在很长时间里，中国的劳动力市场一直处于供给大于需求的态势，由此，劳动力在与资本的博弈中也就处于弱势地位。因此，劳动者利益和权益持续得不到有效保护，是造成社会不和谐的一个重要诱因。在劳动力供求形势发生了根本转变的条件下，劳动者在劳资谈判中的发言权大大提高。与此同时，如果没有工资水平的提高或者对劳动者利益更好的保护，经济发展所需要的劳动力将无法得到充分的供给。如果说劳动力工资水平的提高，主要依靠劳动力市场决定的话，那么，劳动者利益的保护，则需要政府付出较大的努力。

作为公共政策的供给方，政府应该充当保护劳动者利益的代言人和执行者。目前，中国正在从长期的劳动力无限供给阶段转向劳动力短缺的新阶段，这种转折阶段正是政府和社会加大对劳动者实施保护的大好时机。在这个发展阶段的转折点上，政府应该积极地通过立法和各种规制，保护普通劳动者的利益和权益。一个对劳动者实施良好保护的劳动力市场，就是一道保持和增进社会和谐的有力保障线。

中国劳动力市场转型与发育的成功经验之一是解除规制与制定规制的改革方式并用。从对于劳动力资源的计划配置转变到市场配置，要求对计划经济条件下形成的就业制度和相关规制进行深刻的改革，表现为一个解除规制的过程。整个中国经济的改革过程，都伴随着各种限制农村劳动力流动的政策改革，以及打破城市"铁饭碗"的改革，使得劳动力资源越来越建立在市场机制配置的基础上，城乡劳动力市场一体化水平得到不断提高。

这类解除规制的改革包括：打破企业固定工制度"铁饭碗"，城市票证制度和住房等福利体系的改革，对外来劳动力在城市生活、就业和社会保障方面的政策环境改善，以及户籍制度的逐步放松等。在参与经济全球化的过程中，中国劳动力市场的积极作用得到充分的体现，因而在国际竞争中实现了劳动密集型产业的比较优势。中国劳动力市场具有充分灵活性这个特征，被许多其他发展中国家和转轨国家所借鉴（Ministry of Finance of India，2006）。

与此同时，中国在解除劳动力市场制度约束的同时，规范劳动力市场的立法和规制也从未停止。例如，早在1994年，全国人大常委会就通过了《劳动法》，对促进就业、劳动合同、集体合同、工作时间、休假、劳动报酬、劳动安全卫生、女职工和未成年工特殊保护、职业培训、社会保险和福利、劳动争议、劳动监督检查、法律责任等方面进行了规定。20世纪90年代末，政府出台了工资指导价位制度。2004年颁布的《最低工资规定》推动了最低工资制度在中国的全面实施。工资集体协商制度和集体合同制度在过去的十多年中，得到了一定程度的发展。2008年一系列新的劳动力市场法律出台，包括《劳动合同法》、《就业促进法》和《劳动争议调解仲裁法》等。2012年全国人大常委会又对《劳动合同法》做了修订，对劳务派遣用工做了进一步规范。

二 工资指导价位制度和最低工资制度

随着中国劳动力市场的发育，劳动力工资水平与劳动力供求状况之间的联系越来越紧密。与此同时，一些有关工资的制度和规定也相继实施。1999年，劳动和社会保障部发布了《关于建立劳动力市场工资指导价位制度的通知》，标志着中国劳动力市场工资指导价位制度的初步建立。1994年实施的《劳动法》中，明确中国实行最低工资制度，使得该制度以法律的形式确定下来。2004年，劳动和社会保障部颁布了《最低工资规定》，推动了最低工资制度在中国的全面实施。

（一）工资指导价位制度

1999年，劳动和社会保障部发布了《关于建立劳动力市场工资指导价位制度的通知》，标志着中国劳动力市场工资指导价位制度的初步建立。建立劳动力市场工资指导价位制度，有利于政府劳动工资管理部门充分利用劳动力市场价格信号指导企业合理进行工资分配，将市场机制引入企业内部分配，为企业合理确定工资水平和各类人员工资关系，开展工资集体协商提供重要依据；有利于促进劳动力市场形成合理的价格水平，为劳动力供求双方协商确定工资水平提供客观的市场参考标准，减少供求双方的盲目性，提高劳动者求职的成功率和劳动力市场运作的整体效率；有利于引导劳动力的合理、有序流动，调节地区、行业之间的就业结构，使劳动力价格机制与劳动力供求机制紧密结合，构建完整的劳动力市场体系。

《关于建立劳动力市场工资指导价位制度的通知》规定，劳动保障行政部门按照国家统一规范和制度要求，定期对各类企业中的不同职业（工种）的工资水平进行调查、分析、汇总、加工，形成各类职业（工种）的工资价位，向社会发布，用以指导企业合理确定职工工资水平和工资关系，调节劳动力市场价格。

按照《关于建立劳动力市场工资指导价位制度的通知》，劳动力市场工资指导价位要在对有关数据资料进行科学的整理和分析的基础上制定，高位数、中位数和低位数必须按照《工资价位调查方法》规定的办法确定，以保证工资指导价位在不同地区之间具有可比性。工资指导价位应在每年 6 月底以前发布，每年发布一次。工资指导价位要在公共职业介绍机构专项公布，有条件的城市，要输入计算机，通过劳动力市场信息网络发布，供企业、劳动者和其他需要者查询。经过近些年的发展，劳动力市场工资指导价位制度建设取得了很大进展。该制度从北京和上海等大中城市起步，逐步向中小城市推进。建立了工资指导价位制度的城市，以及工资指导价位职位数量逐年增多。

"十三五"期间，要进一步完善工资指导线制度，加快建立统一规范的企业薪酬调查和信息发布制度，为开展工资集体协商提供参考。

（二）最低工资制度

最低工资是指劳动者在法定工作时间或依法签订的劳动合同约定的工作时间内提供了正常劳动的前提下，用人单位依法应支付的最低劳动报酬。最低工资制度是保障公平就业的重要制度安排。设计和执行最低工资制度的核心在于确定合理的最低工资标准、制定恰当的标准调整依据和调整频率。近年来，我国各地的最低工资标准都频繁、大幅地提高。国际经验表明，只有合理确定最低工资的标准和调整方式，才能实现公平就业和劳动力市场稳定发展的和谐统一。

1. 我国进入劳动力成本迅速上升期

作为一个人力资源的大国，在发展初期，经济在劳动密集型行业有着比较优势，但劳动力成本的变化对劳动密集型行业的竞争优势有着直接影响。近年来，我国劳动力成本进入快速上升时期。以农民工为例，2008—2014 年扣除价格因素的实际工资水平每年增长 10.8%，快于同期人均 GDP 的增长速度。从国际比较的视角看，我国这一时期的劳动力成本变化有如下特点。

第一，人口因素在推动工资上涨进程中有着重要的作用。因此，工资上涨将成为中长期的趋势。由于人口结构的变化，我国的人口老龄化开始加速，劳动年龄人口总量已经连续两年减少。2014 年，16 周岁以上至 60 周岁以下（不含 60 周岁）的劳动年龄人口总量为 91583 万人，比 2013 年年末减少 371 万人。劳动力供给面出现的变化使得劳动力短缺日益频繁，工资不断上涨。人口因素的相对稳定性决定了劳动力供求变化趋势的稳定性。

第二，劳动力成本的上升已经快于劳动生产率的增长。单位劳动力成本是工人的劳动力成本与劳动生产率之比,单位劳动力成本上升意味着劳动力成本的上升快于劳动生产率的增长。根据我们的测算,2004—2012年中国制造业的单位劳动力成本已经由0.189上升至0.265,与同期美国制造业的平均水平相比由31%上升到40%。日本、韩国等主要制造业大国的单位劳动力成本在同期则呈下降趋势。

第三,虽然劳动力成本上升是促进经济转型升级的动力,但过快上涨不利于经济结构调整。国际经验表明,经济结构的调整和升级是一个渐进的过程。如果劳动力成本过于迅速地上涨,将使得传统产业在新兴产业形成之前失去竞争优势,从而陷入比较优势真空和经济增长的停滞。

从现在到2020年,是我国经济由中等收入向高收入冲刺的阶段。在这一时期,我们应该注重保持劳动力市场制度的灵活性,既要发挥最低工资在保障公平就业中的积极作用,也要注意避免标准过高、增长过快的现象,从而对劳动力成本的上升起到推波助澜的影响。

2. 最低工资标准与实际工资变动

一个适当的最低工资标准可以在不减少就业的情况下,提高低收入劳动力的工资水平,这已经成为主要发达国家的共识。一般来说,当最低工资标准低于平均工资水平的30%时,最低工资标准的变化将不会对平均工资水平以及就业产生影响。然而,如果最低工资标准高于平均工资水平的40%,则其变动可能会产生相应的负面效应。

根据我们的研究,如果对各种就业形式的工人,特别是一些非正规就业的劳动者的工资水平进行全面统计,目前,最低工资标准与社会平均工资的比率已经达到42%,最低工资与中位数工资的比率达到48%。从国际上看,2013年OECD国家最低工资标准与社会平均工资的比率为39%左右。如此看来,目前我国的最低工资标准已经处于较高水平。

在这种情况下,最低工资标准继续快速上调,可能会推动社会平均工资的上涨。最低工资的提升通常会提高劳动力的保留工资,最低工资的溢出效应以及与最低工资挂钩的社会保障支出也会进一步对劳动力市场带来一些负面影响,特别是低收入群体和青年劳动者。这种负面影响在一些发达国家已经非常明显,例如,法国的最低工资标准,约为中位数工资的67%,而其15—24岁的劳动者的失业率高达24%。

最低工资的大幅度持续上调可能不利于长期的人力资本积累。较高的最低工资标准也容易产生错误的劳动力市场信号,从而吸引青年人放弃学习、过早地进入劳动力市场。这显然不利于产业结构升级所要求的长期人力资本积累。

3. 最低工资标准调整频率快、幅度大

2004年《最低工资规定》确立的最低工资调整间隔为2年。我们把1995—2014年划分为三个时间段:1995—2004年、2005—2010年、2011—2014年。其中,1995年为大部分省市开始实施最低工资制度的年份,2005年为新的《最低工资规定》实施后的首年,2011年为金融危机过后的首年。我们计算了各个时间段内各省市最低工资标准的平均调整间隔。其中,1995—2004年,各省市平均每1.79年调整一次最低工资标准;2005—2010年,各省市平均每1.75年调整一次最低工资标准;2010—2014年,各省市平均每1.20年调整一次最低工资标准。可以发现,最低工资标准的调整间隔越来越短。

但是,从国际的经验来看,在设立最低工资制度的国家中,有66%没有规定最低工资的调整频率,有19%规定的频率为一年,有15%规定的频率为两年以上。设定一个明确的最低工资标准调整频率容易固化工资调整预期,频繁地调整最低工资标准也不利于建立稳定的劳动关系,这对于以劳动密集型企业为主的经济体影响也更为明显。

从调整幅度来看,2010年金融危机之后,各省市都对最低工资标准进行了大幅度的持续调整。名义最低工资和实际最低工资标准都在持续上升,最低工资的增长速度虽然已呈下降趋势,但仍然大大高于同期经济增长的幅度。

表12-1　　　　　　　2010年以来最低工资调整情况

年份	调整省市数量	调整间隔(年)	增长率(%)
2010	30	2.33	24.34
2011	24	1.09	22.29
2012	24	1.30	19.54
2013	26	1.25	16.37
2014	18	1.22	13.92

资料来源:中国最低工资数据库,http://www.chinaminimumwage.org。

4. 完善最低工资制度的政策建议

"十三五"时期是全面建成小康社会的决定性阶段。最低工资作为一项典型的劳动力市场制度，对于提高低收入人群的收入水平具有重要意义。"十三五"期间，我们建议从以下几个方面进一步完善最低工资制度。

（1）正确认识最低工资制度的功能。2010年以来，各地方政府持续大幅度地提升最低工资标准，似乎已经把最低工资作为一种调节收入分配的手段。然而，大量的经验研究表明，最低工资制度本身并不是一种调节收入分配和反贫困的有效手段。最低工资制度设计的初衷，也并不是作为调节收入分配的手段，而是为了实现相对公平的就业，杜绝劳动力市场上因为信息不对称，雇主恶意用工、压低工资的极端现象。从这个角度来讲，最低工资标准的确立应该坚持"托底"的原则。

（2）确定合理的最低工资水平。根据各国的实践，最低工资的调整通常要考虑两方面的因素：劳动者的生活需求以及整体经济状况。生活需求主要包括社会平均工资、生活成本、社会保险、其他社会成员的生活标准等；整体经济状况包括经济发展、生产率、就业等。过去几年，各地政府在调整最低工资时，过多强调了要与社会平均工资和生活成本变化保持一致，而较少考虑经济发展阶段以及生产率的变化，这一做法应该得到改变，应在经济发展基础上合理调整最低工资标准。同时，建议完善最低工资标准基础信息库，包括各种形式和群体的就业与工资等基础信息，尤其是科学计算社会平均工资水平，提高标准设计的科学性。

（3）改善最低工资的调整频率。鉴于经济发展形势已发生较为明显的变化，最低工资标准历经多次较大幅度调整已经处于较高水平，不宜对最低工资的调整周期作硬性规定。在调整最低工资标准之前，应对其在劳动力市场和经济发展发生的各种影响作全面的分析，预判可能出现的负面影响。

（4）使用小时最低工资替代月最低工资和小时最低工资混合的做法。从国际经验看，大部分发达国家如美国、英国和加拿大等国家均只规定了小时最低工资标准，而没有规定月最低工资标准。根据我国《最低工资规定》，"最低工资标准一般采取月最低工资标准和小时最低工资标准的形式。月最低工资标准适用于全日制就业劳动者，小时最低工资标准适用于非全日制就业劳动者"。尽管《最低工资规定》对月最低工资标准及小时最低工资标准的转换关系有比较明确的说明，但是最低工资制度在实际执行时仍然存在一些问题。实施月最低工资会增加企业滥用最低工资制度的动机。提升最低工资标准之后，企业为了降低因最低工资提升带来的成本增加，可能会要求劳动者延长工作时间。同时，在实施小时最低工资标准时需要区分全日制用工和非全日制用工等用工形式，增加了政府监管的难度和复杂性，提高了行政成本。

（5）设立最低工资专门委员会关于最低工资标准的确定、调整和评估应该由具有专业研究能力的第三方机构承担。建议设立专门的最低工资委员会来完成最低工资制度相关技术性工作。设立国家统一的最低工资标准，并由最低工资委员会对地方标准进行审核。

（6）在最低工资制度的执行上下功夫。近年来，从最低工资制度的实际运行情况看，各地政府存在热衷调整标准，却轻执行的情况。随着标准的逐步提高，如果执行得不到落实，不仅有损制度的权威，也不利于真正实现公平就业的初衷。

三 工资集体协商制度和集体合同制度

工资集体协商制度和集体合同制度是调整劳动关系的重要制度。1994年的《劳动法》中，就有关于集体合同的规定。其后，一系列有关工资集体协商制度和集体合同制度的法律法规和文件陆续颁布实施，为开展工资集体协商和集体合同工作，提供了政策依据。2008年实施的《劳动合同法》中，进行了一些"特别规定"，这包括集体合同、劳务派遣和非全日制用工。与《劳动法》相比，《劳动合同法》对集体合同进行的规定更加详细、更具有可操作性。本节将描述政府在推进工资集体协商制度和集体合同制度方面所做的努力，并分析集体合同签订状况的进展，以及各地在推进工资集体协商方面的有益探索。

（一）政府为推进集体合同所做的努力

在过去几年中，协调劳动关系的三方机制在推进工资集体协商工作中优势互补、协调配合，对推进工资集体协商工作发挥了重要作用。经过十多年的努力，工资集体协商制度和集体合同制度得到了一定的发展。工资集体协商制度覆盖面不断扩大，集体合同签订率不断提高。

1994年的《劳动法》中，就有关于集体合同的规定："企业职工一方与企业可以就劳动报酬、工作时间、休息休假、劳动安全卫生、保险福利等事项，签订集体合同。"此后，各级劳动部门积极开展签订集体合同的试点工作。北京、广东、福建等地选定57户企业进行试点。1995年，北京、广东、福建等8个省市，在800多家企业进行了集体协商和集体合同制度的试点工作。

1997年，劳动部办公厅发布《外商投资企业工资集体协商的几点意见》，指导外商投资企业开展工资集体协商工作。从全国范围看，1997年，集体协商与集体合同制度逐步建立。1998年4月，全国总工会制定下发了《工会参加工资集体协商指导意见》，明确了工会开展工资集体协商工作的基本要求，全国各地继续推行集体协商与集体合同制度。

2000年颁布实施的《工资集体协商试行办法》，对工资集体协商和工资集体协议做了全面的规定，明确了企业与职工开展工资集体协商的基本规则。2001年修订后的《工会法》规定："工会通过平等协商和集体合同制度，协调劳动关系，维护企业职工劳动权益。""工会代表职工与企业以及实行企业化管理的事业单位进行平等协商，签订集体合同。"

2001年，劳动和社会保障部等5部委、协会发出《关于进一步推行平等协商和集体合同制度的通知》，以进一步推行平等协商和集体合同制度，加快培育劳动关系主体双方自主协调的机制。此后，企业集体协商机制稳步推进。截至2002年，30个省、自治区和直辖市建立了省级劳动关系三方协调机制。到2003年，29万多家企业建立了工资集体协商制度。

2004年实施的《集体合同规定》，进一步规范了集体协商和签订集体合同行为。2005年，劳动和社会保障部、全国总工会以及中国企业联合会、中国企业家协会联合发布了《关于进一步推进工资集体协商工作的通知》。提出进一步完善集体合同制度，对于外商投资企业、私营企业、乡镇企业尤其是小企业相对集中的地区，由工会组织代表职工与相应的企业组织代表或企业进行平等协商，签订集体合同。2005年，全国地级以上城市普遍建立了协调劳动关系三方机制，年末全国已建立三方协调组织 6600 多个，34 万家企业建立了工资集体协商制度。2006 年和 2007 年，全国已建立三方协调组织分别达到 8030 个和 10702 个。

2008 年实施的《劳动合同法》，对集体合同进行了更加详细的规范。例如，《劳动合同法》规定："企业职工一方与用人单位通过平等协商，可以就劳动报酬、工作时间、休息休假、劳动安全卫生、保险福利等事项订立集体合同。集体合同草案应当提交职工代表大会或者全体职工讨论通过。"例如，《劳动合同法》中还规定："在县级以下区域内，建筑业、采矿业、餐饮服务业等行业可以由工会与企业方面代表订立行业性集体合同，或者订立区域性集体合同"等。

温家宝在十一届全国人大一次会议的《政府工作报告》上提出，"推动企业建立工资集体协商制度，完善工资指导线制度，健全并落实最低工资制度"。这是工资集体协商制度首次被写入政府工作报告，凸显了工资集体协商制度在新的劳动力市场形势下的重要性。2008 年 6 月，全国总工会连续下发了《中华全国总工会关于建立集体协商指导员队伍的意见》和《中华全国总工会关于开展集体协商要约行动的意见》，2009 年 7 月又下发了《中华全国总工会关于积极开展行业性工资集体协商工作的指导意见》。

2008 年 4 月，人力资源社会保障部召开全国劳动关系工作座谈会，提出"彩虹计划"。这一计划的内容，是全面推进工资集体协商制度和集体合同制度。会议确定了今后 5 年的发展目标：2008 年和 2009 年，在东部地区规模以上企业普遍建立集体协商和集体合同制度，2010 年年底要在中部地区规模以上企业普遍建立，2012 年年底在全国规模以上企业普遍建立。同时，积极推进区域性、行业性集体协商，逐步将集体合同制度覆盖各类中小企业，力争 5 年内基本在各类企业建立集体协商和集体合同制度。

2010 年 5 月，人力资源社会保障部、中华全国总工会、中国企业联合会、中国企业家协会联合下发了《关于深入推进集体合同制度实施彩虹计划》。该计划中提出的目标是，从 2010 年到 2012 年，力争用三年时间基本在各类已建工会的企业实行集体合同制度。2010 年和 2011 年，集体合同制度覆盖率分别达到 60% 以上和 80% 以上。对未建工会的小企业，通过签订区域性、行业性集体合同努力提高覆盖比例。集体协商机制逐步完善，集体合同的实效性明显增强。

2010年，全国工会基层组织建设工作会议召开，提出要大力推动企业依法普遍建立工会组织，依法普遍开展工资集体协商。会议提出的目标是，2010年、2011年和2012年，全国企业法人单位建会率分别要达到60%以上、75%以上和90%以上，职工入会率分别达到82%以上、87%以上和92%以上，基本实现企业依法普遍建立工会组织的目标。

从工会建立和发展的情况看，20世纪90年代全国工会基层组织数基本保持稳定，在90年代后期还有所下降。2000—2002年，工会基层组织数有一个大幅度的增长。2003年以来，工会基层组织数呈现稳定的增长态势，2013年达到276.7万个。工会会员人数在整个90年代基本保持稳定，在1亿人左右。进入21世纪以来，工会会员人数开始迅速增长，2013年达到2.99亿人。

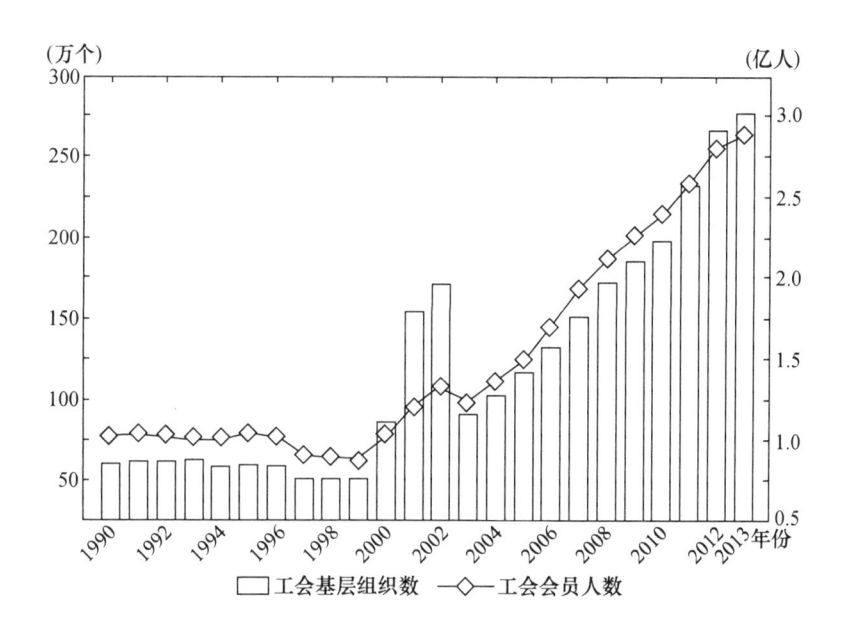

图12-1　全国工会基层组织数和工会会员人数

注：因指标解释调整，2003年以前的工会基层组织数包含部分覆盖单位数。
资料来源：国家统计局（2015）。

2011年年初，全国总工会下发了《中华全国总工会2011—2013年深入推进工资集体协商工作规划》。规划中提出，从2011年起用3年时间，到 2013 年年底已建工会组织的企业 80% 以上建立工资集体协商制度，基本实现已建工会企业普遍开展工资集体协商，其中实现世界 500 强在华企业全部建立工资集体协商制度。规划还详细制定了 2011—2013 年每年的年度规划目标，提出了工作重点和主要措施。

（二）集体合同签订状况

随着工资集体协商制度和集体合同制度的推进，全国各地报送劳动保障部门审核通过的集体合同数和涉及职工数都在不断增长。1998 年，集体合同数为 15 万份，涉及职工 5000 万人；2001 年集体合同数增长至 27 万份，涉及职工 7000 多万人。2002 年，集体合同数有一个大幅度的增长，猛增至 63.5 万份，涉及职工 8000 多万人。在 2008 年《劳动合同法》实施后的 2009 年，集体合同为 70.3 万份，覆盖职工 9400 多万人。到 2014 年，集体合同已经达到 170 万份，覆盖职工 1.6 亿人。

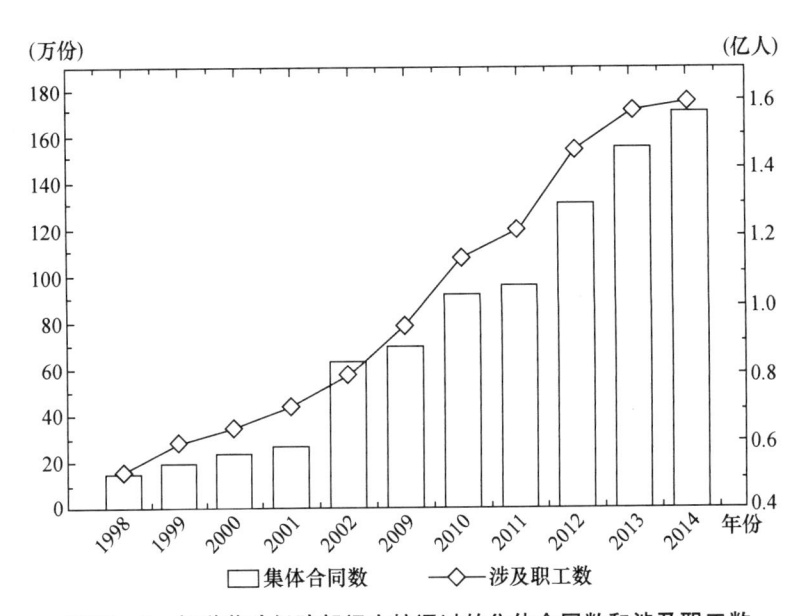

图 12-2 报送劳动保障部门审核通过的集体合同数和涉及职工数

注：2003—2008 年的《人力资源和社会保障事业发展统计公报》未公布集体合同数及涉及职工数。

资料来源：人力资源和社会保障部（历年），人力资源和社会保障事业发展统计公报，http://www.mohrss.gov.cn/。

(三) 各地在推进工资集体协商方面的有益探索

全国各地在推进工资集体协商方面，积极开展了很多有益的探索。例如，杭州市出台了《关于进一步推进工资集体协商工作的意见》，规定签订工资集体协商制的企业，如果不肯和员工代表谈涨工资，将及时向企业发出"整改建议书"；对拒不整改的，由劳动保障部门责令限期改正。在杭州，已建工会企业中，90%以上都实行了工资集体协商。

《北京市工会深入推进工资集体协商三年行动计划》于 2010 年 12 月发布。根据该计划，北京市推动规模以上企业独立开展工资集体协商，规模以下企业通过签订区域、行业工资专项协议建立协商机制。

近几年，青岛市总工会以建立集体协商和工资共决机制为目标，大力推行工资集体协商，不断探索工资集体协商形式、途径和方法，使集体合同和工资集体协商成为工会协调劳动关系的重要手段。先后出台了一系列文件，明确规定企业建立集体协商制度和要约权利，规定企业应当通过工资集体协商建立职工年度平均工资增长机制。青岛市的工资协商内容不断丰富。既有协商工资水平、工资分配制度的，也有协商工资调整和支付办法的。工资协商的形式多种多样，逐步由企业内部协商向区域性、行业性协商发展。青岛市还积极探索事业单位编制外职工工资集体协商。对无正当理由拒绝签订工资集体协议的，人社部门要责令改正，拒不改正的录入《不良信誉单位》档案，向社会公开。

河南省漯河市在推进工资协商的过程中，坚持"一企一策"，有针对性地破解工资集体协商难题。对生产经营效益较好的企业，重点就工资水平、奖金分配、补贴和福利等开展协商；对生产经营困难、效益较差的企业，重点解决工资支付办法、离岗职工生活费等问题；对非公企业，则参考当地工资指导线、消费指数等因素，重点解决企业职工工资总额随企业效益增加而相应提高的问题。

(四) 主要结论

工资集体协商制度和集体合同制度是调整劳动关系的重要制度。在过去十多年间，一系列有关工资集体协商制度和集体合同制度的法律法规和文件陆续颁布实施，为开展工资集体协商和集体合同工作提供了政策依据。协调劳动关系三方机制在推进工资集体协商工作中发挥三方各自的职能，优势互补，协调配合，为推进工资集体协商工作发挥了重要作用。随着工资集体协商制度和集体合同制度的推进，全国各地报送劳动保障部门审核通过的集体合同数和涉及职工数都在不断增长。工资集体协商制度覆盖面不断扩大，集体合同签订率不断提高。全国各地在推进工资集体协商方面，积极开展了很多有益的探索。

"十三五"时期，要以非公有制企业为重点对象，依法推进工资集体协商，不断扩大覆盖面、增强实效性，形成反映人力资源市场供求关系和企业经济效益的工资决定机制和正常增长机制。推动企业与职工就工作条件、劳动定额、女职工特殊保护等开展集体协商，订立集体合同。加强集体协商代表能力建设，提高协商水平。加强对集体协商过程的指导，督促企业和职工认真履行集体合同。

四 《劳动合同法》等法规的实施

在很长时间里，中国的劳动力市场处于无限供给的状态，这使得劳动力在与资本的博弈中处于弱势地位，劳动力很多方面的权益得不到保障。2004年开始，一些地区如珠江三角洲，率先开始出现劳动力短缺现象，此后，这一现象逐渐蔓延到其他地区（蔡昉、王美艳，2005；刘钻石，2008；崔传义，2008；王诚，2005）。如果考虑到人口年龄结构的变化趋势，可以做出判断，中国劳动力无限供给的特征正在逐渐消失。中国的劳动力市场，正在从无限供给向有限剩余的状态过渡。

从劳动力市场的状况看，有两个方面值得予以特别关注。一方面，近年来中国形成了就业非正规化趋势（蔡昉、王美艳，2004；Knight & Song，2005）。与正规部门相比，在非正规部门中，用工不规范现象更多，用人单位和劳动者之间的冲突也更多。另一方面，尽管近年来中国劳动力的工资有所上涨，但其幅度仍然大大低于劳动生产率的上涨，劳动者仅仅分享了劳动生产率提高成果中的一个小部分（蔡昉等，2009）。

随着城市中非正规就业数量的不断增多和劳动力市场上出现的新变化，进入21世纪以来，中国劳动力市场的规制不断增强，一批与劳动力、就业和工资等有关的法律、法规和条例相继出台，包括《就业促进法》、《劳动合同法》和《劳动争议调解仲裁法》等。其中，《就业促进法》和《劳动合同法》是较为重要的促进劳动者就业和保护劳动者合法权益的法律，也是总结以往劳动立法经验，因应了劳动力市场新变化对规制提出的新要求，对其做出准确的理解和认识十分重要。

（一）《中华人民共和国就业促进法》

1994年《劳动法》中，就有关于促进就业的内容。主要包括国家创造就业条件，扩大就业机会；地方各级政府发展职业介绍机构，提供就业服务；劳动者不因民族、种族、性别和宗教信仰等而受歧视；妇女享有与男子平等的就业权利和禁止招用未成年人，等等。总的来看，规定较为笼统和概括。20世纪90年代末，在城市职工大批下岗和失业，城市失业率上升的情况下，政府实施了一系列积极的就业政策，包括实施积极的财政政策，用以调整经济结构，提高经济增长对就业的拉动能力；建立公共和社会就业服务制度；建立和完善"三条保障线"；加强就业和再就业培训；实施再就业扶持和援助，等等。这些积极的就业政策，对于促进就业，起到了重要作用。

但是，就业仍然是中国的一大难题，而且会长期存在下去。中国的劳动力总量巨大，劳动力人口在总人口中所占的比例也高，这使得就业成为民生的重大内容，也在制度层面形成了有效需求。在这种情况下，中华人民共和国第十届全国人民代表大会常务委员会第二十九次会议，于2007年8月30日通过了《中华人民共和国就业促进法》，自2008年1月1日起施行。该法包括公平就业、就业服务和管理、职业教育和培训、就业援助、监督检查和法律责任等方面的内容，主要目的是促进就业，促进经济发展与扩大就业相协调，促进社会和谐稳定。总结一下该法的内容不难发现，实际上，政府所实施的积极的就业政策的内容，在该法中得到了逐一体现。也就是说，用法律的手段将积极就业政策的内容进行了规定。

例如，关于积极的财政政策，《中华人民共和国就业促进法》中规定，"国家实行有利于促进就业的财政政策，加大资金投入，改善就业环境，扩大就业"。关于建立公共和社会就业服务制度，该法中有专门的关于就业服务和管理的规定。关于建立和完善"三条保障线"，该法中指出，"国家建立健全失业保险制度，依法确保失业人员的基本生活，并促进其实现就业"。此外，该法对加强就业和再就业培训、职业教育和培训、实施再就业扶持和援助等，都做出了明确的规定。

《中华人民共和国就业促进法》除了对政府的积极就业政策进行了

规定外，广泛涉及和规定了公平就业的内容。该法中规定，"各级人民政府创造公平就业的环境，消除就业歧视，制定政策并采取措施对就业困难人员给予扶持和援助"。该法中特别规定，对妇女、少数民族劳动者、残疾人、传染病病原携带者和进城就业的农村劳动者，不得进行歧视性对待。毫无疑问，这部法将起到促进就业的积极效果。

以往的研究表明，导致中国城市失业的主要因素不是周期性的，而是摩擦性和结构性因素所导致的（蔡昉等，2004）。也就是说，中国失业率的主要组成部分是自然失业率。摩擦性失业是正处于两个岗位的转换期间的失业，受劳动力市场和政府服务信息的直接影响；结构性失业则决定于劳动力技能和岗位的匹配程度。如果我们认定这两种失业是需要解决的主要矛盾，那么培育一个更加完善的劳动力市场、形成良好的就业环境则是急迫的任务。由于自然失业率可以通过改善劳动力市场功能得到降低，因此，加强政府劳动力市场服务职能，对降低中国失业率应该有较大的作用。显而易见的是，《中华人民共和国就业促进法》的实施，将有利于扩大就业，降低自然失业。

（二）《劳动合同法》

全国人民代表大会常务委员会通过的《中华人民共和国劳动合同法》，自2008年1月1日起施行。《劳动合同法》的主要目的，是完善劳动合同制度，明确劳动合同双方当事人的权利和义务，保护劳动者的合法权益，构建和发展和谐稳定的劳动关系。《劳动合同法》既坚持了1994年《劳动法》确立的劳动合同制度的基本框架，同时又做出了较大修改。

2008年《劳动合同法》的主要内容体现在：对1994年《劳动法》中已经规定的内容，该法进行了更加详尽和更具有可操作性的规定，有些地方进行了一些实质性的修订，有针对性地解决现行劳动合同制度中存在的主要问题。2008年《劳动合同法》颁布以前，劳动合同短期化倾向明显，影响了劳动关系的和谐稳定。为了更好地维护劳动者的就业稳定权，《劳动合同法》在用人单位与劳动者订立无固定期限劳动合同方面提出了更高的要求。该法的新内容还包括关于劳务派遣和非全日制用工的规定，根据实际需要增加维护用人单位合法权益的内容，等等。

《劳动合同法》的颁布引起了激烈的争论，观点各异，其中两种主要的并且看似对立的观点，却都陷入某种认识误区，对于我们准确理解该法的重要性和必要性起着同样的误导作用。一种观点认为该法的出台时机尚早，可能助推中国劳动力成本提高的趋势，导致劳动密集型产业比较优势过早丧失。另一种观点坚决拥护该法的出台，以便尽早结束劳动力价格低廉的时代。两种观点虽然对立，但是在认为《劳动合同法》初衷就是提高劳动力成本，以致把所有的争论引到该不该提高劳动力报酬上面，忘记了该法在保护劳动者合法权益的根本出发点这一点上，却不啻异曲同工。在这部分，我们尝试消除这两个有代表性观点可能产生的误导。

需要指出的是，围绕《劳动合同法》的颁布执行而产生不同意见，是十分正常的现象，完全不值得大惊小怪。有以下几点理由。

首先，从劳动经济学传统来看。关于要不要规范劳动力市场，以及如何规范劳动力市场，是劳动经济学旷日持久的争论焦点。甚至对于一些各国普遍采用的成熟的劳动力市场规制，学术界的观点也远远没有取得共识。例如，最低工资制度、男女同工同酬以及强制休假制度，究竟是保护了劳动者的收入，还是伤害了他们的就业机会，迄今没有一致的认识。因此，作为一部旗帜鲜明地保护劳动者权益的新法，具有自由主义倾向的经济学家，表达自己对于过度保护劳动者可能产生养懒汉的现象，以及提高企业用工成本可能伤害雇主的雇佣意愿，结果导致就业机会减少的担忧，也属正常，未必是十分具有针对性的意见。

其次，从劳动力市场中的利益纷争来看。劳动雇佣关系从来就有明显的利益倾向，因而市场经济国家在处理此类关系时，形成了由劳动者及其代表即工会组织、雇主及其代表如同业公会、政府三方构成的协商机制。前两方在雇佣关系上常常是针锋相对的，因为工资高了就意味着劳动力成本提高，从而利润降低。因此，雇主几乎永远是对保护劳动者权益的规制，以及提高劳动力成本的潜在可能性做出抱怨。

而政府的作用就在于协调两者之间的利益平衡。长期以来劳动力市场对劳动者的保护不足，目前随着城乡就业的扩大，我们已经到达一个政策调整的转折点，加大对劳动者权益的保护具有紧迫性，而《劳动合同法》恰是这样一个重要的宣示，具有里程碑的性质。

最后，从各国劳动力市场政策的改革方向来看。劳动力市场的稳定性（security）和灵活性（flexibility）两个要求，导致现实劳动力市场政策中存在难以把握的平衡关系，被认为是一个两难的政策选择。不同的国家在这两个要求之间总是有一定偏倚的。例如，以往人们形容美国的劳动力市场具有"就业机会多但不稳定，收入相对低"的特点，而欧洲国家的劳动力市场则具有"就业稳定但机会少，收入相对高"的特点。

但是，劳动力市场政策是不断调整的，灵活性强的劳动力市场逐渐向提高稳定性的方向调整，稳定性强的劳动力市场则逐渐提高其灵活性，以致在西方国家，人们创造了一个新词"稳定灵活性"（flexisecurity），把灵活性与稳定性结合起来作为政策追求目标，试图寻求两者之间的平衡。具体来说，就是鼓励一种就业的灵活形式，同时又与对他们的社会保护相容。围绕《劳动合同法》的不同意见，归根结底也反映了针对稳定性和灵活性的不同强调。

具体到针对中国颁布《劳动合同法》是否恰逢其时，广为流行却产生误导的观点都认为其立法初衷在于通过提高劳动者报酬，把劳资关系的天平向劳动者一方倾斜，因而不可避免的结果就是提高劳动力成本。这种认识并不准确，即《劳动合同法》的实施的确产生提高劳动力成本的效果，但其核心不在于此。为了认识这一点，我们首先必须厘清并区分开与《劳动合同法》相关的两类劳动力成本提高因素，即一类是由于惩罚非法用工行为所造成的，另一类是纯粹由于该法追加的规制约束所造成的。

在前一种情况下，主要的针对性是企业在劳动关系中的滥用现象。针对这种情形在《劳动合同法》中做出的新规定，属于在无论何种条件下，在任何经济发展阶段上，都必须保护的一些劳动者基本权益。这一类的情形如关于试用期及违约金的规定、最低工资标准的运用、基本劳动条件的保障等。由此导致的企业增加成本，应该属于必须和必要的。

在另一类情况下，主要针对以往就业中的非正规性，新法对部分不合理用工和不规范劳动关系进行了规制。也就是说，把以往的不规范、不统一，常常是在一对一的讨价还价中决定的雇佣和解雇行为，从有利于保护雇佣双方合法权益出发加以规范化。由于在劳动关系中存在的不对称现象，长期以来在现实中不利于劳动者的处理方式居多，因此，对此进行规制以后，企业可能面临着增加开支的影响。这一类情形如对劳动合同解除条件的规定、对社会保障的规定、对补偿金的要求和对劳务派遣公司的约束等。

由于企业的劳动密集程度不同，劳动关系的规范程度也不同，因此，对于不同类别的企业来说，上述因素可能导致企业劳动力成本增加的幅度不尽相同。根据一些观察，并且撇除那些单纯依靠血汗工资制度挣钱的极端情形，我们可以合理地假设，由于劳动合同法的执行，在合法雇佣关系范围之内，的确可能使企业增加工资成本支出的一定百分比。如何看待这个劳动力成本增加水平呢？

实际上，即使由于立法因素导致劳动力成本提高，其幅度并没有超过平均工资增长的一般趋势。而且，这个因素导致的工资增长，与一般趋势还具有替代关系。归根结底，近年来工资增长加速，是企业用工需求与劳动力供给数量之间关系变化的反映。工资提高是吸引劳动力的动因，而无论工资提高的因素来自哪里。或者不如说，《劳动合同法》对企业必然要增加的劳动力支出，做出了范围、项目和规模的规范。所以，立法因素可能导致的劳动力成本提高，并不会完全叠加到目前的工资增长上面。

这种劳动力成本提高趋势，会不会削弱中国劳动密集型产业的比较优势，从而在国际分工中的竞争优势呢？正如以前的章节所论及的，在相当长的时期内，中国的制造业工资水平仍然保持相对低廉的特点。更重要的是，近年来表现出加快的工资增长，其背后是有劳动生产率的迅速提高作为支撑的。根据经济学理论，平均工资上涨的长期趋势，应该与劳动生产率的增长趋势一致（Harper，1957）。如果劳动生产率提高速度快于工资提高速度，竞争优势就不会丧失。由此可见，在不丧失劳动力丰富比较优势的前提下，中国制造业工资提高的空间是巨大的。

正如我们已经做出的判断，中国劳动力无限供给的特征正在逐渐消失，二元经济结构转换的长期任务正在进入其收获时期。显然，近年来人们观察到的工资上涨趋势，正是这个经济发展转折点的结果。与此同时，人们预期的工资进一步上涨，主要仍将是这个变化的结果。即便有劳动力市场规制的因素，也是为了保持和谐的劳动关系所要求的必需变化，而《劳动合同法》并没有干预工资由市场供求关系决定的基本配置机制。

毋庸讳言的是，《劳动合同法》的确具有其明显的保护劳动者权益的取向。如果一定要回答劳资关系中的天平应该如何倾斜的话，我们可以设定一个发展阶段的基准点——在劳动力从具有无限供给特征,逐步转变为出现劳动力短缺现象的这个转折点上,劳资关系开始从资方主导的不平衡,逐渐变得劳资双方的市场地位更加平衡。

从时机上看,发达国家的经验表明,政府通过立法保护劳动者权益,工会在工资决定等集体谈判中发挥更大的作用等变化,都发生在劳动力出现系统短缺的这样一个转折时期。从针对性来看,近年来在中国形成的就业非正规化趋势,在扩大了城乡就业的同时,也弱化了对劳动者的保护,降低了社会保障的覆盖率。

另外,尽管近年来工资有所上涨,其幅度仍然大大低于劳动生产率的上涨,劳动者仅仅分享了劳动生产率提高成果中的一个小部分。由此可以做出的判断是,《劳动合同法》在这个时候的出台和实施是非常合时宜的,其中的规定有效地规范了劳动力市场的运行,有利于保障劳动力得到长期以来享受不到的正当权益。而只有让劳动者切实分享到经济增长带来的成果,才能真正保证经济长期又好又快地健康发展,才符合建设社会主义和谐社会的目标。

我们也不否认,在《劳动合同法》的贯彻执行中需要解决许多实际问题。第一类是可能存在的规制过度问题。例如,劳务派遣制度是在政府实施积极的就业政策过程中形成的,它发挥了民间促进劳动力市场供求匹配的作用,推动了灵活就业,对于解决20世纪90年代后期出现的严重下岗、失业现象,帮助度过就业冲击难关功不可没。如今,在中国仍然存在的失业现象中,由于匹配问题产生的摩擦性和结构性失业是主导,而且也不能排除将来不会再次遭遇劳动力市场冲击。因此,保护好这个有效的劳动力市场形式是必要的,虽然并不意味着不对其进行必要的规范。

第二类是执法中需要与其他制度相衔接的问题。例如,目前企业负担很重,包括税收负担和缴纳各种社会保险费用的负担。如果严格遵照政策规定,企业缴纳的社会保险需要占到工资总额的约30%。许多企业在不堪重负的情况下,规避社会保险缴费负担的方式,就是把一部分新增员工临时化、雇佣关系短期化和非正规化。由于这个实际负担是真实的,因而也将成为执行劳动合同法的一个现实障碍。尽管这一事实并不应成为不给职工正规化雇佣待遇的借口,但是的确有必要把不同的制度统筹考虑,使其相互衔接。

此外，农民工的社会保障也面临制度不衔接的难题。由于农民工的流动性很强，目前还没有被纳入城市社会保障体系，更重要的是社会保障的统筹水平很低，因此，每当他们离开原来的工作岗位或者工作地区时，主要的办法就是退保。而在退保时只能取回个人缴纳的部分，而企业缴纳的部分则不能退回。因此，劳动者个人和企业执行《劳动合同法》的积极性都受到了压抑。

综上所述，对于颁发的《劳动合同法》，我们应该持坚决贯彻落实的态度，坚定不移地保护劳动雇佣关系中双方的合法合理权益。与此同时，通过更加准确地界定本法有关条款的内涵，甚至进行必要的修订，以及颁布实施细则，使之更加完善和配套，更加具有可实施性，让这部法律在构建和谐劳动关系的过程中，真正起到保驾护航的权威作用。

在任何劳动关系中，雇佣双方利益上的不一致是与生俱来的，甚至可以说是永恒存在的。但是，稳定劳动雇佣关系，归根结底既有利于劳动者也有利于雇主。《劳动合同法》颁布和实施的初衷，就是要依法淘汰那些在雇佣关系中投机牟利的企业，让具有竞争力的企业在法治的框架内更好地成长。

另外，稳定和规范劳动雇佣关系，也绝不意味着回到"铁饭碗"的时代。为了打破就业体制中的"铁饭碗"，我们曾经付出了巨大的代价——数千万城市职工的下岗和失业，因此，保住劳动力市场发育的这个胜利果实，不让改革成果付诸东流，也应该成为立法的一个基本出发点。在制定具有可操作性的实施条例时，既坚定不移地贯彻该法保护劳动者权益的基本精神，同时坚决维护市场配置劳动力资源的基础作用，真正实现法律规定的实用、适用和执行有效。

（三）《劳动争议调解仲裁法》

劳动争议处理制度是解决劳动争议的重要制度，是劳动争议当事人尤其是劳动者维护自身合法权益的重要途径。1987年，国务院颁布了《国营企业劳动争议处理暂行规定》，标志着中断30多年的劳动争议仲裁制度得以恢复。此后，随着1993年《企业劳动争议处理条例》和1994年《劳动法》的相继颁布实施，以协商、调解、仲裁、诉讼为主要环节的劳动争议处理制度逐步形成。这一制度为保护劳动争议双方当事人的合法权益、促进劳动关系和谐和维护社会稳定发挥了重要作用。

随着劳动力市场形势由无限供给向有限剩余的变化，劳动者的就业选择空间越来越大。当他们对企业提供的工资和其他福利待遇，以及其他方面的条件不满意时，他们或许会选择离开现在的企业，重新寻找其他工作，也或许会跟企业提起劳动争议。随着近年来劳动关系复杂多样的变化趋势，劳动争议案件数量持续增长，案情日益复杂。2011年，各级劳动人事争议调解组织和仲裁机构受理的劳动人事争议案件达到131.5万件（人力资源和社会保障部，2012）。工人因不满所在企业的工资和福利等而发生的群体性事件颇为频繁。2005年大连日资企业工人罢工事件、2008年重庆出租车司机罢运事件，以及2010年广东南海本田公司工人罢工事件等，引起了全社会的广泛关注。

现行劳动争议处理制度存在耗时长和申请仲裁时效过短等诸多问题，已经不能适应形势发展的需要。为完善现行劳动争议处理制度，《中华人民共和国劳动争议调解仲裁法》由中华人民共和国第十届全国人民代表大会常务委员会第三十一次会议于2007年12月29日通过，自2008年5月1日起施行。

该法就劳动争议调解、仲裁、一般规定、申请和受理、开庭和裁决等方面，进行了规定。该法的主要目的是公正及时解决劳动争议，保护当事人合法权益，促进劳动关系和谐稳定。《劳动争议调解仲裁法》产生了降低劳动者的维权成本和延长劳动者的申诉时效等效果。例如，该法中规定，"劳动争议仲裁不收费"。根据1994年《劳动法》，劳动争议申请仲裁的时效期间为六十日，而《劳动争议调解仲裁法》规定，"劳动争议申请仲裁的时效期间为一年"。

为进一步贯彻落实《劳动争议调解仲裁法》，2009年10月，人力资源和社会保障部和司法部等联合下发了《关于加强劳动人事争议调解工作的意见》。为公正及时处理劳动、人事争议，2010年1月，人力资源和社会保障部发布了《劳动人事争议仲裁组织规则》。这些规则的实施，都将有利于切实发挥调解和仲裁在促进劳动人事关系和谐和社会稳定中的重要作用。

五　总结

劳动力供求关系的变化，必然引起劳资关系的调整。劳动年龄人口增长率显著下降、农业剩余劳动力大幅度减少、出现普遍性的"民工荒",以及普通劳动者工资上涨等现象,都标志着劳动力无限供给特征逐渐消失的刘易斯转折点的到来。这是消除二元经济结构的重要转折点,是经济发展的必经之路。与此相伴随,劳动关系必然要进行大幅调整,劳动者提出劳动力市场制度建设的强烈需求,以及对政府提供更高水平和更均等社会保护的新要求。工人要求改善工资、待遇和工作条件的要求提高、维权意识增强,遇到企业适应能力差、意愿不足的现实,必然会形成就事论事性质的局部劳资冲突。既然这是一种规律性的现象,政府需要积极看待这种新形势,以政策调整做出正面应对。有的经济学家建议不要用建立劳动力市场制度的办法,如工资集体谈判制度来解决问题,以避免引火烧身,则是一种无视或压制劳资冲突的鸵鸟策略。

所有以往的成功经验和失败教训都表明,从中等收入向高收入阶段的转型,从来不是一帆风顺、凯歌前进的,特别是在刘易斯转折点出现之后,更是充满着"成长中的烦恼"。欧美、日本、韩国等成为高收入国家,而拉美许多国家长期停顿在中等收入陷阱,一个很重要的区别就在于如何认识和处理包括劳资关系在内的"成长中的烦恼"。采取正确的政策来应对这种新情况,跨越中等收入陷阱,最重要的是对经济发展阶段做出准确的判断,正视特定发展阶段的问题,公正、透明、谨慎地引导舆论和群众情绪,广泛提供各种形式的社会心理疏导,加大社会保护力度。

首先,应该看到当前出现的劳资关系新趋势,并不是情况的恶化,而是人们对收入提高的预期变化的结果。在劳动力大规模从农村向城市转移的条件下,由于农民工收入没有充分反映在农民家庭收入统计中,城乡收入差距及其趋势被夸大。过分渲染收入差距,从实证角度看是证据不充分的,从策略角度看是不明智的。而新生代农民工更高的工资要求和工作环境要求,是更高期望的表现,也是劳动力供求关系变化的结果。特别是当《劳动争议调解仲裁法》使劳动关系诉讼成为零成本时,更是提高了普通工人特别是农民工维权的积极性。因此,接受审理的劳动争议诉讼案件增加,并不意味着劳动关系比以前恶化。

其次,政府职责是加快劳动力市场制度建设。在发达国家的历史上,劳资关系从冲突到相对和谐,并不是因为劳资对立的性质发生了变化，而是因为在劳动力供求关系发生根本性变化的发展阶段上，通过加强劳动力市场制度建设，形成了协调劳资关系的有效机制，包括劳动立法的加快出台、最低工资制度的建立、工会作用的增强、三方协商机制的形成等。而那些跨越了中等收入陷阱的国家和地区，如日本和"亚洲四小龙"，则是在劳资摩擦加剧的时期，不无痛苦地，甚至有时是被迫地建立起了相对完整的劳动力市场制度，形成了解决劳资争议和对立的制度框架。从长期维持社会和谐来看，这种制度建设是不可回避的。

最后，政府应该从直接干预经济，更多地转向提供更好的公共服务，完善社会保护机制。这个发展阶段正是比较完整的社会保护机制形成的机会，即以政府和社会为主体，通过发育富有效率的劳动力市场，降低人们面对的就业风险，提高居民保护自身收入和生活水平的能力，进一步降低贫困发生率和减少脆弱性。

参考文献

[1] Anderson, Kym (1995), "Lobbying Incentives and the Pattern of Protection in Rich and Poor Countries", *Economic Development and Cultural Change*, 43 (2): 401 – 423.

[2] Freeman, Richard (1998), " War of the Models: Which Labor Market Institutions for the 21st Century?" *Labor Economics*, 5 (1): 1 – 24.

[3] Harper, Floyd (1957), Why Wages Rise, New York: Foundation for Economic Education.

[4] Knight, John & Lina Song (2005), *Towards a Labor Market in China*, Oxford: Oxford University Press.

[5] Ministry of Finance of India (2006), Economic Survey 2005 – 2006, Last access date: 2014 – 02 – 01, http://www.indiabudget.nic.in/es2005 – 06/esmain.htm.

[6] Olson, Mancur (1985), The Exploitation and Subsidization of Agriculture in Developing and Developed Countries, Paper presented at The 19th International Conference of Agricultural Economists, Malaga (Spain), Aug 26 – Sep 4.

[7] 蔡昉、都阳、高文书：《就业弹性、自然失业和宏观经济政策——为什么经济增长没有带来显性就业？》，《经济研究》2004年第9期。

[8] 蔡昉、王美艳：《非正规就业与劳动力市场发育——解读中国城镇就业增长》，《经济学动态》2004年第2期。

[9] 蔡昉、王美艳:《"民工荒"现象的经济学分析——珠江三角洲调查研究》,《广东社会科学》2005 年第 2 期。

[10] 蔡昉、王美艳、曲玥:《中国工业重新配置与劳动力流动趋势》,《中国工业经济》2009 年第 8 期。

[11] 崔传义:《进入新阶段的农村劳动力转移》,《人口与发展》2008 年第 3 期。

[12] 国家统计局:《中国统计年鉴(2014)》,中国统计出版社 2015 年版。

[13] 林毅夫:《自生能力、经济发展与转型:理论与实证》,北京大学出版社 2004 年版。

[14] 刘钻石:《"民工荒"问题的实证分析》,《开放导报》2008 年第 4 期。

[15] 王诚:《劳动力供求"拐点"与中国二元经济转型》,《中国人口科学》2005 年第 6 期。

[16] 约翰·肯尼斯·加尔布雷思:《加尔布雷思文集》,上海财经大学出版社 2006 年版。

[17] 周晓光、王美艳:《中国劳资冲突的现状、特征与解决措施——基于 279 个群体性事件的分析》,《学术研究》2015 年第 4 期。

第十三章　医疗服务模式创新与医疗体制改革

朱恒鹏

（中国社会科学院经济研究所）

摘　要：进入全面小康社会后，城乡居民的医疗服务需求日趋多样化和差异化，医疗行业的传统事业单位体制，以及与之配套的人事制度，使得医疗服务供给格局无法随城乡居民需求格局的变化而及时调整，"看病难、看病贵"正是上述问题的直接体现。医疗服务体系改革的关键，是尽快落实十八届三中全会决定提出的建立适合医疗卫生行业的人事薪酬制度的要求，扫除医疗行业人才自由流动的制度性障碍，将医生由单位人转型为社会人，同时放开医生开办医疗机构的自主权。鼓励创新，发展以互联网医疗为代表的新型医疗服务模式，倒逼传统医疗体制改革，建立分工分类的医疗服务体系，实现中国医疗服务体系的"弯道超车"，促进中国健康产业实现跨越式发展。

随着社会经济发展和国民生活水平提高，全社会对医疗服务模式和健康保障模式的要求也在发生日新月异的变化。中国已经进入全面小康社会，城乡居民对医疗服务和医疗保障的需求已经从要求"有"到要求"好"的阶段，即从过去要求可及性走向要求质量和品质阶段，服务需求越来越呈现多样化、个性化和差异化特征，传统的医疗服务体系已经不能适应需求变化，近十多年来城乡居民对"看病难、看病贵"日趋严重的不满，以及愈演愈烈的医患冲突，正是这个领域体制改革滞后于人民群众需求变化，致使供需错配日益严重的结果。各级政府投入巨大的人力、物力、财力进行医改，却始终未能取得明显成效，则反映了改革没有找准抓手，未能找准突破口。①

一 中国医疗服务体系存在的问题

从最直观的角度讲，中国医疗服务体系最明显的问题是城乡居民普遍反映"看病难、看病贵"，这两个问题直接源自我国现行医疗服务体系存在的两个缺陷。而这两个缺陷则是深层次体制问题的结果。

现行医疗服务体系的两个明显缺陷，第一，医疗资源供给不足，尤其是优质医疗资源供给不足，这是看病难的主要原因之一；第二，医疗资源配置严重失衡，这又体现在两个方面，首先是医疗资源区域配置失衡，即医疗资源特别是优质医疗资源集中在经济发达地区尤其是大城市，经济欠发达地区包括农村地区医疗资源明显不足；其次是即便是在北京、上海、广州、深圳这样的大城市中，优质医疗资源主要是高水平医生绝大部分集中在三级医院，社区门诊机构严重缺乏医术受到居民认可的医生，致使大量常见病、多发病门诊和住院也集中在三级医院。大医院人满为患、社区门诊机构门可罗雀，这一已成为全国所有城市的普遍现象。备受城乡居民诟病的"看病难"主要就是体现为在高等级医院看病难，而中国特色的"看病贵"很大程度上也是因为诊疗成本本来不高的常见病、多发病也要到高成本、高收费的三级医院诊治。医患之间普遍存在着严重的错配现象，患者很多时候就诊的医院和医生并非其疾病所需医生，而三甲医院大量优秀的专科医生将大量的时间和精力花费在诊治非其专科领域患者，或者并不需要由其来诊治的轻症病患身上。优质医疗资源本就严重不足，这种普遍的错配显然加剧了看病难和看病贵。这后一种现象，官方文件的正式说法是"没有形成分级诊疗体系"。

---

① 在医疗服务体系改革方面，党的十七大就明确提出了"管办分开、政事分开、医药分开、营利性和非营利性分开"的改革方向，此后的一系列医改文件重申了这一改革目标。2009年后更是集中力量力图在破除以药养医、推进医药分开方面取得突破，为此大大增加了财政投入，也投入了很大的行政力量，但医改总体进展不大，城乡居民"看病难、看病贵"局面没有明显改观。作为医疗体制改革核心的"管办分开、政事分开"改革，始终只是作为原则性意见出现在医改文件中，从未出台具体的落实方案。表明在这个方面改革阻力很大，难以正面推进。十八届三中全会决定为深化医改确定了一个很好的突破口：建立适合医疗卫生行业的人事薪酬制度，即改革医疗卫生行业的人力资源配置机制以及与之配套的薪酬制度。

解决上述问题，卫生行政部门提出的思路是"建立分级诊疗体系"，通俗讲就是"小病在社区，大病在医院"。

"分级诊疗体系"这个词汇所描述的医疗服务体系，就其准确含义来说，应该是"分工、分类的医疗服务体系"，即全科（家庭）医生、专科医生、康复护理人员等不同类别的医疗服务提供者，各自从事的是不同类型的诊疗和健康管理服务，其中不同类型的业务适合不同的执业模式和不同的组织模式，这些从事不同类型医疗服务的医务人员以及相应的医疗机构之间是一种分工（协作）关系，所有这些医疗服务提供者，包括各类医务人员和各类医疗机构，共同组成一个医疗服务和健康保障的完整谱系。

简言之，分级诊疗的正确含义，是建立分工、分类、分层的医疗服务体系，通过多样态的服务模式来满足不同类型的、不同层级的、多样化的医疗需求。简言之，通过人员和机构的专业化分工，达到医患之间的有效匹配。

必须指出，"分级诊疗"这个词汇具有很大的误导性。"分级"这种说法保留了计划体制下的行政等级制特色。把社区称为基层，是行政等级制中的最底层。三甲医院视为高端，是行政等级制的最高层，其中又分为地市级、省级和部级。从职称来说，社区大夫最高能到副主任医师，一个社区也就寥寥几个指标。到了三甲医院，主任医师则有一大批。社区医生职称低、工资低、待遇低、社会地位低，优秀医生自然不愿意去社区。社区之所以吸引不到好大夫、留不住好大夫，正是这种行政等级制的必然结果。

尽管"分级诊疗"这一说法有上述误导性，用"分工诊疗"代替更好。但"分级诊疗"这个词汇已经成为约定俗成的说法，所以本章还是使用该词汇，但含义是本节所讲的医疗业务的分工协作关系，而非不同行政等级之间的关系。

消除前述医疗服务体系缺陷，需要建立分级诊疗体系，即建立分工、分类、分层的医疗服务体系。问题是，企图通过恢复并强化传统的医疗机构和医生的行政等级化体系来建立医疗服务供给的分工协作体系，是南辕北辙的改革思路。原因在于，医疗行业之所以未能形成完善的分工协作体系，根源就在于这一行政等级化体系上。①

二 分级诊疗体系难成：医疗体制行政等级制之弊

说来很直观，形成分级诊疗体系，关键在社区有患者信任的医生坐诊，常见病、多发病无须去三级医院。但在现行行政垄断的医疗体系以及与之配套的行政等级制下，好医生不会留在社区。

众所周知，我们的医疗服务体系由公立机构主导，行政部门通过一整套行政手段维持公立机构垄断医疗服务供给的格局迄今未变。公立主导体制下配置医疗资源的核心手段是行政等级制度。同一区域的医疗机构，分为一级、二级和三级，对应着不同的行政级别。级别越高，政府配给的资源越多，医生待遇越高，晋升发展的空间越大。同等水平的医学毕业生，进入不同级别医疗机构，发展空间差距巨大，退休后退休金差距巨大。这种情况下，水平越高的医生，就会向越高级别的医院集聚，患者就医自然随之集聚，分级诊疗如何可能？

行政等级制的医疗服务体系，形成于计划经济时代。当时一切资源都掌握在公立机构，财政拨款维持机构运营。为有序分配包括财政经费在内有限的公共资源，政府只能通过行政措施将公立机构划分等级，严格按行政层级分配，即采取"分级管理、分灶吃饭"体制，以此保证财政预算的适用性和有效性，同时减少"大锅饭"的无效率，以及公有制天然存在的预算软约束，由此维持公有制的基本效率，防止该体制崩溃。而最为关键的人力资源，形成了与之配套的事业单位人事薪酬制度，这也是维持医疗机构行政等级制的核心制度安排。

---

① 相关政府部门依然固守过时的计划经济思维，或者说命令经济思维。在其出台的所谓医改文件中，充斥着要求医生应该怎样和患者应该怎样的说法，比如医生应该下沉到社区，患者应该首诊在社区、小病到社区，等等。遗憾的是，这种思路完全不符合机制设计所必须遵循的激励相容原则，从而不可能真正得到落实。激励相容原则要求，可行的制度首先必须满足医生和患者的基本利益诉求。医生的基本利益诉求是什么？合法的高收入和体面的社会地位；患者的基本利益诉求是什么？高质量的医疗服务。在一个丰裕社会中，便宜不是患者的第一诉求。由此我们可以体会到相关行政部门现在推出的建立分级诊疗体系的政策不可能落地。

就发展空间和可利用的资源而言，城市医院、县域医院和乡镇医疗机构之间存在明显差异，毫不奇怪，各国皆然。资源向城市积聚，城市具有更大的发展空间和更高的收入水平是客观规律。但在同一个城市内部，医疗机构所能得到的资源完全由其行政级别决定，高水平医生集聚高级别医院，高级别医院医生发展空间大、福利待遇和社会地位高，基层医疗机构只能分到低水平、低年资医生，其医生发展空间小，收入水平、福利待遇和社会地位低，却是行政等级制的必然结果，为我们所独有，其他国家和地区并非如此。

不管是欧美日韩还是中国港台地区，没人认为社区诊所医生水平低于医院医生。反观我们，社区大夫水平低于医院大夫，二级医院大夫水平低于三级医院大夫，既是医疗资源行政等级化配置的必然结果，也已成为全社会的共识。在这样一种结果和社会共识下，怎么可能要求城乡居民首诊到社区？

这是我们无法形成分级诊疗体系的根本原因。

国际比较可以清楚地看出这一点。其他国家和地区，优秀医生并不集聚于大型医院，而是分散在社区医疗机构。在这些国家和地区，普遍的现象是，医学生毕业进入医院做住院医培训，通过考试获得执业医师资格后，一般继续留在医院工作若干年，待医术和声誉俱佳后，离开医院到社区自办诊所，开始独立或合伙执业，他们通常和医院保持着合作关系，或者在诊所和医院间多点执业。这样的医生在社区开诊所，自然会得到患者认可，社区居民看病，自然会首选诊所而非医院。因此，这些国家和地区很自然地形成分级诊疗格局。

相应地，这些国家和地区的医院没有多少门诊业务。数据清楚地显示这一点，美国、加拿大、德国、法国、澳大利亚、日本、中国的香港和台湾地区，超过80%的门急诊由诊所完成，英国90%的门急诊在全科医师诊所首诊，其中90%以上的病例没有进行转诊。

必须指出，在这些国家和地区，社区医疗机构基本是由单个医生私人开办或多位医生合伙开办的私营诊所。美国、加拿大、德国、澳大利亚、日本以及中国香港和台湾地区，社区门诊机构90%以上是私立诊所。英国承担社区首诊业务的全科医师诊所80%以上是私营诊所。

环顾世界，市场经济国家鲜见社区门诊机构以公立为主能够形成分级诊疗格局的案例。

毫无疑问，这些国家和地区，医生都是自由执业者，自由执业是最符合医疗行业特征的执业方式。医生自由执业情况下，分级诊疗是医疗服务体系的自然格局，无须刻意追求。原因在于，自由执业的医生自然会根据市场需求即居民的需要开办适宜规模的医疗机构，自然会根据疾病谱和相应的人口分布特征形成分工合作体系。

中国未能形成分级诊疗格局，是公立主导体制必需的行政等级制扭曲了医疗行业自然特征的结果。

而维持行政等级制的具体制度安排，就是事业单位制度以及与之配套的医务人员事业编制身份制度。

和市场经济国家截然不同，中国的医生迄今都不是自由执业者，绝大多数还是拥有事业编制身份的国有事业单位职工，通俗说法是"单位人"而非"社会人"。获得事业编制身份就意味着获得了"铁饭碗"。好处是，除非本人自愿离职或因违规被开除公职，终身无失业之忧。[①] 但与之捆绑的约束是，执业完全听从单位安排，不能在医疗机构间自由流动。事业编制身份代表的是和单位捆绑在一起的无法流动和携带的社会保障待遇。事实上，我们也正是通过事业编制身份制度实现和维持行政等级制的。自上而下的行政等级体制，形成了与之配套的人事薪酬制度。

现行公立医疗机构的人事薪酬制度，除"铁饭碗"特征外，另一显著特征就是明显的行政等级制，事业编制身份和单位及个人行政级别（体现为职称），决定了个人的工资和养老金待遇。单位的行政级别越高，个人的行政级别越高，工资和养老金就越高。而且，事业编制身份的职工工资和养老金比非事业编制身份员工高。这些薪酬和养老待遇不

[①] 公立医疗机构现行薪酬制度框架于1993年初步建立，2006年随机关事业单位工资制度调整后延续至今。工资由岗位工资、薪级工资、津贴补贴和绩效工资四个部分构成，其中岗位工资和薪级工资为基本工资，完全是论资排辈式的级差工资制度。尽管绩效工资与员工的绩效表现有关，但囿于"铁饭碗"制度的固有弊端，绩效工资的差距并不能完全根据绩效差异拉开，依然具有明显的平均主义分配特征。

"铁饭碗"制度下，医生干得再差、态度再恶劣，医院也很难辞退。没有退出机制，医院被迫养庸人懒人，无法形成优胜劣汰的用人机制。因为无法辞退庸人懒人，医院也就无法根据个人业务水平和工作绩效拉开收入差距，否则过大的收入差距将导致严重的内部矛盾，因此事业单位普遍只能实施论资排辈的平均主义"大锅饭"分配制度，无法形成"多劳多得、优绩优酬"的收入分配机制，人浮于事，运行效率低下。

具有可携带性，无法随员工流动而流动。这种制度安排，既有悖医疗行业的职业特征，也不符合市场经济体制的按劳取酬原则，更不符合市场经济体制下社会保障制度要适应人力资源流动性的要求。

上述制度安排，意味着我们无法建立自由流动的医疗人力资源市场。①

这一僵化的人力资源配置制度，一方面使得现行医疗服务体系效率低下；另一方面又将绝大多数医生牢牢束缚在公立机构之内，使其无法投身于医疗服务模式的创新。这既是分级诊疗体系无从形成的根源，也成为新型医疗服务模式发展的最大阻力。

如果非公立医疗机构得以充分发展，可以撼动这一行政等级化的医疗服务体系。问题是，现行政策又通过区域卫生规划、医生执业地点限制、医保定点资格授予等种种政策，形成了抑制非公立医疗机构发展的一扇扇"玻璃门"，大大减少了医生的执业选择。

三级医院日益膨胀，虹吸基层正是上述体制的必然结果。优质医疗资源集中在高等级医院，在整个社会已经是市场经济体制，收入水平显著提高的城乡居民具备了不可剥夺的自由择医权的情况下，患者必然携带其越来越强的自费能力和医保待遇向高等级医院集中，从而使得高等级医院获得更多的经济收入和可以自己配置的资源，这又进一步使得优秀资源向高等级医院流动。"强者更强、弱者更弱"。本应该在社区

---

① 由于医生不能在医疗机构间自由流动，无法形成自由流动的人力资源市场，也就无法建立医生收入的市场化决定机制。行政部门无论是对医疗服务定价，还是对公立医生定薪，都缺乏明确的标准。"医疗服务定价偏低"的呼声长期存在，政府却无从调整。医疗机构则通过卖高价药、过度用药及过度检查获得更多的业务收入，医生的诊疗行为由此扭曲，导致严重的医疗费用虚高，加剧了城乡居民的医疗负担，严重污染了医疗行业的声誉，恶化了医患关系。

以药养医体制下，医院内部形成了开药越多的医生收入越高的格局，大部分灰色收入流向了科室主任和高年资医生。这也意味着医术高、患者认可、工作量大、愿意加班加点的医生，处方量越大，收入越高，一定程度上吻合"多劳多得、优绩优酬"原则，是虽放不上台面但行之有效的绩效工资制度。但这并不适用于所有科室，比如，同样的医疗服务技术含量和工作量，儿科医生因为用药和手术都较少，获取的回扣和红包都较少，实际收入明显低于其他科室医生，儿科医生缺乏成为中国医疗行业常态。

由于公立医院长期占据行政垄断地位，市场竞争并未形成，最终进入这一体系的高层级医生得以享受单位的行政垄断租金，而拥有行政职务的医生，如院长、科室主任等，其个人实际收入除一部分来自个人医疗技术和服务水平，更有相当部分来自其单位的行政垄断地位和个人行政权力。这部分医生的实际收入与社会平均工资的差距，远超过发达国家顶尖医生与社会平均工资的差距。

（诊所）提供常见病、多发病诊疗服务和健康管理（家庭医生服务）的优秀医生、在二级医院提供常见病住院服务的优秀医生，以及在社区或康复护理机构提供康复护理的优秀医生，都被吸引到大医院工作。而垄断了优质医疗资源的三级医院，把本该在社区解决的常见病、多发病，包括慢性病业务也一并揽过来，形成上下游通吃的格局。

近年来的基层医疗机构改革，又对此推波助澜。2009年以来，各地政府都加大了对社区医疗机构的投入，社区卫生服务中心（站）在数量和硬件上都得到很大发展。但因为恢复事业单位编制制度，实施"收支两条线"等计划经济体制安排，基层医生严重缺乏工作积极性。医术较好的医生进一步流失，患者进一步向上集中。

这种格局下，建立分级诊疗体系如何可能？

随着患者向上集中，本应用于看小病、防大病、慢性病管理的医保资金，也被吸入三级医院，整体医疗费用大幅上涨，各地医保资金捉襟见肘。[①]

目前，控制乃至缩小三级医院规模，建立分级诊疗体系，强行压缩甚至剥离三级医院普通门诊业务绝无可能。唯一可行的措施是通过人事制度改革，引导三级医院的医生以各种形式流动出来，发展多样态、多形式的新型医疗服务模式，分流三级医院的业务和患者，达到缩减三级医院规模，发展分级诊疗的目标，而公立医院改革的实质性推进，最终也要靠这一迂回策略来实现。

分流三级医院的医生，以此分流三级医院业务和患者的工作需要多项改革相互配套。这些改革措施的核心是放开医生自由执业，放开非公立医疗机构发展。进而随着医疗服务市场的不断发育，建立和市场经济体制相适应的、符合医疗卫生行业的人事薪酬制度，即"优胜劣汰、多劳多得、优绩优酬"的人力资源配置机制和收入分配制度，倒逼三级公立医院改革。

[①] 2013年，北京的二、三级医院诊疗人次占比为67.2%，其中三级医院的诊疗人次占比高达44.8%，社区卫生服务中心诊疗人次占比仅为21.7%。据北京市人社局数据，2013年北京市城镇职工医保的统筹基金支出中，34.7%用于住院补偿支出，65.3%用于门诊补偿支出，而在门诊补偿支出中，只有12%流向了社区门诊机构，88%流向了医院。其中，在流向三级医院的医保资金中，高达58%用于门诊。职工医保数据排除了外地就诊患者的数据干扰，表明北京大量门诊集中在昂贵的三级医院，由此医疗费用不断攀升，挤占了有限的医保资金。

三 发展新型医疗服务模式，引领医疗服务体系改革

三十多年改革的经验表明，尽管传统体制已经不能适应社会发展，但存量改革阻力重重，很难强行突破。而以模式创新为基础的增量改革往往相对容易一些，改革成本也低得多，并且常常能够最终带动存量改革。二十年来医改进展不大的一个原因，就在于此前一直着力于存量改革。近年来出现的一些新型医疗服务模式，提供了一个通过增量改革实现改革突破的难得机遇。这是本报告将讨论和政策建议重点放在鼓励新型医疗服务模式发展上的主要原因。

本报告所称的"新型"医疗服务模式，有两层含义。第一层含义特指在中国尚属于"新型"，比如像连锁诊所、医生工作室、医生集团、日间手术中心等，这些医疗服务业态，在欧、美、日以及中国港台地区早已有之。由于计划体制的抑制，这些服务业态近几年才在我们这里出现，从我们的角度看也是模式创新，作用和意义不可小觑。第二层含义，则是从国际上看，或者说即便在发达国家和地区，也是近年来新出现的医疗服务模式，这些新兴业态，一般是伴随技术进步产生的模式创新，比如依托信息技术产生的新型医疗服务模式。互联网医疗是其中最为引人注目的新兴模式。这些新兴医疗服务模式，依托快速发展的信息技术及新型商业模式，打破了传统诊所与医院的樊篱，甚至打破了医疗机构和家庭之间的界限，从最初致力于提高医疗服务可及性、降低就医成本，很快拓展到更广阔的用途，带来医疗服务质量和效率的显著提高。前一种"新型"，对中国而言带有补课性质。后一种"新型"，对中国意义非凡，它使得中国的医疗服务供给体系获得了实现"弯道超车"的机遇。

对于像中国这样的发展中国家，以移动互联网医疗为代表的这些新兴医疗服务模式，对医疗服务体系最引人注目的变革，是通过机制和模式创新，在提高医疗服务质量和效率的同时，显著扩大了优质医疗服务的普遍可及性，同时降低了整个社会的医疗服务成本。另一个影响则超出了医疗领域，那就是促进创新，促进整个健康产业的发展，乃至推动

社会治理模式的变革。

这些新型医疗服务模式的发展，冲击着传统行政等级制的医疗服务体系，促进其转向分工分类的市场化资源配置方式。与此同时，这些新型医疗服务模式的快速发展，以及中国医疗服务体系借此实现"弯道超车"，又要求政府应该主动进行体制机制改革，扫除阻碍其发展的制度障碍。

新型业态发展的核心与传统医疗服务模式无二，即人才，这是由医疗行业的基本特征决定的，医疗行业的核心要素是以医生为核心的人力资源。通过医疗服务模式创新建立分工分类的医疗服务体系，是中国医改唯一可行的成功路径。但创新不可能通过政府规划实现，唯有让市场机制在资源配置中发挥决定性作用，创新才有可能。也就是说，放开医疗行业的人才流动，通过医生等人力资源的市场化配置，让不同专业、不同专长、不同偏好的医务人员，充分发挥自己的创新精神，通过探索和不断试错找到最适合自己的商业模式。唯此，才能形成和城乡居民医疗和健康需求相适应，并不断动态调整优化的分工分类医疗服务体系。只有让医生成为自由执业者，人力资源可以自由流动，才能保证各种创新和探索的顺畅进行。也只有自由流动，才能保证通过不断试错实现各种模式的优胜劣汰。换言之，医生人力资源的自由流动，以及各种医疗服务业态的自由探索，是新兴医疗服务模式充分发展，进而形成分工分类诊疗体系的根本前提。

决策者应该找准改革抓手，抓住这一历史机遇，通过鼓励创新实现增量突破，以此引领存量改革，最终实现健康服务业的跨越式发展。

医改的这一关键抓手和战略突破点，就是医疗行业的人事制度，或者说人力资源配置机制。如前几节所述，迄今为止医疗行业还没有形成自由流动的人力资源市场。医生参与新型医疗服务模式探索还存在明显的体制和政策壁垒。改革势在必行。

四　改革医疗服务体制的政策建议

医疗卫生体制的改革和创新，以及健康服务业的发展，是中国经济社会体制转型的一个突破口，应从这一角度审视医疗体制改革的重大意义。新兴医疗服务组织和模式的出现和发展，顺应通过增量创新带动存量改革的改革发展路径，降低了体制改革的成本和阻力，为建立适应市场经济要求的医疗服务体系，实现中国健康服务业的跨越式发展提供了难得的现实可能性。

整个医疗卫生体制改革以及健康业发展最重要的突破口，应该是适应医疗卫生行业特点的人力资源配置机制的建立。无论是传统医疗服务行业的改革突破，还是新型医疗服务模式的发展，都离不开以医生为核心的人力资源的解放。

按照国际经验，医生收入可达公职人员收入3—5倍，而我国医生的实际收入也已达到这一水平，甚至有所超过。但受制于作为公职人员的国有事业编制身份束缚，医生的合法收入只能被压低至与公务员同等水平，其大部分实际收入被迫以违规、违法的方式获取，这是一种极不正常的现象，也是对人力资源配置和医生诊疗行为的严重扭曲。

如前所述，新兴医疗服务组织和模式的发展，需要以医生自由执业为基础的人力资源配置机制来支撑，也为自发形成规范透明的医生收入分配机制提供了可能。改革即应顺应行业自身特征，也应顺应技术进步和模式创新方向。取消医务人员的事业编制身份，实现医生的自由流动，切断其收入与公务员薪酬体系的联动关系，方能防止其他公职人员与医务人员攀比收入，促成医务人员收入的阳光化、透明化，促成改革成功、产业发展，进而引领社会管理和社会治理模式的顺利转型。

上述即为医疗卫生行业体制改革的方向性意见。为使这一改革能够真正落地，需要一些明确的、可具体操作的改革措施，具体建议如下：

第一，医疗行业取消事业编制制度，放开医生自由执业，公立医疗机构探索建立机构与医生基于平等协商的自主签约机制。

如前所述，将医生束缚在公立医疗机构尤其是高等级医院，使传统体制不断自我复制，从而使医改始终难以实现真正突破的关键体制壁垒，就是将医生和公立机构捆绑在一起的事业编制身份制度。因此，要实现医生自由执业，首要一点就是明确取消事业单位编制身份制度，让医生从"单位人"走向"社会人"，将医生和公立医疗机构之间的人身依附关系转型为符合医疗行业自身特征的、适应市场经济体制要求的劳动契约关系。将二十多年医改文件一直倡导的改革目标真正落到实处，即形成公立医疗机构"能进能出、能上能下"的人事制度。

2015年年初国务院出台的机关事业单位养老金制度改革方案,将机关事业单位养老金制度与城镇职工养老制度并轨,从制度层面消除了医生在全社会自由流动、走向自由执业的最大体制壁垒,消除了医疗行业废除事业编制身份制度的最大阻力,尽快将这一改革不折不扣地在全国推开,废除医疗行业的事业编制身份制度即成水到渠成之势,顺势完成这一改革基本再没有很大的社会阻力。

北京和深圳已经率先开展了这一改革。2015年5月北京市发文,探索不再将公立医疗机构纳入编制管理,对现有编制内人员实行实名统计,随自然减员逐步收回编制。8月深圳出台改革方案,全市新入职医务人员一律不再获得事业单位编制身份。两地改革方案公布后,包括医务人员在内,全社会反映平静,国内主流媒体也纷纷肯定这一改革。这表明这一改革方向已经成为包括医务人员在内的全社会共识。

下一步,当医生脱离和公立机构的人身依附关系,成为"社会人"后,选择在哪家、在一家还是多家医疗机构执业,应取决于医生和医疗机构之间的平等协商,政府不必对医生的执业地点数量进行限制,目前政策着力推进的多点执业政策也再无必要,完全可以交由医疗服务市场雇佣双方自行商定和自主签约确定。

第二,明确《执业医师法》上位法地位,修改卫生行政部门的部门规定,落实医生自由执业权利。

1999年由全国人大颁布的《执业医师法》,并未规定医生执业地点只能是一家医疗机构,不能是多家。该法甚至没有限定医生执业地点必须是医疗机构,而不能是某个区域。对于医生执业地点的政策限制,出自于1999年原卫生部颁布的《医师执业注册暂行办法》,其中第二十五条规定:"医师执业地点在两个以上的管理规定另行制定。"然而,这一"另行规定"一直没有出台。因此,要推动医师多点执业乃至自由执业,只要修改这一暂行办法,或者出台一个规范性文件即可。

第三,取消区域卫生规划对非公立医疗机构的限制,放开执业医师自主开办医疗机构的权利。

在公立医院"一家独大"的情况下,医生并没有真正的自由选择权,即便取消了事业编制身份制度,修改了限制自由执业的部门规定,也不会带来真正的自由执业。现行区域卫生规划等政策对社会力量举办医疗机构设置的重重壁垒,成为束缚非公立医疗机构发展的一扇扇

"玻璃门",事实性地消除了医生的执业选择权。

医生要有执业地点的选择自由,就需要有更多的执业机构供其选择,适应城乡居民医疗和健康需求的变化,以及技术进步和模式创新带来的新型医疗服务业态的探索和发展,也要求包括医生在内的各种社会力量拥有自主探索各种商业模式和执业方式的权利。

区域卫生规划制度是计划经济体制下的医疗资源行政配置方式。中国放弃计划经济体制、进入市场经济体制后,这一资源配置方式已经没有存在价值,甚至暴露出非常大的弊端。比如,计划体制下形成的"正面清单"式医疗机构设置规划,因其削足适履式的僵化特征,不可能随需求变化,以及技术和模式创新而及时调整,同时因为这种管制模式天然的设租寻租特征,也会自然导致管制部门因既得利益而拒绝随社会发展而适时调整的僵局,不但抑制了医疗服务供给随人民群众需求变化而及时调整,也严重抑制了技术进步和模式创新。我们之所以没有形成适应城乡居民需求变化的多元化、多业态、分工分类的医疗服务供给体系,这种管制模式也是体制障碍之一。

政府在区域卫生规划中发挥的应是保底作用,即在老少边穷地区,医疗资源供给不能满足底线需求时,政府要承担保底功能。但对于区域内医疗机构的数量和规模上限,则没有管制的必要。放开限制,社会投资者自然会根据市场需求,选择合理的设置地点、机构规模和服务业态。竞争带来的优胜劣汰,是实现资源最优配置的唯一可行途径,政府无须担心医疗资源浪费乃至"无序竞争"。

从保障医疗服务质量和安全的角度考虑,在实施了执业医师资格准入制度后,医生的执业资质已经得到了保障,且拥有合法执业资格的医生数量业已由这一准入制度进行了规范和限制。换言之,具有执业资格的医生无论是在公立还是在民营医院执业,抑或自办诊所,总的医疗资源数量已经由上述准入制度得以控制。选择何种执业方式和地点更方便患者就诊,显然还是医生们更了解,也只能通过他们的逐渐摸索和不断试错,才可能实现最优匹配。坐在办公室中的官员没有必要也不可能通过规划进行最优配置。因此,再通过对医疗机构的数量设置规划和机构模式限制来限制医生的执业地点、执业机构和执业方式,实无必要。从国际经验看,在欧美日以及我国港台地区,具有合格资质的医生开办医疗机构,基本不受约束,手续简便,发达的私人诊所是分级诊疗体系得以建立的保证。由此，完全可以允许拥有合法执业资质的医生自主开办医疗机构，无须卫生行政部门审批。

因此，必须废除对非公立医疗机构的区域设置规划，以及对机构业态的设置要求，允许包括医生在内的社会力量自主开设各种样式的医疗机构，如诊所、日间手术中心、医养结合的康复护理机构等。唯此，才能真正建立有效的分级诊疗体系。

第四，废除医疗机构行政等级评审制度，取消对医疗服务业态和医疗机构服务范围的行政限制。

现行政策对医疗机构功能的划分定位，已经远远落后于多样化的就医需求。医疗机构服务内容的范围大小，还在由卫生行政部门根据等级限定。事实上，医疗机构的服务能力，很大程度决定于医生，当医生开始流动，这种管理方式就暴露出其僵化与不合理性。

医改应该打破这样的约束。凡具有合法资质的医疗机构，可根据市场需求以及自身服务能力，灵活决定服务范围。鼓励开设专业的检查中心、手术中心、康复护理中心等。这将大大拓展医生的自由执业范畴，推动分工精细化、专业化。

第五，建立医保签约医师制度，积极将新型医疗服务模式纳入医保签约服务范围。

当前医保支付定点资格在医疗机构而非医生个人的制度，让医生难以脱离公立医疗机构独立执业，也强化了公立医院的垄断地位，严重桎梏了新型医疗服务模式的发展。

为推进医生自由执业，医保部门应尽快改革现行医保定点制度，改为国际通行的签约服务制度，这也是社会医保体制的基本要求。通过尽快引入医保签约医师制度，使医生不必再倚靠公立医疗机构身份获取医保签约服务资格，配合医生从单位人向社会人的转变，助推医生自由执业。在目前的信息技术下，这已经不存在任何技术困难。实行医保医师制度，一方面能够解除医生对公立医疗机构的依附，另一方面强化了医保对医生个人诊疗行为的引导和约束，促进医生个人声誉机制的建立。

2015年发布的《城市公立医院综合改革试点的指导意见》和《关于全面推开县级公立医院综合改革的实施意见》两份文件均强调，医保对医疗机构服务监管要延伸到对医务人员医疗服务行为的监管，而医保医师制度恰恰能以医保签约服务资格为筹码，起到对医务人员行为的有效约束。

此外,新型医疗服务模式应纳入医保签约服务范围。连锁诊所、日间手术中心、互联网医疗等新型医疗服务模式,能够借助医学技术和信息化技术的进步,降低就医成本,提高服务质量,带动健康管理关口前移,让居民少生病、晚生病。将这些新型医疗模式纳入医保报销,短期内有增加医保支出风险,对医保经办部门的监管能力也提出了挑战。但从长期看,有利于鼓励各类医疗机构分流昂贵的三级医院业务,引导医疗资源和患者流向质优价廉高效的新型医疗领域,长期效益是提高医保资金使用效率,控制医疗费用增长速度。

第六,建立强制信息披露制度,构建公平监督的执业环境,充分发挥医师协会,医疗机构行业协会等社会自治组织的社会监管职能,减少行政监管。

过去,政府管制医疗机构的准入和业务范畴、管制医生的执业地点和执业范围、管制药品销售,是担心在信息不对称下,患者可能遭受的健康危害。而医疗医药行业自身的专业复杂性带来的行业监管难度较高,又使得政府对放开管制慎之又慎。

然而,互联网技术的发展,极大地降低了信息不对称程度,交易各方私人信息、完整的交易流程以及相关信息,均已经能够以极低的成本完整记录并永久保存,信息公开成本也大大降低,长效信誉机制更加容易建立。在信息公开的环境下,社会各方进行监督非常高效便捷,这使得政府多年对医疗行业重重管制的理由不复存在。

此时,政府只需要制定信息披露规则,建立强制信息披露制度,要求医疗机构、医生乃至药品产销机构定期通过网络等渠道向社会披露相关信息,即可对医疗机构和药品销售机构造成足够的约束,也大大减轻了政府自身的工作量和监管难度。

只要政府建立强制信息披露制度,具体的监管工作无须政府亲为。包括职业协会、行业协会、媒体和其他第三方社会中介机构在内的社会组织,将会自发对医疗机构和医生进行积极监督,社会声誉机制也会迅速建立。以社会监管为主体的现代社会治理模式会很快形成,完善的优胜劣汰机制会逐步形成并良好运转。

因此,应尽快落实十八届三中全会提出的要求,限期实现医疗行业各级各类行业协会、职业协会与行政机关的真正脱钩,使其成为真正意义上的社会自治组织、行业（职业）自律组织和行业（职业）权益维护组织，实现对医疗机构和医生的有效社会监管。

第七，完善执业环境的法律保护。

医生脱离对机构的依附关系、实现自由执业后，医疗机构和医师可通过协议形式明确发生医疗损害或纠纷时各自应当承担的责任，鼓励医疗机构和医师个人购买医疗责任保险等医疗执业保险，一旦发生医疗事故或纠纷，可以有效分担医生个人无法承担的巨大财务风险。

医生自由执业也需要更加完善的法律保护体系。当发生医疗事故或纠纷，医患双方能够通过正常的司法渠道或社会调解机制妥善解决，保障医患双方的合法权益。

第八，实现网上诊疗合法化，放开处方药网上销售，为互联网医疗发展松绑。

互联网医疗的快速发展，需要政府在以下政策方面为其松绑。

首先，不再以物理距离、地理位置、执业机构限制执业医师的处方行为。

如前所述，目前卫生行政部门规章对医生执业地点的限制，既不符合医疗行业的自然特征，也不符合《执业医师法》的相关规定。诊疗处方能力内化于医生身上，怎可限定医生只能在一个医疗机构行医？前面已经建议废除这一限制。互联网医疗的到来，要求进一步拓展医生的执业空间，凡是拥有合法执业资质的医生和医疗机构，都应给予网络诊疗、电子处方的合法资质，其中机构不局限于传统定义的线下医疗机构，互联网医疗机构也应纳入其中。机构信息系统必须对外联通，保证电子处方可以外流，保证包括处方在内的诊疗数据患者可以携带。同时政府要放开处方药网上销售政策，加快推进医药分开。

2015年国家食药监总局已经拟订放开处方药网上销售方案，这一新规应立刻出台落实。医药分开是党的十七大明确的医改目标，囿于既得利益难以打破，这一改革八年来毫无进展，进而使得废除以药养医改革也毫无进展。网上处方合法化以及处方药网上销售，提供了实现这两个改革目标难得的技术手段和历史性机遇。结合电子处方外流，患者凭电子处方到任意药店或者选择任意网商购药，医药自然分开，回扣空间大大减小，以药养医会明显减少。如果医保支付配合这一改革，医药分开改革将会大大提速。只要强制要求信息公开，网上销售处方药的安全性和易于监管性大大高于医疗机构售药和线下实体药店售药。

建立分级诊疗体系，已经成为中国医改的首要目标和紧迫任务，甚至可以说，分级诊疗体系形成之日，就是中国医改成功之时。鼓励医生进行网上诊疗和处方，通过网络为全国患者提供常见病、多发病的诊疗和处方服务，将会大大促进分级诊疗体系的建立。

其次，鼓励社会医保与商业医保多形式、多层次合作，鼓励商业医保经办社会医保，放开社会医保网上支付。

目前，我国基本医保经办部门与商业保险合作的空间非常有限，仅仅局限在委托经办范畴。在全民医保建立、基本医保成为医疗服务最大买方的情况下，医保的功能绝不仅限于支付，更多要实现的是引导资源配置，提高参保人所能享有的服务质量，同时优化基金的使用效率。

互联网医疗将为基本医保优化管理、探索医药价格市场化形成机制，提供极为清晰的参照。同时，互联网医疗的发展也需要基本医保的支持。医改应该突破目前的政策约束，鼓励基本医保经办方与商业保险公司多样态合作，建立集支付、服务、监管多功能为一体的医保网络服务平台，对互联网医疗形成网络支付，并根据不同业态开发多种多样的支付方式，提高参保者健康福利。

参考文献

[1] Armstrong, M. and Sappington, D. E. M., "Recent Developments in the Theory of Regulation", *Handbook of Industrial Organization*, Vol. 3, Edited by M. Armstrong and R. Porter, Elsevier B. V, 2007.

[2] Folland, Goodman and Stano, *The Economics of Health and Health Care*, Prentice–Hall, Inc, 2001.

[3] 朱恒鹏：《医疗体制弊端与药品定价扭曲》，《中国社会科学》2007年第4期。

[4] 朱恒鹏：《管制的内生性及其后果——以医药价格管制为例》，《世界经济》2011年第7期。

[5] 朱恒鹏、昝馨、林绮晴：《医保如何助力建立分级诊疗体系》，《中国医疗保险》2015年第6期。